日本企業のバイアウト

新・事業再編とバイアウト

―事例選―

日本バイアウト研究所 ［編］

中央経済社

序　文

　2011年に『事業再編とバイアウト』を，2019年に『続・事業再編とバイアウト』を刊行したが，その後2020年に経済産業省より「事業再編実務指針～事業ポートフォリオと組織の変革に向けて～（事業再編ガイドライン）」が公表され，事業ポートフォリオの組み換えや事業再編の必要性が示された。また，実際に，事業ポートフォリオの変革を推進する日本の大手企業から子会社や事業部門が独立するケースが多数登場し，その際の資本パートナーとしてバイアウト・ファンドが選定されるケースも目立っている。

　近年の特徴として，大企業の事業部門が切り出され，新会社として独立し，売手である元親会社とバイアウト・ファンドが共同株主となり企業価値向上を目指す「カーブアウト」に該当するケースも多数登場している。さらに，上場子会社が売却されるケースも存在し，案件の多様化が顕著である。独立後のスタンドアロン化が円滑に進むように，PMI（post-merger integration）のスキルを有するバイアウト・ファンドのプロフェッショナルが推進役となり，さまざまなサポートが行われている。

　このような背景に基づいて，さらなる続編として，『新・事業再編とバイアウト―事例選―』を刊行することとした。

　本書は，3部構成となっている。第Ⅰ部では，各領域の専門の立場からまとめた論文を収録した。第1章では，M&Aアドバイザリーの方々に，日本企業の選択と集中による事業ポートフォリオ再編において経営者に求められる視点とバイアウト・ファンドの役割について説明いただくとともに，バイアウト後のスタンドアロンとバリューアップに関する論点について整理いただいた。第2章では，税理士の立場より，事業売却におけるセルサイドの税務デューデリジェンスの論点，カーブアウトの税務に関する論点，上場子会社の株式売却における売手の事業会社の税務の論点について解説いただいた。第3章では，弁護士の方々に，カーブアウト型バイアウトのスタンドアロン・イシュー，売主

がクロージング後も株主として残存するケース特有の論点，上場子会社を売却する際の論点について解説いただいた。第4章では，日本企業の事業再編に影響を与えた政府の施策とカーブアウトの定義について明らかにしたうえで，近年の案件の動向と展望について明らかにした。

第Ⅱ部は，事例紹介と経営者インタビューを中心とした内容となっている。実際に案件に関与したバイアウト・ファンドの投資担当者に事例をご紹介いただいた。具体的には，バイアウトの背景，独立後の諸施策（経営体制，スタンドアロン化，その他）を含めバイアウト・ファンドが当該企業に対して提供した付加価値などが明らかにされている。また，経営者インタビューにおいては，バイアウト・ファンドの担当者と最初に会った際の印象，バイアウト・ファンドとうまく付き合う秘訣は何か，などについてお話いただいた。

第Ⅲ部では，本書が＜日本企業のバイアウト＞シリーズの最終巻となることもふまえて，日本のバイアウト市場の将来展望についてまとめた。第10章では，M&A市場，投資家市場，LBOファイナンス市場，経営者市場の将来展望について考察した。また，座談会においても，この四つのキーポイントについての現状・課題・将来展望についての議論を行った。

なお，昨今，「カーブアウト」という用語がM&Aアドバイザーやバイアウト・ファンドのプロフェッショナルの間で頻繁に使用されるようになってきており，本書においても登場する箇所が存在するが，論者により定義が異なる用語であることはご了承いただきたい。この用語の定義や用法に関する考察については，第4章をご参考いただきたい。

本書が，事業ポートフォリオの最適化を検討する日本企業の経営者，独立を企図する子会社の経営者，非上場化を検討する上場企業の経営者，プロフェッショナル経営者，プロフェッショナルCFOなどの役に立てれば幸いである。また，金融機関やM&Aアドバイザリー・ファームなどでM&A助言業務に従事されている方々，戦略系コンサルティング・ファーム，弁護士，会計士，税理士などのプロフェッショナルの方々にも読んでいただいて，業務の推進にお役立ていただければ嬉しく思う。

なお，インタビューおよび座談会の本文中における意見に関する部分は，各発言者の私見であり，所属会社の見解を示すものではないことをお断りしておく。

2024年10月

株式会社日本バイアウト研究所

代表取締役　杉浦慶一

目　　次

序　文　*i*

第Ⅰ部　手法と市場動向

第1章　日本企業の事業ポートフォリオ再編における戦略的視点
—バイアウト・ファンドの活用を通じたバリューアップ—

はじめに・3

1　選択と集中による事業ポートフォリオ再編の戦略的視点・4
- (1)　事業ポートフォリオ戦略・4
- (2)　近時の環境変化が迫る戦略の再考・6
- (3)　カーブアウトという選択肢・8

2　事業再編におけるバイアウト・ファンドの役割・11
- (1)　ベストオーナー・マネジメントとリスクマネーの機能・11
- (2)　事業会社でなし得なかった組織改革・12
- (3)　専門家による時間軸を定めた施策実行・12
- (4)　徹底した財務規律に基づく成果主義・13

3　バイアウト後のスタンドアロン化とバリューアップに関する論点・14
- (1)　スタンドアロン化の論点・14
- (2)　バリューアップの論点・18

4　これからの日本企業の事業再編の将来展望・23
- (1)　日本の事業再編の現状・23
- (2)　事業再編の展望と可能性・24

おわりに・25

II 目　次

第2章　事業再編型バイアウトのストラクチャーと税務
　　　　―カーブアウトと上場子会社の売却のケースを中心として―

はじめに・27

1　カーブアウトのストラクチャーの類型と税務上の取り扱い・28
　(1)　新設分割スキームを活用したカーブアウト・28
　(2)　吸収分割スキームを活用したカーブアウト・29
　(3)　原則的な税務上の取り扱い・30
　(4)　税制適格要件・31

2　事業売却におけるセルサイドの税務デューデリジェンスの論点・33
　(1)　目的・33
　(2)　スコープ・33
　(3)　バイサイドとの違い・33

3　カーブアウトに関する税務の論点・35
　(1)　税制適格要件に関する留意点・35
　(2)　みなし配当・株式譲渡損益・39
　(3)　資産調整勘定・負債調整勘定・41
　(4)　その他（間接譲渡）・42

4　上場子会社の売却における売手の事業会社の税務の論点・43
　(1)　原則的な税務上の取り扱い・43
　(2)　TOB後の自己株式取得の際の留意点・43

おわりに・45

第3章　カーブアウト型バイアウトのスキーム選択と上場子会社を売却する際の法的留意点
　　　　―事業ポートフォリオの最適化を目指した近時の実務動向―

はじめに・47

目　次　*III*

1　カーブアウト型バイアウトのスキーム選択および留意点・48
　　(1)　事業切出型のカーブアウト型バイアウトのスキーム・48
　　(2)　子会社独立型のカーブアウトのスキーム・50

2　カーブアウト型バイアウトにおける法的論点・53
　　(1)　スタンドアロン・イシュー・53
　　(2)　トランジション・サービス契約などの活用・55
　　(3)　セラーズ・デューデリジェンスの重要性・56
　　(4)　クリーンエグジットの実現〜表明保証保険の活用〜・57

3　売主が株主として残存するケースにおける特有の論点・58
　　(1)　売主が株主として残存する必要性・59
　　(2)　売主との間の契約・61

4　上場子会社を売却する際の近年の論点・65
　　(1)　総論・65
　　(2)　買収行動指針への対応・66
　　(3)　公正性担保措置への配慮・67
　　(4)　上場子会社売却時のストラクチャリング・67

おわりに・68

第4章　日本における事業再編型バイアウトの最新動向
―価値創造と競争力の強化に向けて―

はじめに・73

1　日本企業の事業再編に影響を与えた施策・73

2　カーブアウトの定義に関する考察・76
　　(1)　日本におけるカーブアウトの潮流・76
　　(2)　カーブアウトの定義・78
　　(3)　カーブアウトの定義に関する考察・82

3　近年の日本における事業再編型バイアウト案件の傾向分析・83
　　(1)　事業再編型バイアウト案件の件数の推移・83
　　(2)　傾向分析・83

IV 目 次

　　(3)　子会社・事業部門の独立案件・87

　　(4)　上場子会社の売却案件・92

　　(5)　エグジット案件の動向・93

　4　ロールアップ型 M&A による業界再編への期待・94

おわりに・95

第Ⅱ部　事例と経営者インタビュー

第5章　バイアウト・ファンドを活用した業界プラットフォームへの挑戦
　　　　―SOMPO オークスの事例―

はじめに・103

　1　SOMPO オークスの概要・104

　　(1)　設立経緯・104

　　(2)　会社概要・105

　　(3)　SOMPO オークスのもたらす社会的意義・107

　2　案件ストラクチャーと背景・109

　　(1)　本件ストラクチャー・109

　　(2)　戦略的パートナーシップを選択した背景・109

　　(3)　アントの投資理由・110

　3　提携後の取り組みとハンズオン支援・110

　　(1)　業界プラットフォームとなるためのスタンドアロン化・111

　　(2)　営業体制の強化・111

　　(3)　オークションプラットフォームとしての機能拡充・114

　4　今後の展望～ロールアップ構想～・115

おわりに・116

≪経営者インタビュー≫　SOMPO Light Vortex 株式会社
　戦略的パートナーとしてのバイアウト・ファンドの活用・118

目　次　V

第6章　大企業からの分社化におけるバイアウト・ファンドの活用事例
　　　―持続的成長を目指すテクセンドフォトマスクの独立実現までの取り組み―

はじめに・125

1　テクセンドフォトマスクの概要・127
　(1)　会社概要・127
　(2)　事業・129

2　投資に至るまでの経緯と投資理由・134

3　インテグラルの理念と特徴・136
　(1)　経営理念・136
　(2)　特徴・136

4　インテグラルのテクセンドフォトマスクに対する支援内容・138
　(1)　スタンドアロン化支援・138
　(2)　IPO に向けた管理体制の強化・139

おわりに・139

≪経営者インタビュー≫　テクセンドフォトマスク株式会社
独立企業体としてのさらなる成長と競争力強化・143

第7章　ディアーズ・ブレイングループにおける二段階MBO の事例
　　　―バイアウト・ファンドとの協業期間を経た自主独立での成長路線への移行―

はじめに・151

1　ディアーズ・ブレインの概要・152
　(1)　会社概要・152
　(2)　理念と特徴・155
　(3)　ディアーズ・ブレイングループの事業上の特徴・戦略・155

VI　目　次

2　第一段階目の MBO ～上場企業グループからの独立・サンライズとの提携～・159

- ⑴　案件の背景・159
- ⑵　第一段階目の MBO の実現・160

3　第二段階目の MBO の実現・162

- ⑴　サンライズ投資期間中に実現したこと・163
- ⑵　第二段階目の MBO の実現・166

おわりに・166

≪経営者インタビュー≫　株式会社ディアーズ・ブレインホールディングス
コロナ禍での上場企業グループからの独立・168

第8章　パラダイムシフトに向けた解としての業界再編
―老舗企業の再生を経て誕生したメプロホールディングスの挑戦―

はじめに・177

1　ダイヤメットの概要・178

- ⑴　会社概要・178
- ⑵　案件の背景・179
- ⑶　資本参画後の事業運営・183

2　柳河精機の概要・185

- ⑴　会社概要・185
- ⑵　案件の背景・186
- ⑶　資本参画後の事業運営・188

3　メプロホールディングスの概要・191

- ⑴　自動車部品サプライヤーを取り巻く環境・191
- ⑵　経営統合の狙いと形態・192
- ⑶　経営統合後の運営・194

おわりに・196

目 次 *VII*

≪経営者インタビュー≫　株式会社メプロホールディングス
　　経営統合の推進役としてのバイアウト・ファンドへの期
　　待・198

第9章　事業ポートフォリオ変革を目指す経営陣による
バイアウト・ファンドの活用事例
―豆蔵ホールディングスのコーポレート・トランスフォー
　メーション―

はじめに・207

1　豆蔵ホールディングスの概要・208

2　案件の背景と意義・209
　(1)　案件の背景・209
　(2)　非公開化の意義・211

3　非公開化後の経営体制とインテグラルの支援内容・212
　(1)　事業ポートフォリオの再定義・212
　(2)　各グループ間のシナジー追求・213

4　ベストパートナーの探索・222
　(1)　オープンストリームホールディングスのアクセンチュア
　　　との戦略的パートナーシップ・222
　(2)　豆蔵デジタルホールディングスの新規株式上場・223

おわりに・227

≪経営者インタビュー≫　株式会社豆蔵 K 2 TOP ホールディ
　　　　　　　　　　　　ングス
　　非上場化後のスピーディなグループ内事業再編の実現・
　　229

VIII　目　次

第Ⅲ部　日本のバイアウト市場の課題と将来展望

第10章　日本のバイアウト市場の発展性
―四つのキーポイントの考察による将来展望―

はじめに・237

1　M&A 市場・237
  (1)　子会社独立・カーブアウト・238
  (2)　上場企業の非上場化・239
  (3)　オーナー企業の事業承継・240
  (4)　エグジット市場の発展・241

2　投資家市場・242
  (1)　ファンド規模拡大の潮流・242
  (2)　新たな投資家層の拡大・243

3　LBO ファイナンス市場・246
  (1)　LBO ファイナンス活用案件の増加・246
  (2)　地域金融機関の役割の増加・246

4　プロフェッショナル経営者市場・248

おわりに・250

インタビュー

≪インタビュー①≫

M&A アドバイザーから見た日本のバイアウト市場の現状と将来展望
　～事業ポートフォリオの組み換えを通じた資金循環を生む経営モデルの定着～・254

≪インタビュー②≫

人材エージェントから見た日本のバイアウト市場の現状と将来展望
　～成功事例の積み重ねによる産業と地域経済への貢献～・262

目　次　IX

座談会　日本のバイアウト市場の現状と将来展望
　　　―さらなる発展のための四つのキーポイントの考察―

M&A市場の発展①〜子会社独立・カーブアウト〜・269

M&A市場の発展②〜上場企業の非上場化〜・279

M&A市場の発展③〜オーナー企業の事業承継〜・284

投資家市場の発展〜年金基金・大学と個人投資家への期待
〜・291

LBOファイナンス市場の発展〜推進体制の構築と人材の育成
に向けて〜・297

プロフェッショナル経営者市場の発展・303

課題と将来展望〜さらなる市場の発展に向けて〜・309

あとがき／318
執筆者略歴／321

第 I 部

手法と市場動向

第 1 章	日本企業の事業ポートフォリオ再編に おける戦略的視点

——バイアウト・ファンドの活用を通じたバリューアップ——

株式会社 KPMG FAS

執行役員パートナー **森谷健**

執行役員パートナー **小高正裕**

はじめに

　2024年は，国内外における政治の審判の年として記憶に残るビッグイヤーとなりそうである。既に行われた英国における総選挙では，労働党が14年振りに与党となった。9月には国内で自民党総裁選挙，11月には米国で大統領選挙が実施される。また，経済の観点ではコロナ禍が終息して各国において景気回復が続いていたが，世界最大の経済大国の米国と中国で景気後退の足音が聞かれている。このようななかで，各国金融当局が政策転換の舵を取り，金利，為替市場で大きな動きが生じている。地政学リスクの緊張も高まり予測困難なVUCA の時代に企業経営者は何を考えるべきか。今，まさに自社のコアコンピテンスを中長期的な視点で捉えた事業の選択と集中が求められているのではないか。

　本稿では，まず日本企業の選択と集中による事業ポートフォリオ再編において，経営者に求められる視点とバイアウト・ファンドの役割について述べる。次に，バイアウト後のスタンドアロンとバリューアップに関する論点について整理する。そして，最後に，これからの日本企業の事業再編の展望と可能性について考察する。

1 選択と集中による事業ポートフォリオ再編の戦略的視点

(1) 事業ポートフォリオ戦略

① 経営者に求められる持続的事業拡大の命題

　経営者にはいつの時代にも企業価値の向上が求められている。テクノロジーが発展し，競争のグローバル化・業界のボーダレス化が進んでいる昨今では，ステークホルダーの企業に対する目も厳しくなっている。経営者は，財務価値を高めることはもちろんのこと，非財務価値を含めた企業価値の拡大を求められている。また，そうした企業価値を将来にわたって持続させること（サステナビリティ）もミッションとなっている。従前にも増して，経営者には企業価値の創造者としての重い命題が圧しかかっている。

　こうした命題を果たすため，経営者は成長・拡大を目指す観点から，現場に対して時として現状の否定を伴う戦略（改革）を強いることになる。他方で，現場は効率・持続を目指す観点から，経営者に対して現状の肯定を前提とした戦略（改善）を要求することになる。持続的な事業拡大は，この成長性と持続可能性の二つの観点のバランスを保つことで成立する。拡大一辺倒となると企業文化・ブランドの希釈化に向かい，他方で，効率一辺倒となると成長マインドの欠如に向かい，いずれも結果として企業価値を減退させてしまう。自社の強みである「カイゼン（生産システム）」を会社の企業文化に昇華させながら，大衆車から高級車までの製品力（事業ポートフォリオ）を両立させたトヨタや，自社の強みである「顧客体験（ショッピングから動画配信）」をITシステムの力で効率化させたAmazonのように，成功している企業では共通して事業を持続的に拡大させる"両利き"の仕掛けを確立している。

② 限りある経営資源のなかで必要となる事業再編

　このような両利き経営の仕掛けを確立しようとする場合，直面する課題が資金面や人材面の問題である。経営者は，限られたリソース（経営資源）のなかで，自社が取り組んでいる事業ごとに，市場のトレンドや顧客のニーズを理解

し，競合他社との差別化を図るために，新たな製品やサービスの開発に取り組まなければならない。また，効率的な生産プロセスや供給チェーンの構築，労働力の最適配置などに取り組まなければならない。そこで，限りある経営資源の最適配分のために必要となるのが，事業を評価分析する枠組みの設計である。

　この点，経済産業省も「事業再編実務指針（2020年7月31日）」において，「日本企業の将来展望のためには必要な事業再編が期待されるが，長年の課題として「事業の売却等の基準が明確でない」と指摘している。同指針では，事業会社の事例もあげながら，企業理念や価値基準（それをふまえたコアドメイン），サステナビリティの観点，ビジネスモデルや中長期的な経営戦略など，企業としての基本的な方向性を前提としつつも，次のような「資本収益性」と「成長性」の観点からの定量評価を提言している。

　　a．事業ごとの資本収益性を測る指標

　ROIC（return on invested capital：投下資本利益率）を導入し，資本コストとの比較や競合他社との比較（ベンチマーク）を行う。

　　b．事業ごとの成長性を測る指標

　市場全体の成長率や自社の市場におけるシェア，自社における売上高成長率，利益成長率，投下資本の増加率などの定量的指標に加える。

③　鍵となる慎重かつ大胆な事業売却

　自社の事業ポートフォリオ（コア事業・ノンコア事業）についての一定の分析ができたとしても，具体的な事業売却のアクションとなると別の問題がある。新たな事業を買収するよりも，手塩にかけた事業を売却することは依然としてネガティブなイメージ（身売りや縮小）を伴うことが少なくないからである。しかし，事業売却は競合他社との競争優位性を保つための必要な行動であり，売却で得た資金を新規事業の可能性，既存事業の成長性を得るための重要な行動でもある。経営者の明確なビジョン，強力なリーダーシップが問われる場面といえる。経営者は，次の要素に留意しながら，慎重かつ大胆に実行する必要がある。

a．売却後のビジョン

事業売却は，組織全体に影響を及ぼす重大な判断となる。事業売却の目的，売却プロセス，売却後の施策をステークホルダーに対して明確に伝えることが重要となる。

b．コミュニケーションとエンゲージメント

事業売却は，従業員の理解と関与があってこそ成立する取引である。従業員の利益の確保すなわち自社に残る従業員と自社を離れる従業員の双方への配慮が必要である。

c．プロフェッショナルのサポート

事業売却には，法務，財務，税務，人事，IT などの専門知識と経験が必要となる。プロフェッショナルなサポートを受けることで売却プロセスを適切に管理し，最適な条件での売却を実現することが可能である。

(2) 近時の環境変化が迫る戦略の再考

① 地政学リスクをふまえた企業集団の再構築の必要性

昨今の欧州，中東，東アジアにおける地政学リスクの高まりは，原材料，燃料，物流費，人件費の高騰をもたらすだけでなく，企業集団のあり方に問題を投げかけている。加えて，企業に対する当局からの多様な開示要請（GDPR，CSRD）や刻々と変化する各国の税制（BEPS 規制），さらには人権問題や環境問題により企業集団が対処すべき課題を複雑化させている。これらに対応するため，経営者には企業集団の再構築，経営戦略の抜本的見直しが求められている。

リスクとコンプライアンスが複雑に絡みあう状況に適応すること，そして企業集団・経営戦略の"レジリエンス"を検討するにあたっては，グローバルで生じている「全体最適から局地最適」，「効率性から持続性」へのパラダイムシフトを認識すべきといえる。日本の製造業を例にとれば，上述の複雑な経営環境のもとでは，多くの企業において「製造業のサービス化（モノ売りからコト売り）」へビジネスモデル変革する議論を加速する必要があるといえる。

そしてもう一点，自前での改革を目指すだけではなく，売却，買収，出資，アライアンスなどのトランザクションを通じた他力の活用も考慮することが必須といえる。地政学リスクが顕在化する以前は，既存商圏の延長・拡大を目指した買収や出資を検討すれば足りていたが，昨今では投資家からのプレッシャーが増大し，事業ポートフォリオの再編を目指した売却や撤退の検討が重要となっている。

② 資本市場改革が求める株価向上の施策

東京証券取引所は，2023年3月に「資本コストや株価を意識した経営の実現に向けた対応」を公表し，プライム市場とスタンダード市場に上場する会社に対して要請している。上場企業における企業価値向上の実現に向けて，「経営者の資本コストや株価に関する意識改革が重要である」と指摘し，「改善に向けた方針や具体的な目標の開示」を要請している。このような要請を受けて，各上場企業では資本収益性（ROE ＝純利益／株主資本）を高めるため，分子（利益）を増やす，あるいは分母（株主資本）を減らす対応が必要となる。東京証券取引所が公表している資料によれば，既に多くの企業で自社株買い・増配などの株主還元強化や戦略事業への経営資源集中などの成長戦略への取り組みが見られている。

また，経済産業省が2023年8月に策定した「企業買収における行動指針」（以下，「指針」という）に伴う上場会社による動きも重要である。この指針では，上場会社の支配権を取得する買収において尊重されるべき原則が示されている。すなわち，「望ましい買収か否かは企業価値ひいては株主共同の利益を確保し，または向上させるかを基準に判断されるべきである」という原則は，今後の M&A 事例に対する評価軸を示すものといえる。加えて，買収提案を検討するにあたって評価が困難な定性的な価値を強調し，従業員の雇用維持などを口実として経営陣の保身を図ることが明確に否定されている。このような新たな指針により，PBR（株価純資産倍率）1倍を下回る状況を長く続けているような企業は，以前にも増して他社による M&A の可能性を意識せざるえない状況にある。足元での当局による姿勢の変化もあり，経営者は企業価値向上のための事業ポートフォリオ戦略が重要となっている。

③　アクティビストによる収益改善のプレッシャー

　アクティビスト（「物言う株主」）とは，投資先企業の株式を一定以上保有することで，経営陣に対して経営改善策や株主還元策などを積極的に提案し，その企業価値を高めてキャピタルゲインなどの利益を得ようとする投資家のことである。アイ・アールジャパンによれば，2023年におけるアクティビストによる日本企業に対する株主提案の提出件数は過去最高の71件（2回以上の株主提案を受けている企業も含まれる），2024年も前年を大きく上回るペースの提出件数が確認されている（アイ・アール　ジャパンホールディングス「アニュアルレポート2024」p.5）。

　前述のとおり，東京証券取引所が低PBRの企業などに対して資本効率や株価水準を引き上げるための改善策の開示・実施を要請したこともあり，株価・資本効率に主眼をおいて株主還元強化を要求するアクティビストが多くなっている。また，東京証券取引所による要請だけでなく，先行して公表されているコーポレートガバナンス・コードやスチュワードシップ・コードの普及を受けて，アクティビストによる資本効率の観点からのさらなるプレッシャーも予想される。アクティビストは，ともすると企業にとっては時に厳しい要求を叩きつける煙たい存在というイメージがあるが，企業が目を背けがちな客観的事実（例えば，将来性を見込めない事業の存在）を示して，企業にも多くの気づきを与える存在でもある。経営者はむしろ積極的に対話する姿勢が必要といえる。

(3) カーブアウトという選択肢

①　カーブアウトの定義

　カーブアウト（carve-out）とは，企業内の一部事業（技術や人材）を切り離して，企業外に別企業として独立させることを指す。既存事業の選択と集中の目的から利用されるほか，新規事業の意思決定を迅速に行う体制への変更の目的でも実施されている。カーブアウトを通じて，企業の内部資本だけでなく，バイアウト・ファンドなどの外部資本を利活用することで事業価値を高めることが可能となる。なお，カーブアウト同様に，親会社から事業を独立させながら，外部からの資金調達を受けず資本関係を継続する場合をスピンオフ（spin-off）と呼び，外部からの資金調達を受けて資本関係を解消する場合をスピンア

ウト（spin-out）と呼ぶ。

②　カーブアウトの戦略的な意義

　スピンアウトとは異なり，カーブアウトでは親会社と新会社との間に資本関係がある。そのため，カーブアウトにより設立された会社は，親会社の経営資源（ブランドやライセンスなどの知的財産など）を活用しながら，事業の成長を図ることになる。新規に会社を設立した場合，ゼロからノウハウなどを蓄積し，他社とのビジネス上の関係などを構築していく必要があるが，カーブアウトの場合はそのような必要がなく，事業の成長を短期に実現することが可能である。

　また，カーブアウトにより切り出される事業が将来的に有望である場合，スピンオフとは異なり，親会社の事業の一部門では難しかった外部から融資や出資を受けることも可能である。資金調達だけでなく会社を運営するうえでの必要不可欠な人材，知見，技術などの経営資源を外部から取り込み，より大きな事業の成長を中長期でも期待することが可能となる。

　通常，カーブアウトされる事業は，将来的な成長が見込まれるものの，企業の内部では主力事業として取り扱われない事業である。親会社は，こうした事業を外部の企業に託して，残る主力事業に経営資源を集中することで経営効率や収益向上を図ることを目指す。また，この過程で人材も注力分野へ振り向けることになる。一方，カーブアウトされる事業の側も，親会社とは異なる環境において，新たなメンバーを集めて，組織・文化を一新し，改めて事業に専念する結果，顧客への提供価値を高めることや従業員の活躍機会も拡大させることになる。

　絶え間ない市場の変化（外部環境）や戦略の転換（内部環境）によって，コア事業の位置づけがノンコア事業へと変化することは起こり得る。そうした事業に関して明確な戦略を有さずに自社に残置するのではなく，持続可能な成長を目指す観点から絶えず事業ポートフォリオを見直すことが自社の企業価値の向上だけでなく産業全体の経営資源の有効活用につながるという視点を持つことが重要となる。

④ カーブアウトを成功裡に進める準備

前述のとおり，カーブアウトにより新たに設立される会社は，親会社から経営資源の提供や許認可の承継などを受けることから，親会社との間で良好な関係を継続することが望ましいといえる。カーブアウトの際に採用される主なスキームには，会社分割と事業譲渡に大別されるが，親会社の経営陣との適切なコミュニケーションを通じて，親会社と新会社の双方の視点に叶うスキームを採用することが重要である。

いずれのスキームの場合でも，新会社へ承継する範囲（譲渡するもの・しないもの），特に新会社へ移籍する従業員の範囲，取引先や顧客などの契約に関する事項，事業運営上の資金，資産および負債の特定，許認可や知的財産権の承継範囲といった点を綿密に検討する必要がある。また，Day 1 において新会社としての事業を運営体制が整わない場合には，親会社との間で一時的な措置についてあらかじめ検討しておくことが必要である。

新会社へ承継する範囲が決定後，承継範囲に関連する会計情報を新会社へ振り分ける作業を行う必要もある。具体的には，カーブアウト対象事業の財務三表「貸借対照表（BS）」，「損益計算書（PL）」，「キャッシュフロー計算書（CF）」を作成する必要がある。通常，事業別の財務諸表を日頃から作成している企業は稀であり，カーブアウトに際して複数の事業で共有する資産（システム）や機能（バックオフィス）に関して適切に把握，合理的に資産および負債を配分，また損益を配賦することが最大の難所となる。

なお，上場企業によるカーブアウトの実行は，当該企業にとって重要な取引となる場合が多く，投資家に対して投資意思決定の判断材料を提供することを目的とした「適時開示」が必要になるケースが一般的である。また，昨今では，投資家への早期情報提供の視点から契約締結のタイミングで適時開示を行うことが通例とされているため，株主総会の決議のスケジュールも含めて，カーブアウト検討段階から詳細な計画を準備することが肝要となる。

2 | 事業再編におけるバイアウト・ファンドの役割

(1) ベストオーナー・マネジメントとリスクマネーの機能

　目まぐるしく変化する経営環境において企業経営者は自らが"ベストオーナー"であるかと自問する必要がある。ベストオーナーの条件としては，次のような要素があげられる。

- ・当該事業を経営戦略上重要で優先すべき分野（コア事業）として位置づけて成長投資を行う意思とそのための経営資源を保有していること
- ・当該事業から付加価値を創出するオペレーション能力が他社に比べて高いこと
- ・その組織能力（ケイパビリティ）や資本力を活かして競争優位を築き，当該事業の成長戦略を実現する可能性が他社より高いと見込まれること

　自社が「ベストオーナー」ではないと判断される場合，具体的には，たとえ黒字であっても当該事業における資本収益性（ROIC）が資本コスト（ハードルレート）を下回り，回復が難しいと見込まれる段階で早期に切出しの決断を行う視点を持たなくてはならない。十分な成長投資が行われず，従業員の成長機会ともならず，事業の拡大につながり得ないからである。

　このような局面において，事業の譲渡先としてバイアウト・ファンドの役割が重要となる。1990年代後半から歴史を有するバイアウト・ファンドでは産業や市場のトレンドを的確に把握しており，かつまた潤沢なリソース，豊富な事業運営ノウハウ，長年の経験で培った戦略スキルを有しており，ベストオーナー足り得る条件を備えているからである。

　また，バイアウト・ファンドによるリスクマネー（高い収益を期待して，回収できない危険性のある投資を厭わない資金）供給も重要な機能として忘れてはならない。バイアウト・ファンドは高い利回りを目指しているが，長期間での運用を目途に多くの機関投資家から投資を受けているため，長期的な企業価値向上施策の観点から親会社では行い得なかった投資の実行も可能となる。

(2) 事業会社でなし得なかった組織改革

　バイアウト・ファンドから出資を受けると，経営に深く関与する"ハンズオン・チーム"が派遣される。同チームは，過去の事業上のしがらみを有さないうえ，プロ経営者として限られた期間で企業価値を向上させることがミッションであるため，親会社のもとでは行い得ない改革や気がつき得ない問題に早々に着手する。具体的には，出資に際して各種専門家が実行したデューデリジェンスを通じて検討された業務上（フロントオフィス）の課題を提示するとともに，そうした課題に対する改善への道筋を示すことになる。また，一刻も早く親会社への依存体質から脱却するため，社員の自立を促し，新たな管理体制（バックオフィス）を構築するための道筋も示すことになる。

　なお，バイアウト・ファンドは，いずれかのタイミングで（少なくともファンドの運用期限までに）主要株主の座を他社に引き継ぐことが必要であることから，経営戦略の見直しをふまえた迅速な改革は断行するが，企業価値の最大化（ファンドのリターンの極大化）に資する限り，企業文化の改革までは求めず，むしろその維持を求めることが多いことも特徴といえる。この点，スピンアウトの形で競合企業（事業会社）に買収される場合，カーブアウトの形でバイアウト・ファンドから出資を受ける場合とは異なり，一定のタイミングで競合企業の企業文化へと改革されることが多い点で大きな相違があるといえる。

(3) 専門家による時間軸を定めた施策実行

　前述のとおり，バイアウト・ファンドには運用期限（10年程度）があり，また，その期限内での投資期間（5年程度）が定められているため，ハンズオン・チームが検討した時間軸のなかで施策が実行されることになる。バイアウト・ファンドは，創業から事業再生までの多様なステージ，多岐にわたる業界における投資対象企業と深く関わっていることから，各種の企業価値向上施策に長けたメンバー（内部専門家）を有しているが，時として必要十分なメンバーやノウハウを有しない場合がある。そうした場合，バイアウト・ファンドは躊躇なく外部専門家を起用して施策を実行していくことになる。外部専門家の起用法の巧拙も特徴であるといえる。特に，バイアウト・ファンドの出資持分のエグジット時期やエグジット金額に直結する課題は，出資直後から分科会

を設置するなどしてプライオリティを上げて取り組むことになる。こうしたなかで，ガバナンス（経営監督体制）とディスクロージャー（情報開示）の強化をもサポートし，従業員との密なコミュニケーションを図りながら最終的なエグジット戦略（IPO や売却）を立案されていくことになる。

(4) 徹底した財務規律に基づく成果主義

バイアウト・ファンドでは，投資に対する利回り（エントリーバリュー（投資時の評価額）とエグジットバリュー（売却時の評価額）の差）を15〜20%程度に設定することが一般的である。その観点からバイアウト・ファンドは投資先企業に対して財務規律を徹底することになる。その特徴は次のとおりである。

① 成長パフォーマンス

投資先企業に対して特定の期間内に達成する目標とアクションプランを設定する。目標には，通常，企業の成長に関連する組織改革，業績改善，市場拡大などが含まれる。

② フリーキャッシュフロー

投資先企業のキャッシュフローを管理し，適切な資金配分と予算編成を行う。キャッシュフローの予測やワーキングキャピタル（運転資本）の最適化が求められる。

③ 財務レバレッジ

投資先企業の借入金を管理し，適切なレバレッジを維持することを重視する。借入金の金利や返済条件の最適化など財務リスクの最小化が求められる。

④ 財務報告と透明性

投資先企業による適時適切な財務報告（説明責任）を重視する。収益性，財務健全性，資金繰りの状況に係る正確な情報に基づく迅速な行動が求められる。

14　第Ⅰ部　手法と市場動向

　バイアウト・ファンドでは，これらのような財務規律を維持するため，経営者や従業員に対して業績に連動したインセンティブを設定することがある。大企業の傘下では難しかった会社と個人の目標を一致させることで，経営者や従業員とのパートナーシップを築きながら，企業価値の最大化を目指していくこと（成果主義）も特徴である。

3　バイアウト後のスタンドアロン化とバリューアップに関する論点

　前節までは，日本企業にとっての事業ポートフォリオ再構築の重要性とそこにおけるバイアウト・ファンドの果たす役割について論じてきた。本節では，バイアウト後の事業運営において重要な論点となるスタンドアロン化とバリューアップについて述べる。

(1) スタンドアロン化の論点

①　スタンドアロン化の重要性

　「スタンドアロン」とは，一般的に対象会社・事業が独立し，自立的に事業が運営できる状態であることを指す。バイアウト以前の状態においては，通常対象会社・事業は同一の会社内または一定の資本関係を有するグループ会社間において，親会社や他事業のサービスおよび資産の提供による便益を享受している状態にある。代表的な例としては，次のような内容があげられる。

　　ヒト・プロセスに係るサポート：親会社より提供される役務の享受（出向者，設計・開発プロセスの提供や，グループファイナンスによる資金提供など）

　　資産（無形・有形）に係るサポート：設備の貸付やグループ内の知的財産・その他無形資産（顧客情報や製造ノウハウなど）の利用

　　契約に係るサポート：親会社が包括して契約し，子会社がその恩恵を受けるもの（福利厚生，シェアードサービス，グループ保険，全社システムの保守・運用，技術サポートなど）

ITシステムに係るサポート：全社システムをはじめとするシステム，業務
　　アプリケーション，ITインフラなどの利用

　バイアウト後は，親会社・グループ会社からの資本関係がなくなる，ないし
は減少することによって，これらのメリットから切り離される形となり，継続
的な事業運営のためにはこれらの影響（スタンドアロン・イシュー）に対して
の手当が必須となる。バイアウト後に目指す姿や経営環境と照らし合わせ，既
存の機能をどのように補完・再構築・削減するか，ビジネスおよびコーポレー
トそれぞれの領域において検討が必要である。

　また，対象会社・事業がスタンドアロンである状態は，事業戦略などの自由
な意思決定を促し，企業価値向上の道筋を探りやすくなるため，このような観
点からもスタンドアロン化の検討はバイアウトにおいて必須となる。

　スタンドアロン化の実現に向けては，実働メンバーで構成されたプロジェク
ト推進が実行の要となる。スタンドアロン化のプロジェクトは，会計や業務改
善などの領域で一定のスキルと知識を持った専門的な人材が求められ，また
ディールの特性上，業務領域が複数に跨り，かつ限られた期間での進行が求め
られるため，外部のアドバイザーを活用し適切なリソース配分を行うことが推
奨される。

　外部アドバイザー活用のメリットとしては，会計・税務・法務などの各種専
門分野の知見の補完のほか，IMO（integration management office）設置，各
種プロジェクト管理ツール使用による進行状況や問題の可視化があげられる。
スタンドアロン化に係る問題は，多岐にわたる業務領域の非常に細かな部分に
ついての検討がなされるために，往々にして個別最適に走りがちなところを，
IMOにてスケジュール・予算・課題を一元管理することで，ディール全体を
成功に導くことが可能となる。

②　スタンドアロン化に向けたプロセス・論点

　スタンドアロン・イシューの分析は，ビジネス機能とコーポレート機能に分
けて検討することが必要である。

　ビジネス機能については，各部門・部署の業務に関して一定の深堀が求めら
れるため，対象会社・事業の商流を区分けし，現状業務の可視化の際には各領

域担当者の知見を統合する必要がある。例えば，製造業の場合であれば，商流を開発・設計，調達，製造，品質管理，物流，マーケティング，販売，アフターサービスのようにプロセス別に分割し，スタンドアロン・イシューの検出を行う。

　また，もう一つの軸として，各プロセスに対して①組織・人員，②業務プロセス，③資産，④契約，⑤ IT システムの観点を持ち，それぞれの依存関係を明らかにすることで分析・影響把握が可能となる。

　Day 1 時点で対象会社・事業に不足が見込まれる事項（＝スタンドアロン・イシュー）に対しては，TSA（transition service agreement: 買収後の売手による一定期間の業務・サービス提供契約）などによる手当てを検討する。多くの場合において，対象会社・事業の人員や資産のみで業務を成り立たせることは難しく，売手側が一定期間引継ぎ，サポートを行うなど伴走することで自走可能となる。

　スタンドアロン化の検討においては，対象会社・事業のスタンドアロン化に要するコスト影響の把握も重要な要素となる。個々のスタンドアロン・イシューに対する手当てが，それぞれどの程度コスト影響があるのか，またそれらは一時的なものか，恒久的なものか，取りまとめたうえで低減の余地を検討することが望ましい。

　コーポレート機能については，一般的に親会社または他事業に依存しているケースが多く，慎重にスタンドアロン・イシュー分析を行わなければならない。一例として，ビジネス機能と同様にコーポレート業務を経営企画，財務・経理，税務，人事，総務，法務，IT などに分割し，現状業務の可視化やスタンドアロン・イシューの検出を行う。例示の領域のほか，対象会社・事業の業種・業界によっては EHS（環境・衛生・安全管理）や知的財産管理などを追加するケースもある。また，人事領域を人事制度運用，給与，従業員教育，福利厚生などに細分化したり，財務・経理を財務会計，管理会計，資金管理などに細分化したりする場合もあり，対象会社・事業の他事業への依存度や，業界特性をふまえて分析の粒度をコントロールすることが望ましい。

　当然ながらコーポレート領域においてもビジネス機能と同様にスタンドアロンコストの試算も必須であり，取得可能な情報に基づき試算を実施，目的整合

第1章　日本企業の事業ポートフォリオ再編における戦略的視点　*17*

図表1－1　スタンドアロン・イシューのマッピング

● 他事業と共有，Day 1 準備負担が大きい（買手・売手双方），● 共有機能の分離方針は想定済，○ 譲渡対象（対象事業専有），― 譲渡対象外

	機能	人材	オペレーション	資産・IP	契約・許認可	IT
ビジネス	研究開発	―：売手への委託の場合，売手人員で対応	●商品開発・マイナーチェンジは売手への委託にするか要検討	○既存商材のライセンス，関連するIPは譲渡対象	要確認：外部機関との包括契約など	●設計データの分離対応他
	調達・生産	―：売手への委託の場合，売手人員で対応	●売手に生産委託（必要設備は対象会社より売手に貸与）	●土地や共有建屋を除き，設備・機材は基本的に譲渡	要確認：許認可再取得の可能性あり。製品に対する損害賠償保険についても要確認	―：売手への委託の場合，既存システム利用
	販売・物流	●販売・物流は買手側でDay 1迄に立上げ（買手側で人員拡充を検討）	●販売・物流は買手側でDay 1迄に立上げ（受発注の仕組み，製販調整，顧客連携などの対応が必要）	●買手側で営業人員の拠点，営業倉庫などの手配が必要。その他ブランドチェンジも検討	○顧客との契約調整が必要	●顧客・受注・パイプライン管理データの分離対応他
コーポレート	会計・財務	―：売手と対象事業間の取引（製造委託など），販売に係る会計処理を買手で対応	―：同左	―：同左	―：同左	―：同左
	人事	―：人員は譲渡対象外	―：同左	―：同左	―：同左	―：同左
	総務・法務・EHS ほか	―：コーポレート機能は譲渡対象外	―：同左	―：同左	―：同左	―：同左
	ITインフラ・運営	―：IT機能は譲渡対象外	―：同左	○一部専有システムのみ譲渡対象	―：同左	●売手・買手間のネットワーク接続を検討

（出所）KPMG FAS 作成

性・経済合理性の観点から継続オプションを判断することが望ましい。

　また，プロセスに限らず，コーポレートガバナンス確立も重要な論点であり，企業の透明・公正かつ迅速・果断な意思決定を実現するためのリーダーシップの体制，部署・部門の変更・再定義をすることも推奨される。一般的にこれらの活動は，通常業務のなかで日々解決・改善されていくものであるが，バイアウトは大きな変革の契機でもある。グローバル水準の事業づくりを目指し，ドラスティックな刷新を図ることも十分に可能である。

(2) バリューアップの論点

　バリューアップとは，バイアウト後の対象会社・事業の企業価値を高めることを指し，バイアウト投資後一定期間を経てエグジットを想定するバイアウト・ファンドには必要不可欠な投資後の取り組みである。ここでは，①経営基盤の強化，②オペレーショナルエクセレンスの追求，③さらなる成長戦略の策定，の三つの観点からバリューアップの論点を提示する。

①　経営基盤の強化

　バイアウト前の In-Deal におけるデューデリジェンスなども含めて，Post-Deal にてバリューアップを検討する際にまず評価が必要なのは，対象会社・事業の経営基盤の整備状況である。これには決算書作成の精度やスピードなどの財務会計の観点，製品別・顧客別の収益管理などの管理会計の観点，意思決定や権限設計などのガバナンスの観点などが含まれる。バリューアップの施策を検討するにあたってまずは対象会社・事業のパフォーマンスに関する正確かつ定量的な把握が不可欠であり，またバリューアップ施策の実行を見据えると適切なガバナンスの仕組みも欠かせない。

　特に対象会社・事業がオーナー系企業などの非上場企業の場合，一般的な上場企業に比して経営基盤の成熟度が低いケースも多いため，まずは財務数値をはじめとする経営状況の可視化から取り組む必要がある。

②　オペレーショナルエクセレンスの追求

　経営基盤の水準を必要な水準まで引き上げることができたら，本格的なバ

リューアップの検討としてオペレーショナルエクセレンスの追求を検討していく。これは，比較的短・中期的な成果創出を目的として，対象会社・事業の既存のビジネスモデルを一定前提としつつ，そのなかでのオペレーションの精度を高めることで，トップライン向上，コスト削減，キャッシュフロー効率化を企図するものである。

　まず，トップライン向上に向けては，マーケティング戦略や営業戦略の再構築があげられるが，ここでは一例としてプライシング（価格戦略）の改善をあげる。プライシングとは，製品やサービスの価格（定価）設定だけでなく，製品・サービスの優位性および競合の価格戦略の考慮，製品・サービスの原価や収益性をふまえたポートフォリオの見直し，ディスカウントやリベートなどのList Price（定価）から Net Price（純価格）に至る差分の管理，現場の営業担当者から本社の事業責任者に至るまでのプライシングに関わるガバナンス設計など，テーマは多岐にわたる。また，比較的実行から効果発現までのリードタイムが比較的短い点，改善を実施した際の収益性へのインパクトが大きい（1％でも値上げするとそれがそのまま利益増につながる）点などから，短・

図表1－2　プライシングの改善

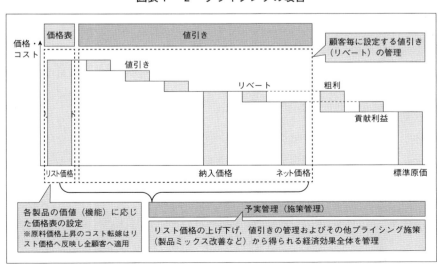

（出所）KPMG FAS 作成

中期でのバリューアップには適した取り組みであるといえる。

　次に，コスト削減に向けては，機能ごとに削減可能な費目や支出項目を特定していくことになるが，対象会社・事業単体でのコスト削減とバイアウト・ファンドが既に保有しているポートフォリオ企業とのコストシナジーの両方を検討することが有効である。単体でのコスト削減においては，同業種や同規模の企業群をベンチマーク対象として競争力のあるコスト構造を実現することや，カーブアウトを契機としてゼロベースでコストを見直すことで大きなコスト削減につながる。例えば，カーブアウト事業が従来は大企業グループ内で高価なERPパッケージを使用していたが，カーブアウト後の事業規模に見合ったより安価なERPパッケージやクラウドサービスに移行することでIT費用が低減できることがあげられる。

　最後に，キャッシュフロー効率化に向けては，売掛金（売上債権サイトの短縮化），買掛金（仕入債務サイトの長期化），在庫（在庫回転率の向上，不良在庫の削減など）の観点から運転資本の効率化を検討していく。取引単位のデータ（トランザクション・データ）をインプットに製品別・顧客別などの観点で分析を進めていくと，重要性の低い取引先に対して必要以上に長い（短い）サイトが設定されていたり，同一の取引先に対して製品によって異なるサイトが設定されていたりすることが散見される。これらは明確な意図なしに過去からの経緯などでそうなっているだけというケースも多いため，このような取引条件を個別に是正していくことで積み上る効果としては想定以上に大きなものとなる。また，これらの分析や施策の実行は，製品別・顧客別などの単位で実施することが必要であるため，前述のプライシングの改善と合わせて実施するとより効果的である。

　オペレーショナルエクセレンスの改善機会を特定・定量化するためには，対象会社・事業のトランザクションデータを初期的なインプットとして使用するが，収集すべきデータの検討や施策の優先度を定義するうえで，アプローチの策定が必要となる。

　図表1－3の例のように，特定した機会を優先順位づけし，実現可能性や影響度を考慮してスケジュールに落とし込む。場当たり的な改善を繰り返すことは避け，限られたリソース・期間のなかで成果の最大化を目指す。

効果の創出・刈取りの段階においては，まずは「クイックウィン」として早期に効果創出が見込める施策から実行するのが一般的である。代表的な例として，遊休資産や老朽化した設備の除売却や，人員の再配置による固定費の削減があげられる。クイックウィンで獲得したモメンタムを活かし，次第に中長期にわたる施策に移行，そのそれぞれに計画・実行・モニタリングのプロセスを保持させることが重要である。個々の施策の進捗・結果のモニタリングを行うことで，効率的な価値創造を実現することができる。

一方，バリューアップの初期段階，特に In-Deal の段階においては，限られた検討メンバー・時間のなかで各ビジネス領域に散在するトランザクションデータの収集が困難な場合も十分に考えられる。外部専門家の知見やフレームワークを活用し，不足する情報を仮説で補いつつ，品質とスピード感を両立した施策検討が好ましい。

③ さらなる成長戦略の策定

バイアウトを契機に，売上・市場シェア拡大のほか，新事業の展開や新市場

図表 1 − 3　バリューアップのアプローチ

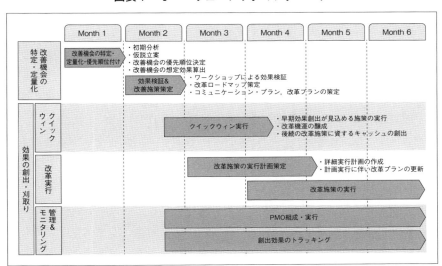

（出所）KPMG FAS 作成

図表1-4　代表的なバリューアップ施策

(出所) KPMG FAS作成

(異業種) への参入のようなアグレッシブな変革を行う事例も多く見られる。単独での成長だけでなく，非連続的な成長のためには，他社との連携は不可欠である。

　商流のすべてを自社で手がける必要がない場合や，特定の技術・ノウハウが外部にある場合は，パートナーシップ戦略が有効である。あるいは，ロールアップ (追加買収) 戦略としてさらなる市場拡大や特定領域の商圏獲得を目的に，連続的にM&Aを行う事例もしばしば確認される。パートナーシップ戦略やロールアップ戦略は，Pre-DealからIn-Dealのバリューアップ施策・成長戦略策定の段階で買収後のあるべき姿を見越して組み込むことが望ましい。これらの戦略を上手く活用することで，競争力を強化し，持続的な成長を実現することが可能となる。特に対象会社・事業がこれまでM&Aを戦略の一つとして十分に活用してこなかったケースにおいては，バイアウト・ファンドからM&Aの資金およびノウハウを提供することが大きなゲームチェンジの要因になり得る。

4 | これからの日本企業の事業再編の将来展望

(1) 日本の事業再編の現状

　日本における事業再編の手法としては，本書で主たる対象としているカーブアウトに加えて，事業売却，ジョイント・ベンチャー，経営統合などがあげられる。カーブアウトとは，事業会社から特定の事業を切り出して外部株主に売却しつつ，売手である事業会社も引き続き株主として経営に参画する形態のM&A取引を指す[1]。近年見られるカーブアウトの増加の背景には，資本コストを加味した収益性（ROICなど）を意識した経営への関心の高まりや，それに対する外部株主からのプレッシャーの増加があることはいうまでもない。従来，日本企業においては，たとえある事業が赤字であっても雇用維持や社会貢献の名目のもとに当該事業が維持・継続されることが多く見られた。ましてや，多少でも黒字になっている事業を積極的にカーブアウトするインセンティブは低かったといえるだろう。

　また，カーブアウトする事業の新株主としてバイアウト・ファンドが日本市場における存在感を増していることも大きな要因と考えられる。新株主の候補として当該事業と同業種の事業会社だけを対象とすると買手候補数が限られてしまうが，バイアウト・ファンドも候補に加えることでバイヤーズ・ユニバース（買収を検討する企業や投資家の集合体）が圧倒的に広がるため，確実にカーブアウトを推進したい売手企業にとっても大きなメリットとなる。結果として，近年のカーブアウト・ディールにおいては，買手候補がバイアウト・ファンドのみとなることも珍しくない。

　カーブアウト以外の事業再編手法についても簡単に触れておきたい。事業売却は，事業会社が有する特定事業を切り出して外部株主に売却し，自社の持分をゼロにする取引である。売却後に持分を保有しない点がカーブアウトとの違いとなる。事業の切り出し後の経営に事業会社が関与し続ける必要性が低い場合には，事業売却も選択肢となる。

　ジョイント・ベンチャーは，2社以上の企業が共同して一定の事業を運営するために，共同で物的資本および人的資本を拠出して，独立した企業を設立す

るアライアンスの形態である。ジョイント・ベンチャーにおいてある事業全体を運営する形態もあるが，ある事業のうち特定の機能領域のみをジョイント・ベンチャー化するケースも存在する。例えば，リコーと東芝テックは複合機事業の開発・生産機能を統合すべく，エトリアというジョイント・ベンチャーを2024年7月に設立した。これはペーパーレス化の進展によってオフィス向けプリンティング市場が世界全体で縮小傾向にあることに対する競争力・事業基盤の強化を目的の一つとしている。

　また，複数の事業ポートフォリオを持たず基本的に単一事業を営んでいる企業，または特定の事業が大きな割合を占めている企業が採用する事業再編手法としては経営統合もあげられる。縮小する市場における効率化を通じた生き残りや自社の保有しない強みの獲得を通じた成長を目的とすることが多い。例えば，自動車のエンジン部品の一つ，ピストンリングを製造するリケンと日本ピストンリングは，2023年10月に共同純粋持株会社であるリケンNPRの設立を通じて経営統合を行った。これは世界的に電気自動車（EV）シフトが進むなかで需要が減るエンジン部品の開発や生産などを効率化することが目的とされている。

(2) 事業再編の展望と可能性

　日本企業にまつわる事業再編は，今後もさらに活発化していくと見込まれる。前述のとおりROICが経営指標として注目されるのと同時に，PBR（price book-value ratio：株価純資産倍率）も重要な経営指標と認識されるようになった。これは，東京証券取引所が2023年3月に発表した「資本コストや株価を意識した経営の実現に向けた対応等に関するお願い」において，PBRが1倍を割れている東証プライム市場およびスタンダード市場の全上場企業に対して，資本コストや株価を意識した経営の実現に向けた「現状分析」，「計画策定・開示」，「取組みの実行」のサイクルを回すことを要請したことが背景にある。当資料によると，発表時点ではプライム市場の約半数，スタンダード市場の約60%の上場企業がROE8%未満，PBR1倍割れだったとのことである[2]。その後，企業側の取り組みが進み，2024年5月の時点では東証プライム市場の上場企業のうち約57%がPBR1倍以上となったとの分析結果が発表されたが[3]，

一方でPBR1倍割れ企業も依然一定数存在している。PBR1倍割れ企業に対する株主からのプレッシャーはアクティビストをはじめとして継続するものと思われる。そのような環境下では，企業の大小によらず事業ポートフォリオの転換は待ったなしの状況である。

特に，日本市場では構造的に一つの産業における企業数が過多であるともいわれており，業界再編によるプレーヤー集約の必要性が認識されている。特に，成熟業界においてプレーヤー過多の場合には，一定の市場規模を有していないと勝ち残りが難しくなっており，中途半端な規模では将来の成長戦略を描くことも難しい。また，競合同士でパートナーシップを結ばれてしまうとさらに自社が競争劣位に陥ってしまうケースもある。そのため，競合が動いてから動くのではなく，自分から業界再編を仕掛けることが必要ともいえる。そのためには，バイアウト・ファンドと組むことで彼らの有する経営ノウハウや資金力を活用することも有力なオプションとなり得る。実際にバイアウト・ファンドが主導してロールアップを推進することで業界再編を主導しているケースも存在する。

また，少子化によって日本の国内市場が縮小することが見込まれる業界も多いため，そのような業界では成長性を追求するための海外展開が必須のテーマとなっている。一方で，これまで国内市場中心に事業運営してきた企業が急に海外市場に打って出るのもハードルが高い。かかる状況においてもバイアウト・ファンドとのパートナーシップによってM&Aを含む海外展開を加速するというシナリオも有効である。

おわりに

本稿では，日本企業が継続的に競争優位性を確保していくために事業ポートフォリオの転換が不可欠であること，事業ポートフォリオ転換の一環としての事業再編，事業再編を促進する要因の一つとしてバイアウト・ファンドが果たす役割について概説した。また，バイアウト後に主要論点となるスタンドアロン化とバリューアップについて言及した。冒頭でも触れたようにVUCAと呼

ばれる先の読めない時代に企業として生き残るためには変化に対応するだけでなく，自ら変化を作り出すことが必要であり，バイアウト・ファンドおよび日本企業が自社の競争力強化に向けて事業再編を積極的に推進することで，日本全体の産業競争力の強化につながることを期待してやまない。

注

1）カーブアウトの定義については，杉浦（2020）に詳しい。
2）東京証券取引所上場部が2023年3月31日に公表したマーケットニュース「資本コストや株価を意識した経営の実現に向けた対応等に関するお願いについて」のうち「資料1：資本コストや株価を意識した経営の実現に向けた対応について」に詳述されている。
3）東京証券取引所上場部が2024年8月30日に公表したマーケットニュース「「資本コストや株価を意識した経営の実現に向けた対応」に関する今後の施策について」のうち「参考1：上場会社の対応状況」に詳述されている。

《参考文献》

杉浦慶一（2020）「カーブアウトの定義に関する一考察」『東洋大学大学院紀要』第56集，東洋大学大学院，pp.149-159.

第2章 事業再編型バイアウトのストラクチャーと税務
——カーブアウトと上場子会社の売却のケースを中心として——

KPMG 税理士法人
副代表 **石塚直樹**

はじめに

　世界的な金利高の影響で M&A における環境は悪化しているといわれている。M&A を行う際に，通常買収者は金融機関や市場から資金調達を行うことが多いが，その金利負担が重荷になっているからという説もある。また，いわゆるバイアウト・ファンドの場合には，LBO（レバレッジド・バイアウト）スキームを組むことが一般的であり，買収資金のかなりの部分を銀行借り入れで賄うため，その金利負担は投資利回りに大きな影響を与える可能性がある。そのような環境下で，低金利下の日本においてはバイアウト・ファンドも非常に活発に投資を実行しており，事業会社もその流れに乗って事業再編を行っているように見受けられる。当該事業再編には，売却前の事前再編も含まれ，時にはスキームが複雑化することもある。

　本稿では，まずカーブアウトのストラクチャーの類型について説明する。次に，事業売却におけるセルサイドの税務デューデリジェンスの論点およびカーブアウトの税務に関する論点について明らかにする。そして，近年注目されている上場子会社の株式売却における売手の事業会社の税務の論点について述べることとする。

1 カーブアウトのストラクチャーの類型と税務上の取り扱い

　事業再編により親会社が子会社を売却する際に，親会社自身に子会社に関連する事業があったり，または親会社の事業を一部売却する場合に，当該事業を子会社化してから売却することがある。この事業部門が切り出されることは，一般にカーブアウト（carve-out）と呼ばれている。本節では，カーブアウトのストラクチャーの典型的な例を示す。

(1) 新設分割スキームを活用したカーブアウト

① 分社型分割

　分割法人（親会社）の事業の一部が売却対象事業であるような場合，分割により新設される子会社に売却対象事業を移管し，その対価として分割承継法人（新設子会社）の株式を取得した後，当該株式を買手に売却するスキームである。非常にシンプルなカーブアウト手法であるが，分割により事業に必要な許認可などが移管できない場合には使いづらいスキームとなるため，その場合には事前に子会社を設立し，そこで許認可を取得したうえで，吸収分割を実施することもある。

図表 2 － 1　新設分割スキーム①（分社型分割）

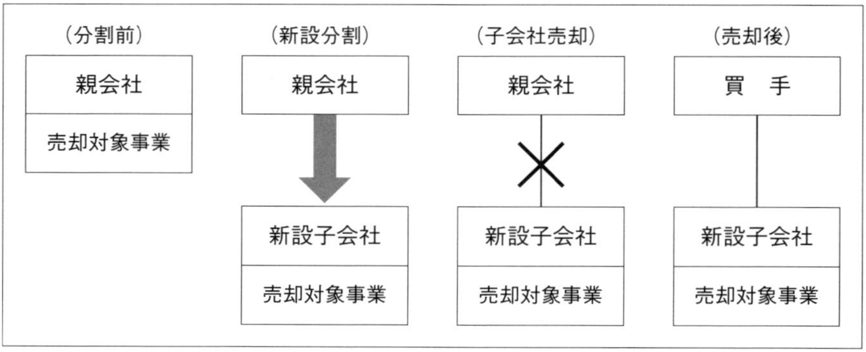

（分割前）	（新設分割）	（子会社売却）	（売却後）
親会社	親会社	親会社	買　手
売却対象事業			
	新設子会社	新設子会社	新設子会社
	売却対象事業	売却対象事業	売却対象事業

（出所）KPMG 税理士法人作成

② 分割型分割

　子会社Aの事業の一部が売却対象事業であるような場合，分割により新設される子会社に対象事業を移管し，その対価として分割承継法人（新設子会社）の株式を子会社Aが取得した後，親会社に分配し，親会社が当該株式を買手に売却するスキームである。新設分社型分割と同様に，分割により事業に必要な許認可などが移管できない場合には使いづらいスキームとなるため，その場合には事前に子会社を設立し，そこで許認可を取得したうえで，吸収分割を実施することもある。

(2) 吸収分割スキームを活用したカーブアウト
① 分社型分割

　子会社Aが売却対象であるが，親会社の事業の一部にも売却対象事業が含

図表2－2　新設分割スキーム①（分割型分割）

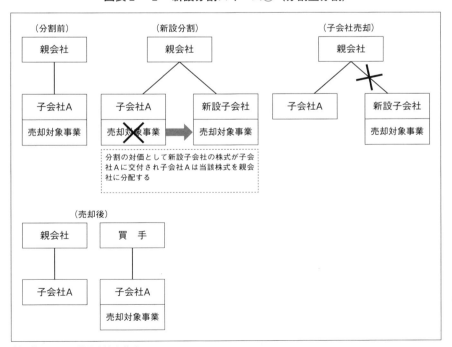

(出所) KPMG税理士法人作成

30 第Ⅰ部 手法と市場動向

図表2-3 吸収分割スキーム①（分社型分割）

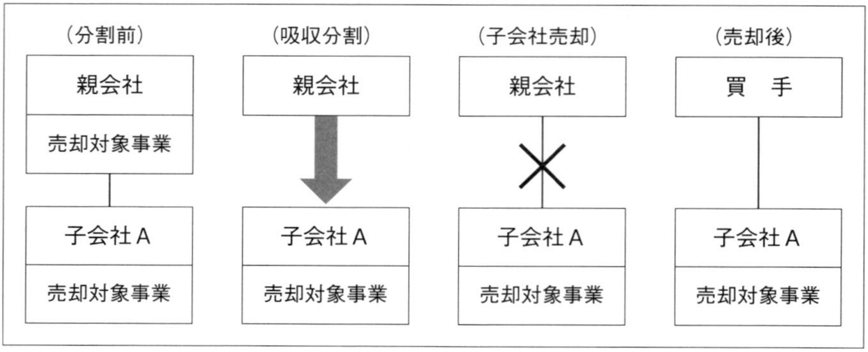

（分割前）	（吸収分割）	（子会社売却）	（売却後）
親会社 売却対象事業	親会社	親会社	買　手
子会社A 売却対象事業	子会社A 売却対象事業	子会社A 売却対象事業	子会社A 売却対象事業

（出所）KPMG 税理士法人作成

まれている場合，分割により親会社における売却対象事業を子会社Aに移管
し，子会社Aの株式を買手に売却するスキームである。なお，親会社と子会
社Aとの間に100％の直接資本関係がある場合には，吸収分割の対価としての
株式交付は省略する（無対価分割とする）ことも可能である。

② 分割型分割

　子会社Bが売却対象であるが，子会社Aの事業の一部に売却対象事業が含
まれている場合，分割により子会社Aにおける売却対象事業を子会社Bに移
管し，子会社Aは分割の対価として取得した子会社Bの株式を親会社に分配
し，そのうえで親会社は子会社Bの株式を買手に売却するスキームである。
なお，親会社と子会社Aおよび子会社Bとの間に100％の直接資本関係がある
場合には，吸収分割の対価としての株式交付は省略する（無対価分割とする）
ことも可能である。

(3) 原則的な税務上の取り扱い

　税務上の取り扱いは，分割による事業の移転であっても原則として当該事業
が時価で譲渡されたものとして取り扱われる。ただし，分割の場合には税制適
格要件を充足したときは例外的に，移転事業の資産および負債を税務上の簿価
で移転したものとして取り扱われることになる。なお，税制非適格となった場

図表2－4　吸収分割スキーム②（分割型分割）

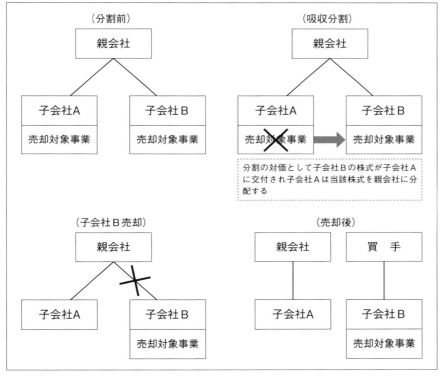

（出所）KPMG税理士法人作成

合には，分割法人において，その後の分割承継法人の株式の譲渡割合に関係なく，移転事業の含み損益はすべて実現することになるため，留意が必要である。カーブアウトに係る典型的な税務上の論点については，第3節で例示する。

(4) 税制適格要件

税制適格分割は，次の三つに区分される（なお，要件については条文どおりに記載するとわかりにくくなる可能性があるため，わかりやすいよう簡略化して記載している。また例外規定なども存在するが議論を複雑にさせないため割愛している）。いずれも分割の対価として金銭などが交付されないことが前提である。

① 完全支配関係の継続

　分割の時点で分割法人と分割承継法人との間に完全支配関係が存在し，分割後に完全支配関係が継続することが見込まれていること。なお，新設分割の場合には，分割の時点で分割承継法人は存在しないことから，分割後に完全支配関係が継続することが見込まれていることが要件となる。

② 支配関係の継続

- ・分割の時点で分割法人と分割承継法人との間に支配関係が継続することが見込まれていること。なお，新設分割の場合には，分割の時点で分割承継法人は存在しないことから，分割後に支配関係が継続することが見込まれていることが要件となる。
- ・分割事業に係る主要な資産・負債が移転していること
- ・分割事業に係る従業者の概ね80％以上が分割承継法人において従事する見込みであること
- ・分割事業が分割承継法人において継続する見込みであること

③ 共同事業目的

- ・分割事業と分割承継法人のいずれかの事業とが相互に関連するものであること
- ・分割事業に係る主要な資産・負債が移転していること
- ・分割事業に係る従業者の概ね80％以上が分割承継法人において従事する見込みであること
- ・分割事業が分割承継法人において継続する見込みであること
- ・分割法人の株主に分割承継法人株式が交付されない場合においては，その分割法人に交付される分割承継法人株式の全部が分割法人により継続保有されること，分割法人の株主に分割承継法人株式が交付される場合においては，分割法人の株主に支配株主がいる場合には，その支配株主に交付される分割承継法人株式の全部が支配株主により継続的に保有されることが見込まれること
- ・分割事業と分割承継法人の関連する事業の規模（売上高や従業者数などの

いずれか）の割合が，概ね5倍を超えないことまたは分割前の分割法人の役員のうち1名以上と，分割承継法人の特定役員（いわゆる役付き役員）のうち1名以上とが分割後の分割承継法人の特定役員となることが見込まれていること

2 | 事業売却におけるセルサイドの税務デューデリジェンスの論点

(1) 目的

事業売却を行う際にも売手側で税務デューデリジェンス（以下，「TDD」という）を行うことがある。目的やメリットとしては，次のような事項があげられる。

- ・買手から受けるTDDの事前準備となること
- ・売手自ら論点の洗い出しを事前に行えるため，買手からTDDを受ける前に問題点を治癒またはその対策を講じられる可能性があること
- ・いわゆるBid案件のように複数の買手候補からTDDを受ける場合には売手が行ったTDDレポートを買手候補に開示することによって売手側におけるTDDの負担を軽減できること

(2) スコープ

基本的に買手が行うTDDと同様である。基本的には，①タックスコンプライアンス状況の確認，②税務調査履歴の確認，③関係会社間取引の内容，④非経常的な損益の発生状況とその内容などが主な調査内容となる。具体的には，**図表2-5**に記載のとおりである。

(3) バイサイドとの違い

売手側のTDDはセルサイドTDD，買手側のTDDはバイサイドTDDと呼ぶことが多い。基本的には，両者とも税務上の論点を洗い出すことが目的であるが，セルサイドがバイサイドと違うのは，自ら問題点を修復できる可能性が

34　第Ⅰ部　手法と市場動向

図表 2 − 5　税務デューデリジェンスのスコープ

①タックスコンプライアンス状況の確認
- 税務コンプライアンス体制（申告書の作成体制，顧問税理士の関与度合など）
- 法人税申告書における課税所得・欠損金の発生状況，主要な税務調整項目，繰越欠損金の繰越可能期間
- 財務諸表，勘定明細と各種申告書や税務調整項目との整合性
- 税務当局に対して行った公式・非公式の照会事項の内容
- タックスプランニングを採用している場合には，その内容と適法性

②税務調査履歴の確認
- 直近の税務調査において税務当局により行われた調査指摘項目とその改善状況

③関係会社間取引の内容
- 関連者（株主または役員を含む）との取引価格の決定方針や，第三者との取引に比し，著しく有利または不利な取引の有無（関係会社間においては取引価格を操作することが比較的容易にできてしまうため，黒字の会社から赤字の会社に利益を移転するなどして，グループ全体の税流出を抑えるようなことが想定されるが，不合理にこれを行うと，寄付金課税などのリスクが生じうる）
- 移転価格文書の整備状況

④非経常的な損益の発生状況
- 特別損益の内容およびその損金性（いわゆるルーティン業務から税務上の問題点が発見されることは稀であるが，非経常的に発生した事項については企業の税務担当者がその取扱いに慣れていないことがあり，税務処理を誤って申告しているケースも散見される）

（出所）KPMG 税理士法人作成

あること（ただし，バイサイドでも問題点をクロージング前に修復することを条件として提示することも理論上は可能である），また事前に論点がわかっているため，バイサイドへの説明の仕方などを前もって検討できることや必要に応じ提示する資料などを新たに作成することもできることにある。また，あがった問題点に関し，売却価格の減額に応じるのか，（特別）表明保証に応じるのかなど，事前に方針を決めておくこともできる。

　税務専門家が行うセルサイド TDD においても，税務上の論点やリスクは素直に売手であるクライアントに伝えることになるが，セルサイド TDD レポー

トを買手に開示する際には，基本的には情報提供目的になるため，税務リスクに関する評価などは記載しないことが多く，その評価などはバイサイドに委ねられることになる。

　セルサイドの場合，税務専門家としては，セルサイド TDD の事前準備（開示資料に関するアドバイスも含む）から始まり，問題点などの整理（治癒）やバイサイド TDD のサポート，SPA 上の交渉などバイサイドに比較すると長期間クライアントと接することが多い。

3 　カーブアウトに関する税務の論点

(1) 税制適格要件に関する留意点

　事業部門の切り出しを分割で行う場合には，当該分割が税制適格の分割に該当するか否かで税務上の影響が大きく変わる可能性がある。本項において事業部門を分割で切り出し，分割承継法人の株式を売却する際の典型的な留意点を述べる。

① 継続支配要件

　事業部門を（新設）子会社等に分割したうえで，当該子会社等の株式を売却する場合，その売却見込み割合により継続支配要件を充足できるかどうかが変わってくる。ここでいう売却見込みとは分割時点における見込みをいい，実際に売却するかどうかではない。例えば，分割時に分割承継法人の株式を30%しか売却しない場合においても，売却先との株式売買契約書や株主間契約書などで，数年後に追加で20% 以上売却することが決まっている場合には，分割の時点で分割法人と分割承継法人との間に支配関係が継続することが見込まれていないと判断することになり，継続支配要件は充足できない，つまり税制非適格の分割になる。契約上，50% 以上売却することが明らかであれば，その判断は比較的容易であるが，実務上は株式売買契約書や株主間契約書において追加売却の際の条件などが付されており，50% 以上売却する見込みといえるかどうか判断に迷うケースも見受けられる。その場合には，分割時点における

その実現可能性（蓋然性）や当事者の意図をふまえて判断することになる。

分割法人における取締役会議事録や稟議書などにおいて，分割法人における意思（税制適格か非適格か）をその理由とともに明らかにし，後の税務調査に備えることも有用である。また，その意思と齟齬がないように，株式売買契約書や株主間契約書における表現にも細心の注意を払っておくべきである。

紙面の関係上，解説はしないが，例えば次のそれぞれの場合，継続支配要件を充足できるかどうか考えてみてほしい。

（ア）A社はそのノンコア事業を会社分割し，分割承継法人B社の株式の49%をC社に売却した。A社とC社との間の株主間契約書において，B社が5年以内に営業黒字化した場合には，残りのB社株式の51%をC社に売却する。

（イ）A社はそのノンコア事業を会社分割し，分割承継法人B社の株式の49%をC社に売却した。A社とC社との間の株主間契約書において，B社が5年以内に営業黒字化した場合には，その時のEBITDAの5倍の価格で残りのB社株式の51%をC社に売却する。B社が5年以内に営業黒字化しなかった場合には，5年後にB社の純資産価格で残りのB社株式の51%をC社に売却する。

（ウ）A社はそのノンコア事業を会社分割し，分割承継法人B社の株式の49%をC社に売却した。A社とC社はB社を5年以内に上場させることを目標とする。

（エ）A社はそのノンコア事業を既存の子会社であるB社に会社分割し，B社の株式の49%をC社に売却した。A社とC社はB社を5年以内に上場させることを目標としていた。しかし上場の手続きが速やかに進み，分割後1年で上場することでき，A社はB社株式の10%を市場で売却することができた。

（オ）A社はそのノンコア事業を会社分割し，分割承継法人B社の株式の49%をC社に売却した。A社とC社はB社を5年以内に上場させることを目標としていた。その後，B社の業績が著しく悪化したため，A社は分割してから1年後，備忘価格でB社株式の51%をC社に売却することとなっ

た。

②　主要な資産・負債の範囲

　法人税基本通達1-4-8において，「資産及び負債が主要なものであるかどうかはその事業を行う上での当該資産及び負債の重要性，規模等を総合的に勘案して判断する」と記載されている。実務上は，その資産・負債がなくて事業が成り立つのかという観点でまずは判断することが多いのではないだろうか。ソフトウェアの開発会社やコンサルティング会社のような場合にはB/Sは軽いことが想定され，主要な資産及び負債の判断にはそう悩むことはないのかもしれないが，例えば製造業のような場合，工場のような比較的規模の大きな資産の移転が必要であろうし，その事業に関連する設備などの棚卸を行い，分割資産に含めるべきかどうかの検討を行う必要がある。

　よくある論点としては，分割事業とその他の事業に共通する設備などや，賃借している不動産についてその所有者（賃貸人）との契約関係で，その賃借権を分割により移転できない場合などがあろう。分割事業とその他の事業に共通する設備などについては分割により分割承継法人に移転したうえで，分割承継法人から分割法人に賃貸するという方法も考えられる。一方で，不動産などと同様に何らかの理由で，分割承継法人に移せない資産が存在する可能性もある。主要な資産及び負債の移転要件の趣旨が，分割事業に係る資産及び負債が分割後も引き続き分割承継法人において使用できていることだとすると，どうしても分割により移転ができない資産・負債については分割法人から分割承継法人へ賃貸することでも足りるという考え方もあろう。例えば，法人税基本通達1-4-11（移転資産の範囲－借地権の設定）においては分割により土地を移転できないため分割法人が分割承継法人に借地権を設定した場合の取り扱いが記載されている。いずれにせよ，特に重要な資産について移転ができないというような事象が生じる場合には，税務専門家に相談し，場合によっては当局への照会を検討することが望ましい。

③　従業者引継ぎ要件

　ここでいう従業者とは使用人のみを指すのではなく，役員も含めた分割事業

に従事する者を指すことになり，アルバイトやパートタイムの人たちも含めることとなる（日雇い労働者については分割法人の裁量で含めるか含めないか判断することができる）。また，分割事業に係る従業者の概ね80％以上が分割承継法人において従事する見込みかどうかを判断する際の従業者とは主として分割事業に従事している者を指すため留意が必要である。つまり，分割事業とその他の事業を兼務している従業者については，どちらの事業に主として従事しているかの判断をする必要がある。判断の材料としては，業務日報などでどちらに多く時間を費やしているか，その事業での役割，（管理会計上も含めた）費用負担割合などが考えられる。どちらが主か判断のつかない場合でも，含めた場合と含めない場合の両方で概ね80％以上が満たせれば問題ないが，どちらか片方でしか満たせないときには，満たせるほうで整理を行っていくことになるのだと思われる。

　また，通達は「概ね80％以上」という表現をしている。この場合，79％ならよいのか，75％ならダメなのかという疑問が生じる。この要件の趣旨としては，分割により事業単位で従業者が異動することおよび分割後にリストラなどが計画されていない，つまり従業者を保護することに関連しているとすると，分割時点で分割後に自然退職することが見込まれていたり，出向契約満了により出向元に帰任することが見込まれていることにより80％を下回る場合でも，80％を大きく下回らない限りは，その趣旨から「概ね80％以上」の要件を充足できていると考えることもできよう。

　一方，分割事業の運営については第三者へ委託しており，分割時事業に主たる従業者が全くいない場合は，どうであろうか。分割により，分割事業に係る資産及び負債がすべて分割承継法人に移転しており，分割事業の実態としては分割の前後で全く変わっていない状況においても，従業者引継ぎ要件を充足せず，税制非適格として処理することが求められるのであろうか。この点について国税庁から公表されている「投資法人が共同で事業を営むための合併を行う場合の適格判定について」という文書回答事例が参考になるかもしれない。投資法人は投信法の規定により，その業務を事務受託者などに委託しなければならないため，実質的に従業者を有することができない。当該文書回答事例では，合併の前後で経済実態に実質的な変更が生じないため，法の趣旨から従業者引

継ぎ要件を充足しているものとして取り扱うという結果になっている。この文書回答事例は，投資法人が投信法の規制により従業者を持てないという特殊事情を鑑みたものと思われるが，法の趣旨という意味では，分割事業の運営を第三者へ委託しているようなケースでもあてはまる可能性はあるのではないであろうか。

これらの税制適格要件を含め判断に迷う事例に遭遇した場合には，税務専門家に相談し，場合によっては当局への照会を検討することが望ましい。

(2) みなし配当・株式譲渡損益

　会社分割＋株式譲渡を分割型分割で行う場合，つまり1節（1）②または（2）②のスキームで行う場合，当該分割が税制非適格になる場合には，分割事業の譲渡損益の認識に加え，みなし配当およびその後の株式譲渡損益の認識を検討する必要がある。一般的に税制非適格となるケースとしては会社分割後に分割承継法人の発行済み株式の50%以上を第三者に譲渡するようなケースが想定される。非適格分割型分割の対価が分割承継法人の株式のみである場合には，みなし配当の認識は必要になるものの，分割に伴う（みなし）株式譲渡損益の認識は必要ない。いずれにせよ，非適格分割型分割に伴う税務的な影響は入念に事前分析する必要がある。具体的には，次のようなポイントを総合的に確認する必要がある。

①　分割事業における含み損益の有無

　税制非適格の分割となった場合には，その後の株式の譲渡割合に関係なく，移転された分割事業のすべての含み損益が実現することになる。よって，分割法人において分割に伴い生じる税負担を確認する必要がある。

②　税務上の株式簿価の付け替え

　分割型分割の場合，当該分割が税制適格であっても非適格であっても，分割法人の税務上の株式簿価を分割承継法人の株式簿価に付け替える必要がある。付け替え方法としては大まかにいうと，「（分割法人の分割前の株式の簿価）×

（分割法人の分割事業の税務簿価純資産／分割法人の分割前の税務簿価純資産）」ということになる。つまり，税務上の簿価純資産ベースで分割承継法人に移転した割合相当の分割法人の株式簿価を分割承継法人の株式簿価に付け替えることになる。

③　みなし配当認識後の分割承継法人株式の税務簿価と売却対価

　1節（1）で示したように，分割型分割の税務上の考え方は，分割法人が分割承継法人から分割承継法人の株式を取得し，当該株式を分割法人の株主（分割親法人）に分配するというものになる。その際，分割親法人はみなし配当を認識することとなる。分割親法人が分割法人との間で分割日の前日に完全支配関係がある場合には，当該みなし配当は100％免税となるため，特に分割親法人において課税関係は生じないが，一方，当該みなし配当の金額は「②税務上の株式簿価の付け替え」で計算された分割承継法人の税務上の株式の簿価に加算されることとなる。分割承継法人の株式の譲渡対価とそれに見合う税務上の株式簿価（みなし配当加算後）との差額が分割親法人において株式譲渡損益として認識されることとなる。

　分割親法人側の税務上の影響としては，分割に伴う含み損益の実現と分割承継法人株式の譲渡に係る課税結果を合わせて検討することになる。分割親法人における分割法人株式の簿価と分割法人における簿価純資産との乖離や分割事業における含み損益の多寡などにより結果はケースバイケースになるため，慎重な検討が必要になる。

　もし，これらの分析の結果，非適格分割の影響が大きいと判断される場合には，分割対象事業を分割法人に残し，分割非対象事業を分割承継法人に移行し，分割法人株式を譲渡するという方法も検討することとなる。この場合，分割親法人と分割承継法人との間に（完全）支配関係の継続見込みがある場合には当該分割は税制適格の要件を充足できる可能性もあるため，分割事業の含み益を認識する必要はなく，分割後の分割法人の株式の譲渡損益を認識するだけで済むこととなる。ただし，この場合でも，問題点が解決されるとは限らず，多様なパターンのシミュレーションを行い，どのような手法が最も望ましいのか，税務以外の観点も含めて総合的に判断する必要がある。

(3) 資産調整勘定・負債調整勘定

　事業部門の切り出しを分割で行う場合において，当該分割が非適格分割になったときは税務上時価取引となるため，分割法人において分割事業に係る譲渡損益を認識することとなる。その際に，事業部門の時価がその事業部門の時価純資産価額を超える場合には，資産調整勘定が，逆に事業部門の対価（時価）がその事業部門の時価純資産価額に満たない場合には負債調整勘定が分割承継法人において認識されることとなる。認識された資産調整勘定は5年間で償却され損金の額に算入され，負債調整勘定は5年間で益金の額に算入されることとなるため，その有無により分割承継法人における課税関係が大きく変わる可能性がある。

　資産調整勘定も負債調整勘定も差額概念になるため，一般的にはその算定方法や認識方法で問題になることはないと考えられる。ただし，既存の子会社に対して事業を分割で切り出して，当該既存子会社を売却する際に，いわゆる無対価分割が使われることが多々あるかと思われ，その際には，若干の留意点が必要となる。通常は分割対価から分割事業に係る時価純資産価額を控除した金額が資産調整勘定または負債調整勘定になるが，無対価分割の場合，もし対価をゼロと考えると常に時価純資産価額相当の資産調整勘定または負債調整勘定が生じることとなる。そのような状況は不合理であるため，無対価分割で行った場合の資産調整勘定及び負債調整勘定の計算については税務上の取り扱いが別途規定されている。具体的には，法人税法施行令第123条の10に規定されているわけであるが，端的にいうと，「財務省令で定める資産評定」が行われていれば無対価分割の場合でも分割事業の時価から分割事業の時価純資産価額を控除した金額が資産調整勘定（または営業権）または負債調整勘定（負の営業権）として認識されることとなる。「財務省令で定める資産評定」とは，同条において分割事業に係る資産及び負債の譲渡を受ける者，当該資産及び負債を有する法人（分割承継法人）の株式等の譲渡を受ける者その他の利害関係を有する第三者または公正な第三者が関与して行われるものとされている。

　通常の第三者間のM&Aであれば，買手は専門家を採用してデューデリジェンス（DD）を行い，さらには自社または専門家を使ってバリュエーションやPPA（purchase price allocation）を行うため，一般的にはここでいう資産評

定に該当するものと考えられる。これらの過程を通じて資産調整勘定または負債調整勘定の算定根拠を整備しておけばよいこととなる。

なお、資産調整勘定または負債調整勘定の計算根拠については株式交付型分割の場合でも必要になる手続きであることは当然である。なお、無対価分割で「財務省令で定める資産評定」がなされていないと判断されていた場合には、分割対価＝0と時価純資産価額との差額で資産調整勘定または負債調整勘定が認識されることになるため、原則として税務上は不利になることが考えられる。例えば、時価が100、時価純資産価額が80の事業について無対価非適格分割を行った場合、本来であれば20の資産調整勘定が計上されるところ、当該資産評定がなされていない場合には80の負債調整勘定が計上されることとなる。一方、同条によると、例えば時価純資産価額がマイナス80の事業について当該資産評定がなされていない非適格無対価分割を行った場合、資産調整勘定は認識できないことになっている。無対価の非適格分割を行う場合には、有対価分割より少し慎重な手続きが求められうる点に留意されたい。

(4) その他（間接譲渡）

「会社分割＋株式譲渡」の場合に限らず、M&Aの取引のなかで外国法人の株式が直接または間接に移転するような場合には、当該外国法人の所在国において課税が生じないかの確認が必要となる。日本においても日本の非居住者（外国法人）が日本法人の株式を売却した場合には、日本において課税権が生じることがある。それと同様な制度は諸外国にも通常は存在するため、外国法人の株式が直接移転する場合には、ストラクチャー全体をその所在国の税務の専門家に開示し、課税が生じうるのか確認をする必要がある。また、中国法人の株式が直接売買されず間接的に移転した場合であっても、実質的に中国法人の株式を譲渡したとみなされるような場合には、中国で課税が生じる可能性がある。日本の税務だけにとらわれず、取引に関連する国々の税法についても配慮しておかないと後々思わぬ税流出が生じる可能性もあるため留意が必要である。

4 上場子会社の売却における売手の事業会社の 税務の論点

(1) 原則的な税務上の取り扱い

上場子会社を売却する場合，買収者の買付け後の株式等所有割合が3分の1を超えることが一般的であることから，その場合には法的な規制により株式の公開買付け（TOB）の手続きのもとで株式の売買が行われることとなる。TOBに応じた場合，株主は株式を単純に売却したこととなり，売却益がでれば，法人株主においては法人税，個人株主においては譲渡所得税が一般的には課されることとなる。

買収者がTOBを成立させた場合，主要株主になっていることが想定され，残った少数株主は排除（スクイーズアウト）されることが一般的である。スクイーズアウトの手法は多様あるが，昨今では株式併合により行われることが多いものと思われる。株式併合によりスクイーズアウトされた（発行会社に買い取られた）場合でも，税務上はみなし配当事由から除外されているため，原則として株主における課税関係はTOBに応じた場合と同様である。一方，例えば残った株主が通常の自己株式の取得に応じた場合，税務上はみなし配当が生じうることとなる。法人株主の場合，みなし配当はその全部または一部が益金不算入になることに加え，税務上の（みなし）株式譲渡損が生じ他の所得と相殺できる可能性もあるため，TOBに応じるよりも税効果が良くなることが想定される。一方，個人株主の場合，みなし配当は累進課税になること，また（みなし）株式譲渡損は相殺できる所得が限定されているため，その金額次第ではTOBに応じた場合よりも，税効果が悪くなることが想定される。

(2) TOB後の自己株式取得の際の留意点

昨今では，前項で述べたみなし配当のメリットを有効活用して，上場子会社の親会社や主要法人株主がTOBに応じず，TOB終了後に自己が保有する対象会社株式を対象会社に自己株買いをさせるケースが見受けられる。ただし，当該親会社や主要株主が大きなメリットを得ているかというとそういうわけで

はない。一般的には，自己株買いにより生じる税務メリットは自己株式の買取価格を調整することにより帳消しにされる。つまり，これらの株主がTOBに応じた場合と同じ手取りになるよう，自己株式の買取価格を調整することになる。

仮説例で計算してみると，TOBに応じた場合，法人税率を30%とすると，法人株主の手取りは「100－（100－70）×30％＝91」となる。一方，自己株取得とした場合，みなし配当は全額非課税と仮定すると，手取りは「100＋（70－30）×30％＝112」となる（発生する株式譲渡損40は他の所得と相殺できることとなるため，その税効果を実質的に手取り増として考える）。この場合，親会社または主要株主がTOBに応じず，自己株取得を選択した場合，他の株主と比較して著しい税務メリットを享受することから，この場合，自己株式の取得対価を調整することとなる。つまり，「X＋（70－30）×30％＝91→X＝79」となり，自己株取得の対価は79となる。なお，この対価の調整は税務上要求されるものではなく，税務以外の法規制・慣行などに基づくものと思われる。

図表2－6　みなし配当のイメージ

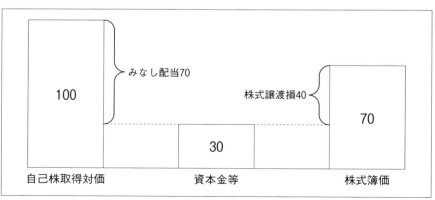

(注) 1株当たりの自己株取得対価100，資本金等30，株式の簿価70を前提とする。
(出所) KPMG税理士法人作成

おわりに

　上場企業に対してアクティビストといわれる株主による不採算事業またはノン・コア事業の売却を提案されるケースが年々増えてきていると感じる。特にコングロマリット・ディスカウントが生じていると分析されている上場企業のマネジメントに対しては、一般株主からも株価の適正化を求められるであろう。上場企業による不採算事業またはノン・コア事業からの撤退の場面においては、買手としてバイアウト・ファンドの名前がよく報道されている。バイアウト・ファンドは、過去のしがらみから離れた施策を打つことができ、また事業価値向上のためのノウハウも有していることから、その活躍は今後も期待される。事業会社においても、うまくバイアウト・ファンドと手を組むことにより、自社だけではなく日本経済の活性化につなげられるのではないかと思う。

第3章 **カーブアウト型バイアウトのスキーム選択と上場子会社を売却する際の法的留意点**
——事業ポートフォリオの最適化を目指した近時の実務動向——

アンダーソン・毛利・友常法律事務所
弁護士 **佐橋雄介**
弁護士 **中島真嗣**
弁護士 **中野常道**

はじめに

近時，売主がその事業の一部を切り出して買主に売却する取引であるカーブアウト型バイアウトが注目されている。選択と集中の経営戦略やその成功例の登場に加え，「事業再編実務指針」（経済産業省，2020年7月31日）[1]や「コーポレートガバナンス・コード」（東京証券取引所，2021年6月11日改訂）[2]においても事業ポートフォリオの再構築の重要性がうたわれている。また，2023年3月には，東京証券取引所から上場会社に対し，「資本コストや株価を意識した経営の実現に向けた対応」が通知されている。このような潮流において，アクティビストキャンペーンの激増も相まって，上場会社においては，株主利益の尊重のため，ROE（return on equity），PER（price earnings ratio），PBR（price book-value ratio）といった指標を強く意識した経営が行われるようになってきている。これに加え，カーボンゼロ，SDGs（Sustainable Development Goals）などの要因も絡み，カーブアウト型バイアウトが増加している。

本稿では，カーブアウト型バイアウトの際に検討すべきスキームの概要について，カーブアウト型の子会社のバイアウトの場合も含めて説明する。次に，スタンドアローン・イシューおよびその対応策など，カーブアウト型バイアウトにおける一般的な法的論点や留意点に加え，近年見られる，売主がクロージング後も株主として残存するケース特有の論点について述べる。さらに，

M&A に関する各種ガイドラインをふまえた，上場子会社を売却する際の論点についてとり上げる。

1 | カーブアウト型バイアウトのスキーム選択および留意点

(1) 事業切出型のカーブアウト型バイアウトのスキーム

　カーブアウトの実施にはさまざまな方法が用いられている。具体的には，（ i ）譲渡対象事業を事業譲渡により買主に譲渡する方法（以下，「事業譲渡スキーム」という），（ ii ）譲渡対象事業を会社分割により買主に承継させる方法（以下，「会社分割スキーム」という）[3]，（ iii ）譲渡対象事業を会社分割により受皿となる会社（以下，「受皿会社」という）に承継させ，その後，売主が買主に対して受皿会社の株式を譲渡する方法（以下，「受皿会社株式売却スキーム」という）などがあげられる[4]（**図表 3 － 1，図表 3 － 2，図表 3 － 3**）。

　なお，譲渡対象事業に国内または海外の子会社が含まれる場合においては，通常，当該子会社の株式を譲渡対象とすることになるが，仮に当該子会社が複数の事業を営んでおり，そのうち一部の事業を譲渡対象とする場合は，当該子会社についても，既に述べた（ i ）から（ iii ）の方法を用いて別途カーブアウトを実施する必要がある[5]。

　事業譲渡スキームの場合，契約を承継するためには契約の相手方や従業員から個別の承諾を得る必要があるため，これらの数が多い場合，対応に時間を要することが想定され，また承諾を得られない可能性もある。そのため，実務上は契約の相手方や従業員が多いことを主な理由として，事業譲渡ではなく会社分割が選択されるケースが多い。他方，事業譲渡スキームの場合，債権者保護手続が不要であることから，会社分割に比べてクロージングまでに要する期間を抑えることが可能な場合がある。買主が承継する従業員から個別に承諾を得る必要があるものの，労働契約承継法が適用されないため，承継を希望しない従業員が承継されることはない。事業譲渡では事業譲渡契約などを備置・開示する手続きが不要になるため，その内容（譲渡対象事業の範囲や対価など）が

図表3-1　事業譲渡スキーム

(出所) 筆者作成

図表3-2　会社分割スキーム

(出所) 筆者作成

図表3-3　受皿会社株式売却スキーム

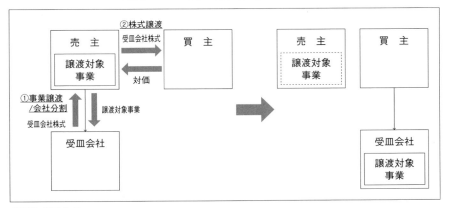

(出所) 筆者作成

株主や債権者に閲覧されない[6]点は当事会社にとってメリットとなりうる。

　会社分割スキームの場合，承継会社は，分割会社の権利義務を包括的に承継するため，契約などに特段の定めがなければ，契約の相手方や従業員から個別の承諾を得る必要はない[7]。また，譲渡対象事業の対価を株式と設定した場

合であっても，現物出資規制が及ばない。特に前者について，譲渡対象事業の
規模が大きく，契約の相手方や従業員の数が相当数に及ぶ場合は，個別に承諾
を取得するのは煩雑であることから，会社分割を選択するケースが多い。

　受皿会社株式売却スキームの場合，買主に譲渡対象事業を直接承継しないた
め，買主側で事業譲渡あるいは会社分割に必要な手続を取る必要がない。事前
に受皿会社を設立することにより，会社分割の効力発生前に，受皿会社におい
て，許認可などの取得や銀行口座の開設など譲渡対象事業を会社分割の効力発
生直後から円滑に遂行するために必要な準備や手続を進めることも可能となる。
また，会社分割を用いる場合は吸収分割契約が備置・開示され，株主や債権者
はこれを閲覧できるが，当該会社分割契約には株式譲渡の対価は記載されない。

　なお，売主が，クロージング後において，買主または買主の親会社と合弁形
態を形成する場合もある。その方法としては，（ⅰ）売主が，買主に対して保
有する受皿会社株式のすべてを譲渡せずに，引き続き一部の株式を保有する方
法（**図表3−4**），（ⅱ）売主が，すべての受皿会社株式を譲渡した後に，受皿
会社などに出資することにより株式の一部を取得する方法（**図表3−5**）が考
えられる。この場合は，株主間契約などを締結する必要があるが，3節（2）
において，クロージング後に，買主または買主の親会社と合弁形態を形成する
場合の留意点などを後述する。

(2) 子会社独立型のカーブアウトのスキーム

　実務上，「カーブアウト」という用語の定義は論者によって多少異なるが，
当初から新会社を設立する形で事業を立ち上げた場合に，当該子会社が売却さ
れるケースや，企業内で立ち上げた新事業を途中で子会社として切り出してし
ばらく経ってから売却されるケースなども含めて考えられることもある[8]。こ
のようなケースでは，他社から買収した子会社を売却するケースと比較すると，
親会社や他のグループ会社との関係性が密接であることが多く，結果として，
2節（1）で後述するように，スタンドアロン・イシューが生じやすい傾向に
ある。

　譲渡対象事業が売主から独立して非上場会社である売主子会社に存在してい
る場合，一般的には（ⅰ）売主から買主に対して売主子会社株式を譲渡する方

図表3－4　株式譲渡による一部譲渡

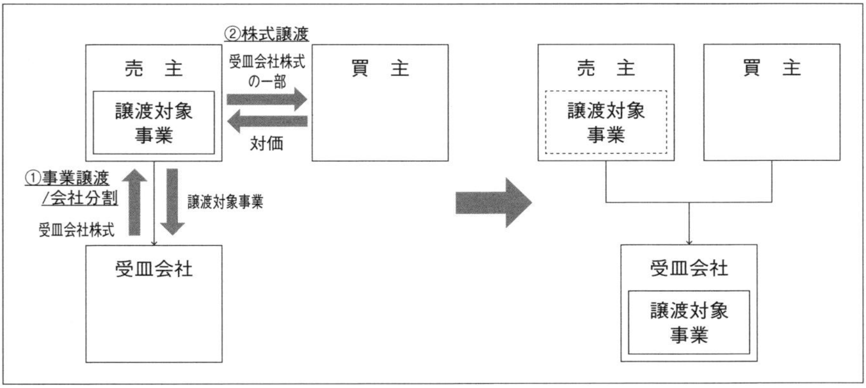

（出所）筆者作成

図表3－5　再出資

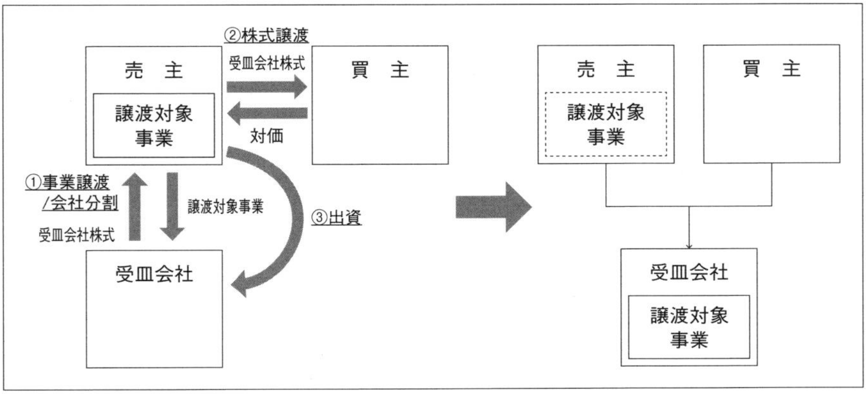

（出所）筆者作成

　法が選択されることが多い。もっとも，子会社に複数の事業が存在する場合，売主はすべての事業ではなく，一部の事業のみの売却を望む場合があり，また買主側の要望としても一部の事業を買収することを望む場合もある。このような場合は，（ⅱ）**図表3－1・図表3－2・図表3－3**で紹介した事業譲渡スキーム，会社分割スキームおよび受皿会社株式売却スキームによって事業を売却する方法もあり得るが，（ⅲ）売主子会社から別の売主子会社に譲渡対象外

事業を事業譲渡または会社分割により承継させ，その後，売主から買主に対して譲渡対象事業のみが残存する売主子会社の株式を譲渡する方法（**図表３－６**）や（iv）売主子会社から親会社である売主に譲渡対象外事業を事業譲渡または会社分割により承継させ，その後，売主から買主に対して譲渡対象事業のみが残存する売主子会社の株式を譲渡する方法（**図表３－７**）がとられる場合もある。

図表３－６　別子会社に承継したうえで株式譲渡するスキーム

（出所）筆者作成

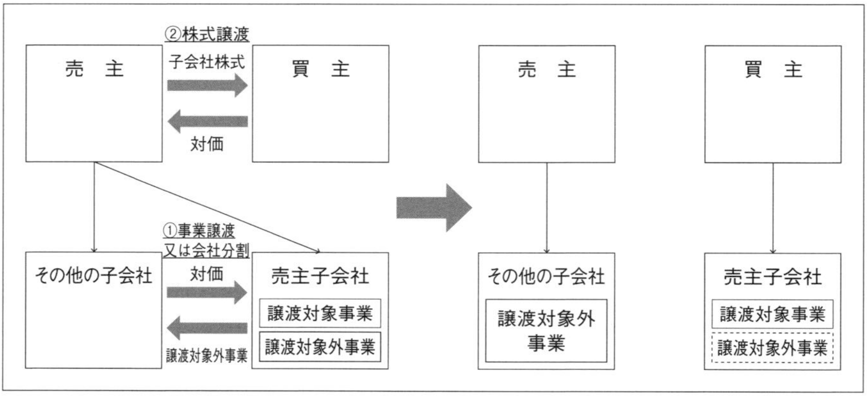

図表３－７　親会社に承継したうえで株式譲渡するスキーム

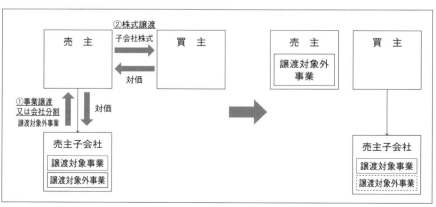

（出所）筆者作成

以上のスキームについては，個々の案件の事情に応じて，税務の観点からもメリット・デメリットが検討されることになるが，法務の観点からは，（ⅱ）のスキームのほうが，（ⅲ）および（ⅳ）のスキームと比較して，譲渡対象事業の潜在債務を遮断しやすい点は買主にとっては有利な要素といえる。もっとも，買主または受皿会社が潜在債務を承継するかどうかは，譲渡価格の決め方，デューデリジェンスの範囲および株式譲渡契約の表明保証や補償条項などと合わせ，売主と買主との間の交渉によって決まる。他方，譲渡対象事業の運営にとって重要な許認可などを会社分割または事業譲渡によって承継することができない場合は，（ⅱ）より（ⅲ）または（ⅳ）のスキームのほうが円滑にカーブアウトの実行が可能となる[9]。

なお，（ⅲ）および（ⅳ）のスキームについては，譲渡対象外事業を承継する際の会社分割または事業譲渡の対価が論点となる[10]。この点，会社分割または事業譲渡の対価を無対価とすることも考えられるが，税務の観点もふまえて，売主子会社から譲渡対象外事業を承継する親会社またはその他の売主子会社の株式とする場合もあり，その場合は，当該株式を処分する必要が生じるが，例えば，剰余金の配当として，当該株式を親会社である売主に対して，直ちに配当する対応が考えられる[11]。

2 カーブアウト型バイアウトにおける法的論点

(1) スタンドアロン・イシュー

例えば，売主の譲渡対象外事業（間接部門を含む）が譲渡対象事業に対して何らかの役務などを提供していた場合，仮にクロージング後に当該役務などが提供されず，買主または第三者から代替する役務提供を受けられなければ，クロージング後の円滑な譲渡対象事業の運営に支障が生じることがある。実務上，このような問題をスタンドアロン・イシューと呼んでいる。

スタンドアロン・イシューは，通常の株式売却の場合でも生じうるが，譲渡対象事業のみを売却するカーブアウト型バイアウトの場合，より多様なスタンドアロン・イシューが生じ，売主および買主間で協議を重ねて対応することが

必要となるケースが多い。

　売主は，売却プロセスにおいて，初期的に譲渡対象事業に関する概要をまとめたインフォメーション・メモランダムを作成して，買主候補に提供することが多いが，売主自身がスタンドアロン・イシューを把握していないことも多く，インフォメーション・メモランダムの作成過程で，スタンドアロン・イシューの全容が把握されることは少ない。その後のデューデリジェンスや最終契約の交渉の過程でも，スタンドアロン・イシューのすべてが明らかにならないこともあり，実務上，最終契約締結時には，一定の規定を設けたうえで，クロージングまでに，スタンドアロン・イシューを解明し，個々の対応策を講じることもよく見られる。

　スタンドアロン・イシューが検出された場合，主に，次のような対応策をとることが多い。

- ・クロージング後に買主による代替手段・制度を導入する
- ・クロージング前に売主によって一定の手当てを講じる
- ・クロージング後に売主から一定の役務を提供し，また資産や制度を利用などする権利を付与する
- ・スタンドアロン・イシューが生じないようなストラクチャーに変更する

　例えば，売主グループ独自の IT システムなどが譲渡対象事業でも利用されている場合においては，汎用的な代替システムや買主グループのシステムをそのまま導入することでは譲渡対象事業の IT システムに対応できないことが多いため，代替システムを構築する必要があり，クロージングまでに完了できない場合は，売主としてはクロージング後も従前の IT システムの利用を許諾せざるを得ないケースが多い。

　これらの対応策を講じるのに伴い，譲渡価格や最終契約の条件の見直し，クロージング後の売主からの役務提供や資産の使用などの権利付与に係る付随契約の締結などが検討される。これらの検討には相応の期間を要するため，早期にスタンドアロン・イシューを把握し，対応策を検討することはカーブアウト型バイアウト成功の極めて重要な要素である。

(2) トランジション・サービス契約などの活用

例えば，売主において他の事業と共通して使われている機能（典型的には間接部門）は，カーブアウトの対象とならないことが多い。そのため，実務上，買主は売主に対して，クロージング後短期間，譲渡対象事業から欠けている機能を提供する役務を提供するよう要求することが多く，TSA（transition service agreement）と呼ばれる契約およびこれに付随する個別契約を締結することが多い。

TSA は，売主が，買主が譲渡対象事業を独立して運営できるようになるまでの一定の移行期間中に，譲渡対象事業の運営に必要な役務を提供する契約であり，一般的に，経理・人事・総務などのバックオフィス機能，IT システムの利用，福利厚生制度の利用が役務の内容となることが多い。買主にとっては譲渡対象事業を運営するために必要な役務が提供されなければ事業の存続に関わるため，慎重にその範囲を検討する必要があり，売主にとっては不必要に買主に役務を提供する義務を負わないようにその範囲を検討する必要がある。実務上は，別紙の形式で役務の範囲を特定することが多い[12]。

TSA の役務提供期間は，案件や役務の性質ごとに異なるが，クロージング後半年から 2 年（長くとも 3 年）程度になることが多い。また，個別の役務ごとに役務提供期間を設定することも可能である。売主側では，クロージング後に TSA を提供するためのリソース確保の負担を検討し，買主側で TSA の役務を受けずに譲渡対象事業を運営できるようになるまでに要する期間の見込みを検討して，役務提供期間を設定することになる。

TSA の役務提供の対価についても契約の内容として検討することになるが，対価を固定額，一定の計算式により求められる額，または実費にするかは，案件によって異なる。ただし，実務上，最終契約締結後に買主側の希望もふまえて役務の範囲を検討したところ，当初の検討結果より買主が必要とする役務が多くなることが明らかになることにより，対価も当初の想定より多額となることが少なくない。なお，従前の条件が独立当事者間取引の水準と異なる場合は，TSA を締結する際に見直しが必要となることがある。他方，バイアウトの対価に含まれているとして TSA の役務提供の対価を無償とする場合もある。

上記の通常の TSA とは反対に，従前から譲渡対象事業が譲渡対象外事業に

対して提供していた役務について，クロージング後も一定期間引き続いて提供し続けることが必要になる場合がある。このような役務を提供する契約をリバースTSAという。リバースTSAを締結するうえでの検討事項は，買主側と売主側の検討事項が逆になること以外は概ねTSAと同様であるが，一般的にはリバースTSAの対象となる役務の種類や範囲はTSAに比較して少ないことが多い。

なお，性質上，TSAの対象とすることが自然ではない役務については，別途付随契約が締結されることも多い。例えば，譲渡対象事業に必要な従業員が譲渡対象に含まれない場合の譲渡対象事業への出向契約は，通常，TSAとは別途締結される。

また，譲渡対象事業の性質や譲渡対象資産に含める範囲によっては，クロージング後長期間または半永久的に，譲渡対象事業から欠けている機能を提供し，売主グループの資産を利用するなどの権利を付与することが必要となることもあり，そのような場合，TSAとは別途付随契約が必要となり，例えば**図表3－8**に記載の付随契約が締結されることがある。

図表3－8　付随契約

提供するサービス内容	締結される契約
譲渡対象事業の遂行に必要な知的財産権の利用の許諾	ライセンス契約
売主の所有するオフィスや工場の賃貸または転貸	賃貸借（または転貸借）契約
事業遂行に不可欠な部品などの製造販売	製造委託契約など

（出所）筆者作成

(3) セラーズ・デューデリジェンスの重要性

スタンドアロン・イシューに対応しないままカーブアウト型バイアウトを進めると，譲渡対象事業の運営に問題が生じうるため，買主としてはスタンドアロン・イシューを把握して，対応策を講じる必要がある。そのため，買主は，デューデリジェンスなどを通じてスタンドアロン・イシューを確認することになるが，売主において事前に相当程度検討し，方針を整理しておかなければ，

通常の買主デューデリジェンスの過程では十分に整理することができないことが多く，最終契約締結までにも検討が完了せず，最終契約締結後クロージングまで調整が続くこともある。

また，仮に売主側でスタンドアロン・イシューを検討していなかった場合，他の事業と共通して使われている機能までもが譲渡対象事業の一部として買主サイドに承継され，売主に残った事業の運営に重大な影響を及ぼす可能性もある。

このような事態を防止するため，カーブアウト型バイアウトにおいては，一定の範囲でセラーズ・デューデリジェンスを実施して，スタンドアロン・イシューを把握する必要がある。セラーズ・デューデリジェンス[13]において確認すべき点は案件ごとに異なるもの，最低限，譲渡対象とするべき，または譲渡対象外とするべき主要な資産，負債，許認可，従業員，契約関係などを特定したうえで，売主の譲渡対象外事業（間接部門を含む）が譲渡対象事業に対して何らかの役務を提供していないかなどのスタンドアロン・イシューを把握し，当該スタンドアロン・イシューの対応策を検討しておく必要がある。また，譲渡対象事業の遂行に必須な許認可などがある場合，会社分割または事業譲渡によって当該許認可などを承継できない，または承継するためにはクロージング前に一定の手続を履践する必要がある場合も多いため，どのような手続および手当てが必要かをあらかじめ検討しておく必要がある。

これらのスタンドアロン・イシューを正確に把握し，対応を検討するには，当該カーブアウト型バイアウト案件を主に担当しているメンバーのみならず，譲渡対象事業の実務に携わる従業員の協力が必要であるうえ，譲渡対象外事業の内容などを確認する必要もある。しかし，一般的には社内での混乱を避けるため，案件が公表される前の時点では，譲渡対象事業の従業員でも一部の者にのみ情報が共有され，また，譲渡対象外事業の従業員に案件の情報が共有されることは少ないため，実務上，スタンドアロン・イシューの詳細な検討が難しい事項もある。

(4) クリーンエグジットの実現 ～表明保証保険の活用～

M&A（mergers and acquisitions）における最終契約においては，売主によ

る，譲渡対象となる売主子会社に関する表明保証が規定されることにより，売主と買主のリスク分担がなされることが一般的だが，近年は，クロスボーダー案件に限らず，国内のM&Aにおいても表明保証保険の利用が急速に拡大している。買主が表明保証保険に加入するケースでは，通常，売主側に表明保証違反があった場合，一義的には保険会社が買主に保険金を支払うこととなるため，売主が責任を負うケースは限定され，また（欺罔行為があった場合などを除き）売主が一切責任を負わない建付けも可能である。

　表明保証保険は，現時点では株式譲渡の案件で利用されることが多いが，会社分割や事業譲渡を用いた案件でも利用することは可能であるため，カーブアウト型バイアウトでも利用することが考えられる。特に，カーブアウト型バイアウトでは，上記（1）のとおり，スタンドアロン・イシューが生じやすく，その結果，売主との間でTSAその他の付随契約を締結し，クロージング後においても，売主グループとの従前からの事業上の取引関係が継続することも多く，さらに，3節（1）に記載のとおり，売主が引き続き株主として残存するケースもある。このような場合，買主としては，表明保証違反に関する紛争が生じて，売主との関係性が悪化することを避けるほうが望ましいため，表明保証保険を積極的に利用することが考えられる。また，カーブアウト型バイアウト案件に限らないが，売主としては，入札案件など交渉力が強い場合は，クリーンエグジットを志向し，表明保証保険に加入することを売却の条件として買主に要求することも検討する価値がある。

3 売主が株主として残存するケースにおける特有の論点

　カーブアウト型バイアウトは，中長期的には企業の持続的成長に寄与しないと認められる事業に関し，事業ポートフォリオの最適化のために行われる取引であることから，売主は取引実行後に譲渡対象事業をすべて売却することが一般的である。

　もっとも，売主が事業ポートフォリオの最適化を目指して，譲渡対象事業を

すべて売却する場合であっても，売主の事業にとって譲渡対象事業に含まれる取引が事業運営上，重要であることなどを理由として，売主が取引実行後も譲渡対象事業を承継した会社または譲渡対象事業を保有し譲渡の対象となった会社（総称して，以下，「対象会社」という）との一定の関係性の継続を望む場合がある（また，買主においても，同様のことを望む場合がある）。このような場合，売主は対象会社の事業運営を基本的には買主に委ねつつ，対象会社の株式の一部を保有し続けることで，取引実行後においても株主として残存するケース[14]がみられる。

本節においては，カーブアウト型バイアウトが行われる場合に，売主が対象会社の株主として残存する必要性，株主となった売主と買主による対象会社の事業運営に関する合意の概要について述べる。

(1) 売主が株主として残存する必要性

カーブアウト型バイアウトの取引実行後において売主が対象会社の株主として残存する必要性は，売主側と買主側，それぞれの観点から認められる。本項では，主に，売主側の必要性として取引上の必要性および従業員への配慮，買主側の必要性としてスタンドアロン・イシューへの対応という観点から，取引実行後においても売主が対象会社の株式を継続保有する必要性を詳述する。

①　取引上の必要性

売主が取引実行前に譲渡対象事業を行っていた場合はもちろん，対象会社が取引実行前から譲渡対象事業を行っていた場合，対象会社が売主の事業の商流などにおいて重要な役割（例えば，仕入・販売機能や物流機能など）を担っていることがある。また，グループ会社である売主と対象会社の取引は，独立当事者である売主グループ以外の第三者とは異なる条件で行われているケースがみられる。売主としては，カーブアウト型バイアウトの取引実行により，譲渡対象事業が売主グループから離脱することによる取引条件の変更から生じる売主の事業運営への影響や代替する第三者との取引への切り替えの可否について懸念を有することがあり，それらの懸念への取引実行直後の対応は，実務上容易でない場合も多い。

このような場合，売主は取引実行後も対象会社の株式を継続保有し，対象会社に一定程度の影響力を及ぼし続けることで，可能な限り取引実行前と同等の条件での対象会社との既存取引の維持を図ることがある。

② 従業員への配慮

売主が長期にわたって対象会社の大株主となっていた場合，売主グループに所属していることが対象会社の従業員の士気の向上や帰属意識につながっているケースがある。このようなケースで，取引実行後に売主が対象会社の株主として残存せず，対象会社が売主グループを離脱することとなる場合には，従業員の士気の低下や離職を生み，対象会社の事業運営に支障が生じる事態が考えられる。このような場合には，売主は従業員の維持を通じた対象会社の企業価値の向上を望む買主の要望をふまえて，取引実行後も対象会社の株式を継続保有するケースがみられる。

③ スタンドアロン・イシューへの対応

2節（1）で述べたとおり，カーブアウト型バイアウトの成功においてはスタンドアロン・イシューの把握・対応が重要な要素であり，スタンドアロン・イシューを緩和するために売主と対象会社との間でTSAや付随契約を締結することが一般的である。もっとも，取引実行後に売主グループから対象会社が離脱した場合，対象会社に対する売主からのさまざまな役務提供が不可能になるという事態も珍しくはなく，対象会社における事業遂行に必要なコストの増加や役務提供が可能な期間の制限が生じることが多い。そのため，買主としては取引実行後においても売主が対象会社の株式を一定程度継続保有することで，対象会社と売主グループが従前同様の条件にて取引を継続することを望み，売主としても当該買主の希望に沿った対応として，対象会社の株式の継続保有を行うことがある。

特に，売主のブランド（商号や売主グループ名，商標，ロゴなど）については，売主グループから対象会社が離脱した場合，対象会社による使用が禁止されることが多い。しかしながら，対象会社の既存製品，外部表示や包装などに売主グループのブランドが用いられている場合においては，取引実行後直ちに

新たなブランドに切り替えることは容易ではなく，買主がブランドを使用できなくなることによって対象会社の製品などの売上が落ちることを懸念することがある。また，売主との間でブランドライセンス契約を締結した場合であっても，ブランドの使用においてはレピュテーションリスクの観点から高額なライセンス料が設定されることや，使用期間，使用方法が限定されることがある。このような場合に，買主は取引実行後も対象会社における売主グループのブランドの従前どおりの使用継続を求める観点から，売主に対象会社の株式の継続保有を望むケースがみられる。

　また，待遇の観点から従業員にとって関心が高い年金や健康保険については売主グループとして創設・加入していることが多く，取引実行後に売主が対象会社の株主として残存しない場合には売主グループの年金や健康保険を継続利用できなくなる可能性がある。年金や健康保険の規約などの関係で資本関係のない第三者とその従業員に対して年金や健康保険の継続加入を認めることができないという場合には，加入資格を継続させるために取引実行後も売主が対象会社の株式を継続保有するケースもみられる。

(2) 売主との間の契約

①　当事者から見た契約締結の必要性

　カーブアウト型バイアウトにおいて売主が対象会社の株主として残存する場合には，対象会社において買主と売主を株主とした合弁形態が形成されるとともに，対象会社と売主との間での既存取引が維持されることが多い。このような場合，売主と買主それぞれが取引実行時に意図した利益を享受するために，売主と買主との間で，対象会社の事業運営に関する合意[15]を締結することが一般的である。

　買主と売主が対象会社の株主である合弁形態を形成するという観点からは，複数の株主が出資する合弁会社を設立した場合と同様に，対象会社の運営方法に関して，株主間での合意事項を定める必要性が生じる。当該必要性に沿った具体的な合意内容としては，対象会社の役員指名権，事業の重要事項に関する拒否権などのガバナンスに関する合意，株式の譲渡禁止，ドラッグ・アロングやタグ・アロングなどのエグジットを含む株式の取り扱いに関する合意，ビジ

ネスに関する合意などがある。

　また，売主と対象会社の既存取引を維持するという観点からは，対象会社の
ビジネスに関する合意として，取引実行後の既存取引の条件に関する合意も必
要となることに加えて，取引実行直後から対象会社の円滑な事業運営を実施す
る観点からはスタンドアロン・イシューに関する対応方法を定める必要性があ
る。

　次項以降では，カーブアウト型バイアウトにおいて売主が対象会社の株主と
して残存する場合に，対象会社の事業運営に関して，売主と買主との間で締結
される具体的な合意内容を詳述する。

②　ガバナンスに関する合意

　カーブアウト型バイアウトにおいて売主が対象会社の株主として残存する場
合には，ガバナンスに関する合意として，取締役の選任に関する合意や事業の
重要事項に関する拒否権などを定めることがある。

　（1）①で述べたとおり，売主はあくまで取引上の必要性などの経済的利益
の観点から取引実行後も対象会社の株式を継続保有している場合が多く，対象
会社の意思決定が買主の意向に沿って行われることを前提に，当該取引は実行
されている。一方で，売主は，対象会社の事業運営が適切に行われなければ対
象会社の株主であり続けることによる既存取引の維持のメリットを享受できず，
また出資の実効性を維持するために対象会社の意思決定に一定程度の影響力を
及ぼし続けることを希望する場合がある。このような場合，売主と買主は，少
数株主である売主が対象会社のガバナンスに対する一定の権利を確保すること
ができる合意を行うことになる。

　具体的には，取締役の選任に関する合意においては，売主および買主のそれ
ぞれに取締役の指名権や指名人数が定められる。取締役の指名人数は株式保有
比率に比例して定められることが多いものの，少数株主である売主が提供する
ブランドライセンスなどの貢献を加味する場合や取引実行前の取締役を留任さ
せることが従業員の士気や帰属意識の維持につながる場合には，売主の株式保
有比率以上の取締役の指名人数が認められることもある。

　また，事業の重要事項に関する拒否権などにおいては，対象会社の事業運営

上の重要な決定に関して，売主と買主の事前承諾事項，事前協議事項，事前通知事項，事後報告事項をそれぞれ定めることが多い。対象会社の事業運営上の重要な決定事項がいずれの事項に定められるかは，売主と買主の協議によって定まる[16]が，事前承諾事項が多数にわたる場合，買主と売主との間での意見の不一致によりデッドロック状態となり円滑な事業運営が失われる可能性が高くなることに留意が必要である。

③ エグジットを含む株式の取り扱いに関する合意

　カーブアウト型バイアウトにおいて売主が対象会社の株主として残存する場合には，エグジットを含む株式の取り扱いに関する合意として，株式の譲渡禁止や買主の先買権，買主のドラッグ・アロングや売主のタグ・アロング，売主のプット・オプションや買主のコール・オプションを定めることがある。

　カーブアウト型バイアウトにおいて売主が対象会社の株主として残存することを買主が許容するのは，(1)③で述べたとおり，スタンドアロン・イシューへの対応という側面が大きい。そのため，買主としては，売主が取引実行後，一定期間は対象会社の株式を継続保有することを期待しており，売主が対象会社の株式を譲渡するにあたっては望ましくない第三者（理論的には買主や対象会社の競合他社など）が対象会社の株主となることを避けたいとの要望がある。このような要望に基づき，買主としては対象会社での独立した事業運営が可能となるような期間を株式の譲渡禁止期間として定めたうえで，売主が保有する株式を第三者に譲渡しようとした場合には当該譲渡と同等の条件にて買主が第三者に優先して当該株式を買い取ることができる先買権を定めることになる。

　また，例えば買主がバイアウト・ファンドである場合，対象会社の株式を永続的に保有し続けることは一般的にはなく，買主にはエグジットの際の売却価値の最大化の観点から，少数株主の保有分も合わせた売却を可能とする権利を保有したいという要望がある。一方で，売主としても，大株主である買主がエグジットする際に望ましくない第三者が対象会社の株主となることを避けつつ，少数持分のみでの売却では十分な売却機会を確保することが難しいことから買主と同タイミングでエグジットしたいという要望がある。そのため，前者の要望に基づき，買主が対象会社の株式を第三者に譲渡しようとする場合において，

買主が売主に対して，買主と同一条件以上にて新たな買主候補者に譲渡することを要求する権利であるドラッグ・アロングを，後者の要望に基づき，買主が対象会社の株式を第三者に譲渡しようとする場合において，売主が買主に対して，買主と同一条件以上にて新たな買主候補者に譲渡することを要求する権利であるタグ・アロングを合意することがある。

　さらに，相手方当事者が合意事項に違反した場合や事前承諾事項に関するデッドロックが生じた場合に，買主として売主を対象会社の株主から排除したいという要望や，売主として買主との対象会社の事業運営をこれ以上望まないという状況に備えたいという要望がある。前者の要望に基づき，買主が売主の保有する株式について一定の条件で買い取ることができる権利を有するコール・オプションを，後者の要望に基づき売主が買主に対して保有する株式を一定の条件で買い取らせることができる権利を有するプット・オプションを合意することがある。

④　対象会社の事業に関する合意

　対象会社の事業上の観点からは，カーブアウト型バイアウトにおいて売主が対象会社の株主として残存することは，対象会社と売主との既存取引が従前どおり行われることを担保するという側面とスタンドアロン・イシューを緩和するという側面がある。そのため，対象会社の事業に関する合意として，対象会社と売主の既存取引の維持や条件，業務提携委員会の設置やスタンドアロン・イシューに関する対応方法（例えば，ブランドの使用方法や売主の所有するオフィスの継続利用）などを定めることになる。なお，売主と買主が締結する契約の当事者に対象会社も含む場合には，上記の事業に関する合意内容を業務提携の一環として当該契約の中で詳細に定めることになる。一方で，対象会社を契約の当事者に含めず売主と買主の二者のみで株主間契約を締結する場合，当該契約は事業の主体である対象会社を含まない合意であることから，対象会社と売主の事業に関する合意は各業務に関する契約（例えば，製造委託契約，ライセンスに関する契約，調達に関する契約など）で定めることが一般的である。

⑤ その他の合意

　対象会社の大株主となった買主としては，対象会社の株式のIPO（initial public offering）を将来的な目的として，対象会社の株式を取得している場合がある。このような場合，IPOの時期の目途やIPOに向けた準備を買主，売主および対象会社で相互に協力することの努力義務を定めるケースもみられる。また，対象会社がもともとは独立した上場会社であり取引実行に伴い非上場化をしたという場合には，対象会社の従業員などのモチベーション維持の観点から，再上場のピクチャーを示すということが有効な場合がある。

4 ｜ 上場子会社を売却する際の近年の論点

　本節では，カーブアウト型バイアウトのなかでも，グループ内組織再編の一環として，上場子会社を有する上場会社が，上場子会社を売却する際の論点について論じる。

(1) 総論

　近時，経済産業省から，上場会社の経営支配権を取得する買収を巡る当事者の行動のあり方を中心に，M&Aに関する公正なルール形成に向けて経済社会において共有されるべき原則論およびベストプラクティスを提示することを目的とする「企業買収における行動指針—企業価値の向上と株主利益の確保に向けて—」（2023年8月31日）[17]（以下，「買収行動指針」という）が公表された。上場子会社の売却案件は，買収者側から見れば，上場会社の株式を取得することでその経営支配権を取得する行為であり，これは買収行動指針が対象とする案件に該当する[18]。

　また，上場子会社の売却案件は，事業ポートフォリオの最適化の判断のもとに行われる取引であることから，一般的には対象会社の株式を保有する売主がすべての株式を買主に対して譲渡し，買主側では対象会社のすべての株式を買収するケースが多く[19]，このようなケースは買主側の視点で見れば上場会社を対象とする非公開化取引となる。非公開化取引については，近時，「公正な

M&A の在り方に関する指針—企業価値の向上と株主利益の確保に向けて—」
（2019年6月28日）[20][21]（以下，「公正M&A指針」という）をふまえて公正性
担保措置を講じることが一般的になっている[22]。

　そこで，上場子会社売却時の特有の論点として，これらの指針との関係および売主である親会社と一般株主の双方の利益に配慮したストラクチャリングについて述べる。

(2) 買収行動指針への対応

　買収行動指針において，望ましい買収か否かは，企業価値ひいては株主共同の利益を確保し，または向上させるかを基準に判断されるべきであるとされ（買収行動指針7頁），買収の対象会社の取締役会が買収に応じる方針を決定する場合において，取締役会は買収者との交渉を行う際に，取引条件の改善により，株主にとってできる限り有利な取引条件で買収が行われることを目指して，真摯に交渉すべきであるとされる（買収行動指針19頁）。具体的には，取締役・取締役会として，（ⅰ）買収者との間で企業価値に見合った買収価格に引き上げるための交渉を尽くすこと，（ⅱ）競合提案があることを利用して競合提案に匹敵する程度に価格引き上げを求めること，（ⅲ）部分買収であることによる問題が大きいと考える場合には全部買収への変更も含めて交渉すること，（ⅳ）買収に関する事実を公表し，公表後に他の潜在的な買収者が対抗提案を行うことが可能な環境を構築したうえで買収を実施すること（間接的なマーケット・チェック）や，株主の利益に資する買収候補を模索すること（積極的なマーケット・チェック）などがあげられている（買収行動指針19～20頁）。

　このように，買収行動指針の公表後の上場子会社の売却案件（上場会社の買収案件）においては，実務上，その関係者において買収行動指針に沿った対応が求められ，望ましい買収が実現されるよう行動する必要がある点に留意する必要がある。

　さらに，上場子会社を売却する親会社においても，アクティビスト株主の活動の活発化などによる親会社自身の株主への配慮や同意なき買収提案，対抗提案の増加に伴う取引の安定化の観点から，より有利な取引条件での売却（買収）実現の要請が強まっている。このような要請に応えるために，売主である

親会社において，取引全体の過程において積極的なマーケット・チェックを実施していることが取引の重要な要素となってきている。

(3) 公正性担保措置への配慮

（1）で述べたとおり，近時の非公開化取引においては，公正 M&A 指針をふまえ，対象会社において公正性担保措置が取られるケースがほとんどである。

公正 M&A 指針において，公正性担保措置の典型例として，（ⅰ）独立した特別委員会の設置，（ⅱ）外部専門家の独立した専門的助言などの取得[23]，（ⅲ）他の買収者による買収提案の機会の確保（マーケット・チェック），（ⅳ）マジョリティ・オブ・マイノリティ条件[24] の設定[25]，（ⅴ）一般株主への情報提供の充実とプロセスの透明性の向上，（ⅵ）強圧性の排除があげられているが（公正 M&A 指針16～46頁），個別の M&A において，その具体的状況に応じて，事案に即した適切な公正性担保措置を判断し，実施することが重要となる。

このように，上場子会社の売却案件においても，多くの場合，非公開化取引として，実務上は公正性担保措置を取ることが求められることになり，特に特別委員会での審議・検討を見据えたスケジューリングや取引条件の設定に留意する必要がある。

(4) 上場子会社売却時のストラクチャリング

上場子会社を特定の買主に売却する際，買主が当該上場子会社を完全子会社化することを志向する場合には，スクイーズ・アウトを伴う公開買付けまたは株式交換を実行することが考えられる。このうち，スクイーズ・アウトを伴う公開買付けにおいては，売主である親会社としては，公開買付者である買主と応募契約を締結するなどして公開買付けに応募するのが直截な売却方法であるが，近年は，売主である親会社は買主による公開買付けに応募せず，スクイーズ・アウト後に子会社が当該親会社から自己株式取得をすることによって，買主による対象会社の完全子会社化を達成する方法（以下，「自己株式取得スキーム」という）が採用されるケースが増加している[26]。なお，数は少ないながらも，買主による公開買付けおよびスクイーズ・アウトと公開買付けの決

済開始日以前の日を基準日とする特別配当を組み合わせる方法や，買主による
公開買付けと子会社自身による公開買付けを組み合わせて実施する方法がとら
れることもある[27]。

　自己株式取得スキームは，近時，親会社以外の対象会社の株主からの株式の
取得価格を最大化させつつ，株主間の公平性を両立させるという観点から採用
されることが多い。具体的には，自己株式取得に親会社が応じた場合に生じる
法人税法に定めるみなし配当の額に益金不算入規定が適用されることに伴い親
会社に発生する税務メリットを親会社以外の少数株主にも共有させ，公開買付
価格を増額させつつ，親会社が公開買付けに応募した場合に得られる税引後手
取り額と自己株式取得に応じた場合に得られる税引後手取り額が同等の金額と
なるように，公開買付価格および自己株式取得価格をそれぞれ設定するという
ものである。買収総額が一定額である場合，親会社から見れば，公開買付けが
成立することを前提とすれば，自己株式取得スキームに応じるよりも通常の公
開買付けに応募するほうが手取り額は大きくなるが，親会社以外の株主の経済
的利益に配慮し，公開買付けの成立可能性を高めるために採用されているもの
と考えられる。

おわりに

　「事業再編実務指針」などが指摘しているように，自社の競争優位性が発揮
される成長分野に経営資源を集中させることが意識されるようになり，選択と
集中の経営戦略が進められている。また，株主利益の尊重という視点その他の
さまざまな要因が相まって，今後も事業ポートフォリオの最適化が求められる
傾向は強まり，その有力な手段としてカーブアウト型バイアウトは増加し続け
ると予測される。

　法務の観点からは，カーブアウト型バイアウトを円滑に実現するためには，
買主側のみでなく売主側においても十分な準備が必要となる。特にオークショ
ンが実施される場合には，売主側において交渉を有利に進めるために，セラー
ズ・デューデリジェンスを活用していくことが重要となるが，近時の積極的な

マーケット・チェックの進展により，その活用も進んでいくものと思われる。

このような社会的なニーズに応えるため，カーブアウト型バイアウトの理解が深まり，売主側・買主側にとって望ましいバイアウトが実現されることが期待される。

注 ─────

1) https://www.meti.go.jp/policy/economy/keiei_innovation/keizaihousei/pdf/20200731003-1.pdf
2) https://www.jpx.co.jp/equities/listing/cg/tvdivq0000008jdy-att/nlsgeu000005lnul.pdf
3) 買主側が設立した受皿会社に譲渡対象事業を承継させる方法もある。
4) 人的分割により譲渡対象外事業を別会社に承継させ，譲渡対象事業のみとなった売主の株式を買主に譲渡する方法も考えられる。
5) 海外子会社（または海外に所在する資産）が譲渡対象となる場合は，日本法に基づく対応とは別に現地の法令などに基づく対応を実施しなければ譲渡が有効にならないことがあり，そのような際には現地の法令などに基づく手続の内容に応じて，全体的なスケジュールに影響を与える可能性もある。
6) 事業譲渡について株主総会の承認が必要な場合には，株主総会参考書類に契約の内容の概要を記載する必要があるため（会社法施行規則92条2号），この範囲では株主に開示されることになる。
7) ただし，譲渡対象事業に主として従事する従業員以外の従業員を分割契約上承継対象とする場合で，当該従業員が異議を申し出た場合には，承継対象とすることできない（労働契約承継法5条1項，3項）。
8) 杉浦（2020）pp.155-156.
9) （iv）のスキームにおいては，会社分割の際に会計処理上差損が生じることがあり，その場合は，親会社である売主において簡易分割の要件を満たしても，株主総会の決議により承認を得る必要があるため，特に売主が上場会社の場合は留意が必要である。
10) これらの対価については，民法上の詐害行為（民法424条1項），詐害的事業譲渡（会社法23条の2第1項），詐害的会社分割（会社法759条4項，764条4項）や否認（破産法160条1項，161条1項など）に該当しないよう慎重に検討する必要がある。
11) 譲渡対象外事業を承継する際に会社分割を利用する場合は，剰余金の配当と併せて人的分割（税法上は，分割型分割）と評価されることとなる。

70 第Ⅰ部 手法と市場動向

12) 法務機能・税務機能については弁護士法・税理士法の問題があるため TSA に基づく役務提供はできない。

13) セラーズ・デューデリジェンスは，スタンドアロン・イシューを把握する以外に，一般的に，買主デューデリジェンスの範囲，期間，これに対応するための売主側の負担を減らし，また，最終契約交渉を含めたプロセスを有利かつ円滑に進めることが可能になる効果もある。

14) 具体的な取引態様として，対象会社である子会社が上場会社である場合においては，対象会社に対して買主が TOB を行う一方で，売主は当該 TOB には応募せず，スクイーズ・アウト手続を通じて，買主と売主が対象会社の株主となるケースがある（アルプス物流「LDEC 株式会社による当社株券等に対する公開買付けの開始予定に関する賛同の意見表明及び応募推奨並びに資本業務提携のお知らせ」（2024年5月9日））。また，対象会社である子会社が非上場会社である場合においては，買主と売主が相互に合意した持分比率を実現するために，株式譲渡契約を締結するケースがある（パナソニックホールディングス「パナソニックホールディングスと Apollo がパナソニックオートモーティブシステムズの事業に関するパートナーシップについて基本合意」（2023年11月17日））。なお，取引実行後の対象会社の売主と買主の保有割合の実現にあたっては，売主の経済的利益の最大化の観点から，対象会社による売主が保有する対象会社の株式に対する自己株式取得を組み合わせるケースもみられる。

15) 具体的には，株主間契約や資本業務提携契約などの締結が想定される。14)記載のアルプス物流の件においては，売主であるアルプスアルパイン，買主であるロジスティードおよび対象会社のアルプス物流の3社で資本業務提携契約を締結し，パナソニックホールディングスの件においては，売主であるパナソニックホールディングスと買主である Apollo Global Management Inc. グループとの間で株主間契約を締結したことが公表されている。

16) 事前承諾事項としては，一般的には，合弁会社の株主間契約同様に，①定款・重要な社内規程などの変更や組織再編など，会社の基礎に変更を生じさせる事項，②株式の発行などの資本政策に関する事項，③剰余金の配当・自己株式取得や資本金の減少など計算に関する事項，④重要な人事決定，事業計画の策定や重要な契約の締結，紛争の提訴などの事業運営上の重要事項などをその対象に定めることがみられるが，売主は譲渡対象事業から生じる経済的な利益を享受する目的で対象会社の株式を保有していることが多いため，譲渡対象事業に関する決定事項（例えば，譲渡対象事業の譲渡，譲渡対象事業に関する新拠点の開発や譲渡対象事業に関する資産売却など）については詳細に事前承諾事項として定めるケースがある。

第3章　カーブアウト型バイアウトのスキーム選択と上場子会社を売却する際の法的留意点　*71*

17) https://www.meti.go.jp/press/2023/08/20230831003/20230831003-a.pdf

18) 買収行動指針は，ソフトローとして原則論やベストプラクティスを提示するものであり，何らかの法的な拘束力や罰則をもって対応することは企図されていない（経済産業省「『企業買収における行動指針（案）』のパブリックコメント募集に対する主な御意見の概要及び御意見に対する経済産業省の考え方」No.4～8）。もっとも，買収行動指針は，近時の M&A 市場の状況をふまえ，経済産業省において立ち上げられた研究会において検討され，パブリックコンサルテーションおよびパブリックコメント手続を経て策定されたものであり，実務上は各関係者において買収行動指針を意識した対応が期待されるところである。

19) 第3節（1）で述べたとおり，売主は対象会社の経営を基本的には買主に委ねつつも，保有する対象会社のすべての株式ではなく一部の株式のみを譲渡し，取引実行後においても株主として残存するケースもある。

20) https://www.meti.go.jp/policy/economy/keiei_innovation/keizaihousei/pdf/fairmaguidelines.pdf

21) 公正 M&A 指針は，MBO および支配株主による従属会社の買収を中心に，主として手続面から，公正な M&A のあり方を提示すること目的とする指針である。MBO や支配株主による従属会社の買収に該当しない非公開化取引は公正 M&A 指針の直接の対象ではないが，公正な M&A を実施するために実務上は公正 M&A 指針が参照されている。

22) 佐橋・菅・中野・三国谷・佐藤・伊藤（2024）p.12.

23) 法務アドバイザーからの助言の取得，第三者評価機関などからの株式価値算定書などの取得があげられている。

24) マジョリティ・オブ・マイノリティ条件とは，M&A の実施に際し，株主総会における賛否の議決権行使や公開買付けに応募するか否かにより，当該 M&A の是非に関する株主の意思表示が行われる場合に，一般株主，すなわち買収者と重要な利害関係を共通にしない株主が保有する株式の過半数の支持を得ることを当該 M&A の成立の前提条件とし，当該前提条件をあらかじめ公表することをいう。

25) マジョリティ・オブ・マイノリティ条件は，これを設定することにより M&A を成立させるために得ることが必要となる一般株主の賛成の数が相当程度増加する場合には，取引条件の公正さを担保するうえで有効性が高いため，そのような場合にマジョリティ・オブ・マイノリティ条件が設定された場合には，公正性担保措置として評価されるが，他方，支配株主による従属会社の買収のように買収者の保有する対象会社の株式の割合が高い場合における企業価値の向

上に資する M&A に対する阻害効果の懸念なども指摘されていることをふまえると，常にマジョリティ・オブ・マイノリティ条件を設定することが望ましいとまでいうことは困難であるとされている（公正 M&A 指針40頁）。実務上は，マジョリティ・オブ・マイノリティ条件を設定しない場合の説明として，これを設定すると公開買付けの成立が不安定なものとなり，かえって公開買付けに応募することを希望する少数株主の利益に資さない可能性もあると説明されることが多い。

26) BCJ-52による日立金属株式への公開買付け（2022年 9 月27日開始），第一生命ホールディングスによるベネフィット・ワン株式の公開買付け（2024年 2 月 9 日開始）など。

27) 個人の大株主のエグジットの場面では公開買付価格が異なる他社株公開買付けを複数回実施する取引を行うこともある。

《付記》

本稿の執筆にあたっては，当事務所の望月亮佑弁護士，角勇輝弁護士および瀧拓也弁護士の協力を得た。

《参考文献》

佐橋雄介・菅隆浩・中野常道・三国谷亮太・佐藤龍・伊藤公洋（2024）「買収行動指針および公正 M&A 指針を踏まえた上場会社をめぐる買収事案の事例分析（下）」『資料版／商事法務』2024年 7 月号，商事法務，pp.11-43.

杉浦慶一（2020）「カーブアウトの定義に関する一考察」『東洋大学大学院紀要』第56集，東洋大学大学院，pp.149-159.

第4章 日本における事業再編型バイアウトの最新動向
──価値創造と競争力の強化に向けて──

株式会社日本バイアウト研究所

代表取締役　**杉浦慶一**

はじめに

　近年，日本の大手企業が事業ポートフォリオの変革を意識した経営を行うようになってきている。その結果，選択と集中による子会社の売却や事業部門の切り出しが行われ，その際の資本パートナーとしてバイアウト・ファンドが選定されるケースが増加している。加えて，旧親会社が完全に資本関係を断つケースのほか，旧親会社が新会社に再出資を行い，バイアウト・ファンドと旧親会社が共同株主となり，対象会社の企業価値向上を目指すケースも多数登場している。そして，独立後の対象会社の新たな経営体制の構築やスタンドアロン化において，バイアウト・ファンドが果たす役割が注目されている。

　本稿では，主に前作『続・事業再編とバイアウト』が刊行された翌年である2020年以降の動向に焦点をあてて，日本における事業再編型バイアウトの最新動向と展望について明らかにする[1]。まず，日本企業の事業再編に影響を与えた施策について整理する。次に，カーブアウトの定義について考察する。そして，近年の日本における事業再編型バイアウト案件の傾向分析を行ったうえで，今後の展望としてロールアップ型M&Aや事業統合を通じた業界再編への期待について述べることとする。

1 日本企業の事業再編に影響を与えた施策

　ここ数年，日本企業の事業ポートフォリオの再編が注目されている背景とし

て，官公庁や証券取引所がガイドラインやケーススタディなどを公表したこととも大きい。特に，2020年頃より，経済産業省や東京証券取引所によるガイドラインが公表されたことは日本の大手企業に大きな影響を与えたと考えられる。そこで，特に影響を与えたと思われる施策について振り返っておきたい。

まず，2020年7月には，経済産業省により「事業再編実務指針〜事業ポートフォリオと組織の変革に向けて〜（事業再編ガイドライン）」が公表されている。本ガイドラインでは，「多様な事業分野への展開を進め，多数の子会社を保有してグループ経営を行う大規模・多角化企業」で，特に「市場や資金調達の面でグローバル化を図り，グローバル競争の中で持続的な成長を目指す企業」を主な対象とし，事業再編を促進するための方策が整理されるとともに，事業の切り出しを円滑に実行するための実務上の工夫がベストプラクティスとして示されている。また，「ベストオーナー（当該事業の企業価値を中長期的に最大化することが期待される経営主体）」という概念を用いて，収益性の高い事業であっても，自社のもとでの成長戦略の実現が難しい場合には，当該事業を早期に切り出すことで持続的成長の実現を図ることが重要であるとの考え方に基づいて，長期の時間軸で自社が当該事業のベストオーナーかどうかを見極めて，柔軟かつ大胆に事業ポートフォリオの見直しに取り組むことの重要性が示されている。

2023年4月には，経済産業省により，「対日M&A活用に関する事例集〜海外資本を活用して，企業変革・経営改善・飛躍的成長につなげた日本企業のケーススタディ〜」が公表され，「子会社売却・事業譲渡（カーブアウト）」が，主に大企業が事業ポートフォリオの見直しや財務改善を企図してグループ内の子会社や一部の事業を売却する手法として位置づけられ，パナソニックヘルスケア（現PHCホールディングス），日立機材（現センクシア），日立国際電気（現KOKUSAI ELECTRIC），資生堂のパーソナルケア事業（現ファイントゥデイ）の事例が紹介されている。具体的には，事業再編による独立の背景，買手であるバイアウト・ファンドの支援内容，バイアウトの効果などが概説されており，事業再編を推進する経営者やM&A担当者にとって有益な情報が発信されている。

一方，東京証券取引所は，2020年9月に「支配株主及び実質的な支配力を持

第4章　日本における事業再編型バイアウトの最新動向　75

図表4－1　日本企業の事業再編に影響を与えた施策

年月	動向
2020年7月	経済産業省が「事業再編実務指針～事業ポートフォリオと組織の変革に向けて～（事業再編ガイドライン）」を公表
2020年9月	東京証券取引所が「支配株主及び実質的な支配力を持つ株主を有する上場会社における少数株主保護の在り方等に関する中間整理」を公表
2022年4月	東京証券取引所が，「プライム市場」，「スタンダード市場」，「グロース市場」に市場区分を再編
2023年3月	東京証券取引所がマーケットニュース「資本コストや株価を意識した経営の実現に向けた対応等に関するお願いについて」を公表
2023年4月	経済産業省が「対日M&A活用に関する事例集～海外資本を活用して，企業変革・経営改善・飛躍的成長につなげた日本企業のケーススタディ～」を公表
2023年8月	経済産業省が「企業買収における行動指針―企業価値の向上と株主利益の確保に向けて―」を公表
2023年12月	東京証券取引所が「少数株主保護及びグループ経営に関する情報開示の充実」と「支配株主・支配的な株主を有する上場会社において独立社外取締役に期待される役割」を公表
2024年4月	経済産業省が「起業家主導型カーブアウト実践のガイダンス」を公表
2024年5月	経済産業省が「「スピンオフ」の活用に関する手引」を公表
2024年8月	東京証券取引所がマーケットニュース「「資本コストや株価を意識した経営の実現に向けた対応」に関する今後の施策について」を公表

（出所）各機関のニュースリリースや報告書に基づき筆者作成

つ株主を有する上場会社における少数株主保護の在り方等に関する中間整理」を，2023年12月には，「少数株主保護及びグループ経営に関する情報開示の充実」と「支配株主・支配的な株主を有する上場会社において独立社外取締役に期待される役割」を公表している。東京証券取引所のこのような動きやアクティビスト・ファンドが親子上場の解消を求める動きは，上場子会社の切り離しと非上場化を促進させる要因となる。そして，親会社が上場子会社の完全子会社化を図るか外部株主へ譲渡するという選択肢が検討され，後者の場合には，バイアウト・ファンドが有力な買手候補となる。

76　第Ⅰ部　手法と市場動向

2 ｜ カーブアウトの定義に関する考察

　本節では，M&A やバイアウトの領域においても近年使用されることが多く
なった「カーブアウト」という用語の定義について考察することとする[2]。

(1) 日本におけるカーブアウトの潮流
①　エクイティ・カーブアウト

　1990年代までは，日本でカーブアウトという用語が使用される場合，米国に
おけるエクイティ・カーブアウト（equity carve-outs）を指すことが多かった。
エクイティ・カーブアウトとは，事業部門を子会社として独立させたうえで子
会社上場を行い，一部の株式の売却により資金調達を行うことであり，米国で
注目を集めた手法である。

　米国のエクイティ・カーブアウトについて触れた日本の文献としては，江川
（1993），村松・宮本（1999），山下訳（2004），大坪（2011）などが存在する。
日本企業の具体的な事例について分析した研究としては，濱田・光定（2015）
などが存在する。濱田・光定（2015）は，カーブアウトをファイナンス戦略の
一手法として捉え，日本の工作機械メーカーの親子上場の事例をとり上げ，そ
の妥当性の検証を行っている。

　なお，第1節で述べた経済産業省の「事業再編実務指針〜事業ポートフォリ
オと組織の変革に向けて〜（事業再編ガイドライン）」においては，「エクイ
ティ・カーブアウト（子会社上場）についても選択肢の一つであるが，一旦上
場させた後，段階的に株式を売却して独立させる過程において，上場子会社の
形態をとる場合には，あくまでも「過渡的形態」と位置づけたうえで，少数株
主との利益相反リスクに十分留意し，厳重なガバナンス体制の整備が必要であ
る」と述べられている（経済産業省「事業再編実務指針〜事業ポートフォリオ
と組織の変革に向けて〜（事業再編ガイドライン）エグゼクティブ・サマリー」
p.13）。

② ベンチャーの領域

2000年代に入ると，ベンチャーや新事業創造の領域におけるカーブアウトの手法が注目されるようになった。それに伴い，経済産業省のスピンアウト研究会などのような研究会が開催されたり，日本ベンチャー学会にカーブアウト・知財活用研究部会が開設されたり，カーブアウトの領域に関する研究も開始された。また，カーブアウト・ベンチャーという用語も使用されるようになった。

三菱商事と日本政策投資銀行が共同で設立したテクノロジー・アライアンス・インベストメントが，テクノロジー領域の新産業創造を目的とする日本初の本格的な「カーブアウト・ファンド」として「イノベーションカーブアウトファンド一号投資事業有限責任組合」を組成したのは2005年のことである。

また，2009年7月に，オープンイノベーションにより次世代の国富を担う産業を育成・創出することを目的に設立された産業革新機構も，カーブアウト型投資を想定し，実績を積み上げてきた。

最近では，**図表4－1**に記載したように，経済産業省が2024年4月に「起業家主導型カーブアウト実践のガイダンス」を公表しており，再びベンチャーの領域でのカーブアウトが注目されるようになってきている。

③ M&A・バイアウトの領域

近年，日本の大手企業が事業ポートフォリオの最適化を目指し，子会社や事業部門を戦略的に売却する取り組みが顕著になってきている。2010年代の半ば頃から電機メーカーをはじめとする大手企業が，事業部門を切り出してバイアウト・ファンドを資本パートナーとして迎え入れる取り組みが増えている。それに伴い，M&Aやバイアウトの領域においても，カーブアウトという用語が使用されるようになってきた。

パナソニックとKKR（関連企業その他の組織を含む）が，2014年3月に，医療機器メーカーのパナソニックヘルスケアの持株会社となるパナソニックヘルスケアホールディングス（現PHCホールディングス）の株式を取得し，共同パートナーとなった案件は，大企業がバイアウト・ファンドを戦略的に活用した事例として注目された。本事例は，子会社が独立したケースであるが，前述の経済産業省「対日M&A活用に関する事例集～海外資本を活用して，企

業変革・経営改善・飛躍的成長につなげた日本企業のケーススタディ〜」（2024年4月）において，ケーススタディがとり上げられており，売手が一定程度の株式を継続保有し，カーブアウト後もブランドの一定期間の継続使用を認めるなど，売手からの支援があったということが記述されている。

　その後は，大手企業の事業部門が独立し，売手である事業会社がマイノリティ株主として参画し，引き続き関係を維持して経営に参画するケースが多数登場している。具体的には，ソニーのパソコン事業，パナソニックのセキュリティシステム事業，資生堂のパーソナルケア事業，オリンパスの映像事業などの案件が成立しており，大手メーカーの案件が目立っている。

　なお，バイアウト案件において売手がマイノリティで参画する場合に，「戦略的資本提携」，「資本業務提携」，「資本提携」，「合弁事業化」という用語が使用されることもある。例えば，2019年に実施されたパナソニックのセキュリティシステム事業の案件では，「戦略的資本提携」という表現が使用されている。また，2021年に実施された資生堂のパーソナルケア事業の案件では，「合弁事業化」という表現が使用されている。このような表現を用いることで，「売却された」という意識が緩和されると考えられる。

(2) カーブアウトの定義

　図表4-2は，カーブアウトの定義について示している。種々の定義の比較を行うと，エクイティ・カーブアウトの定義，ベンチャー・新事業創造の領域におけるカーブアウトの定義，M&Aの領域におけるカーブアウトの定義が存在することが読み取れる。ただし，ベンチャーの領域とM&Aの領域は，それぞれ重なり合う部分も存在する。

図表4-2　カーブアウトの定義

論者	定義
村松・宮本（1999）	エクイティ・カーブ・アウトとは，子会社株のうちマイノリティ株だけを市場に向けて売り出すという部分ダイベストメントである（村松・宮本，1999, p.52.）。

服部（2004a）	カーブアウトとは社内の事業部などをいったん子会社化し，これを新規株式公開で一般株主に，あるいは資本提携により戦略的な買手に，一部売却することを指す。自己の一部を三日月形にカーブする曲線で切り離すことからこう呼ばれる。結果として親会社と対象事業の間には資本関係が残存する。多くの場合親会社が過半数の株式を維持し連結対象子会社とする（服部，2004a, p.148）。
Anslinger, Klepper & Subramaniam（1999）・山下訳（2004）	特定事業を子会社化し，IPO。IPO後も親会社が引き続き過半数以上の株式を持ち続けるケースが多い（山下訳，2004, p.178）。
日本政策投資銀行（2004）	カーブアウトとは，戦略的に企業から事業等を切り出して（Carve Out），第三者の評価，投資参画によりその成長を加速化させることを狙った，大企業ベンチャーの一形態であり，カーブアウト元企業から一定の出資等の支援・連携を受けつつ切り出す点が特長（日本政策投資銀行2004年11月1日付ニュースリリース「電子産業，ハイテク産業における新産業創造を目的とする日本初の本格的な「カーブアウトファンド」の創設について」）。
木嶋（2008）	カーブアウトとは，経営戦略として経営陣が事業の一部門を切り出し（Carve Out），第三者の評価，投資などを含む参画を得る大企業・中堅企業ベンチャーの一つである。親会社から一定の出資等強い支援・連携を受けつつ，切り出す点が特徴である（木嶋，2008, p.60）。
大坪（2011）	エクイティ・カーブ・アウトとは，親会社がこれまで未上場であった子会社を株式市場へ上場させ，当該子会社の株式の一部を株式市場で売却することを意味する。したがって，厳密には同用語には「子会社の上場」と「親会社による子会社株式の売却」の二つが含まれる（大坪，2011, p.147）。
国立研究開発法人新エネルギー・産業技術総合開発機構（2011）	経営陣が事業の一部を切り出し，株式保有等ある程度の利害関係を保持し続け，また，自社の支配権もある程度保持したまま外部のリスクマネーと外部の資源を取り込んで事業を行うベンチャーの一形態（国立研究開発法人新エネルギー・産業技術総合開発機構2011年4月20日付ニュースリリース「「カーブアウトベンチャー」の支援強化へ―イノベーション推進事業の公募開始―」）。
井出（2014）	カーブアウトとは，社内の一部の事業について，当該事業の価値を実現ないし向上させるために，当該事業を切り出して社外の別組織として独立させることをいう。たとえば，社内ベンチャーのような事業を外出しすることによって，外部資金の導入や他社との提携がしやすくなる。他方で，M&Aの実務においてカーブアウトという場合は，単に事業を分離して独立させるだけではなく，他社との取引を前提として，対象事業法を法人格から切り出した後，他の法人に移転するまでの一連の手続きを指して使われることが多い（井出，2014, p.43）。
川村（2015）	カーブアウト型M&Aとは，英語でCarve-Outと記述されるとおり，企業が特定の事業や資産を「切り出し／削り出し」，それを別の企業が買い取る形態のM&Aである。切り出される資産には，いわゆる独立した子会社の場合もあれば，企業における一部の事業部門の場合もあれば，工場の資産と人員の場合もある。極端なケースでは特定の半導体の製造ラインのみを切り出す，ということもある。企業をグループ丸ごと買収・売却しないM&Aについてはすべてカーブアウト型M&Aということすらできる（川村，2015, p.46）。

松浪（2019）	カーブアウトM&Aとは，企業グループがその事業の一部を切り出して第三者に譲渡もしくは承継しまたは独立の事業体とするM&A取引をいう。売手にとっては事業の選択と集中を可能とする手段として利用可能であり，買手にとっては，自らの事業成長のために他社の事業のうち必要な部分のみを買い受けることができるメリットがある（松浪，2019，p.61）。
柴田編（2022）	売主の事業のうち一部の事業（対象事業）の切出しを行い，売主が買主に対して対象事業を譲渡するM&A（柴田編，2022，p. IX「本書「解説パート」で用いる用語」の「カーブアウトM&A」参照）。

（出所）杉浦（2020）p.152の図表1に加筆

① エクイティ・カーブアウト

まず，エクイティ・カーブアウトの定義については，村松・宮本（1999），服部（2004a），山下訳（2004），大坪（2011）が記述している。村松・宮本（1999）は，エクイティ・カーブアウトをダイベストメント戦略の一手法として捉え，「子会社株のうちマイノリティ株だけを市場に向けて売り出すという部分ダイベストメントである」としている（村松・宮本，1999，p.52）。Anslinger, Klepper & Subramaniam（1999）は，エクイティ・カーブアウトについて，「特定事業を子会社化し，IPO。IPO後も親会社が引き続き過半数以上の株式を持ち続けるケースが多い」としている（山下訳，2004，p.178）。服部（2004a）は，カーブアウトについて，「社内の事業部などをいったん子会社化し，これを新規株式公開で一般株主に，あるいは資本提携により戦略的な買手に，一部売却することを指す」と説明している（服部，2004a，p.148）。

これらの定義から，広義には，子会社上場を指し，狭義には，特定の事業部門が子会社として切り出された後にその子会社が上場するケースを指すと捉えられる。特徴としては，Anslinger, Klepper & Subramaniam（1999）が述べているように，親会社が引き続き過半数以上の株式を持ち続けるケースが多いということがあげられる。なお，江川（1993）は，カーブアウトにおいて，親会社が過半数の持株比率を維持するようにストラクチャーすることについて，①経営権の維持，②子会社の事業に対するコミットメントを表す，③売り出した持分を再取得したり，リストラを行ったりする際に株主の合意を得やすい，を主な理由としてあげている（江川，1993，p.25）。

② ベンチャー・新事業創造の領域におけるカーブアウト

　日本におけるカーブアウトの研究は，2000年代より行われるようになったが，その先駆的な役割を果たしたのは，木嶋（2004, 2005, 2006, 2007, 2008）である。木嶋（2008）は，カーブアウトについて，「経営戦略として経営陣が事業の一部門を切り出し（Carve Out），第三者の評価，投資などを含む参画を得る大企業・中堅企業ベンチャーの一つである。親会社から一定の出資等強い支援・連携を受けつつ，切り出す点が特徴である」としている（木嶋, 2008, p.60）。

　日本政策投資銀行が2004年に公表したプレスリリースによると，カーブアウトとは，「戦略的に企業から事業等を切り出して，第三者の評価，投資参画によりその成長を加速化させることを狙った，大企業ベンチャーの一形態であり，カーブアウト元企業から一定の出資等の支援・連携を受けつつ切り出す点が特長」と説明されている。

　国立研究開発法人新エネルギー・産業技術総合開発機構が2011年に公表したニュースリリースでは，カーブアウトは，「経営陣が事業の一部を切り出し，株式保有等ある程度の利害関係を保持し続け，また，自社の支配権もある程度保持したまま外部のリスクマネーと外部の資源を取り込んで事業を行うベンチャーの一形態」と定義されている。

　これらの定義を比較すると，事業のステージがベンチャーという特徴以外に，事業が切り出されるという点，第三者の投資を受ける点，親会社（カーブアウト元企業）からも出資・支援を受けて関係を維持する点，などの共通要素が存在するといえる。

③ M&A の領域のカーブアウト

　日本においては，2010年代の半ば頃より，M&A もしくはバイアウトの領域においても，カーブアウトという用語が積極的に使用され始めたが，カーブアウト型 M&A に特有な検討事項や留意点をまとめたものとして，井出（2014），川村（2015），松浪（2019），柴田編（2022）などが存在する。これらの文献には，カーブアウトの定義も記述されているが，その大半は，「事業部門が切り出される」という点が強調されているという特徴がある。ただし，第三者への譲渡後に，売手である事業会社が株主として残存して引き続き経営に関与する

82 第Ⅰ部 手法と市場動向

かについては言及されていない。

(3) カーブアウトの定義に関する考察

　カーブアウトの定義について比較すると，それぞれの領域で異なり，また論者によっても定義の要素が異なっているといえる。共通することが多い要素としては，「事業部門の切り出し」があげられる。また，エクイティ・カーブアウトにおいて，親会社が過半数を維持するケースが多いことや，ベンチャーの領域において，元親会社（カーブアウト元企業）の事業会社が株主として参画することが重視されている状況を見ると，売手である事業会社との関係が維持されるという特徴も重要であると考えられる。しがたって，M&Aやバイアウトの領域においても，これらの特徴をふまえたうえで定義を行うことが重要であると考えられる。

　筆者は，カーブアウトを構成する要素について，ベンチャーの領域の定義で見られるように元親会社（カーブアウト元企業）が出資して関係を維持することが重要であることを鑑みると，バイアウト案件においても，事業部門が切り出されるという要素に加え，バイアウト後も売手である事業会社が株主として参画するという要素が重要であると考えている。つまり，「事業の切り出し」と「売手の事業会社が株主として参画する」という両方の要素が含まれるケースが狭義のカーブアウト型バイアウトであるといえる。

　しかし，昨今の日本のバイアウト市場においては，子会社や事業部門が売却される取引であれば，どのようなケースにおいても「カーブアウト」と呼ぶような風潮があると感じている。この点について，筆者は，一部の株式を残したり再出資したりすることをせずに，すべての株式が譲渡されて資本関係が断たれる完全売却のケースや，自社で開発した事業ではなく他の企業から買収した子会社を売却するケースなども含め，どのようなケースにおいても「カーブアウト」と呼ばれるケースがあり，違和感を覚えることがある。バイアウト・ファンドの支援を伴い子会社や事業部門が独立する案件は，20年以上前から存在し，その当時の取引は，「事業再編」あるいは「子会社の独立（子会社の売却）」，「事業部門の独立（事業部門の売却）」と位置づけられていた記憶があるが，それがいつの頃からかバイアウト・ファンドのプロフェッショナルの間で

「カーブアウト」と呼ばれることが多くなってきた。各バイアウト・ファンドの Web サイトの投資実績の案件のタイプの類型を見ても，「事業承継」や「非上場化」と並んで「カーブアウト」という表記が多くみられるようになってきている。このように，昨今の M&A およびバイアウトの領域における「カーブアウト」の範囲は，本来の定義を越えて広く捉えられるようになってきたといえる。

3 近年の日本における事業再編型バイアウト案件の傾向分析

(1) 事業再編型バイアウト案件の件数の推移

　図表4－3は，日本における事業再編型バイアウト案件の件数の推移を示している。「2009年～2013年」は，リーマン・ショックの影響や東日本大震災の影響により，日本のバイアウト市場が低迷していた局面であり，全体的に案件の成立数が少ない時期であった。そのため事業再編型バイアウト案件も5年間で54件を数えるのみであった。その後，2010年代半ば頃より，日本のバイアウト市場は回復を見せ，2020年代に入ると急拡大したが，「2019年から2023年」の5年間には，100件を超える事業再編型バイアウト案件が成立している。ここ数年は，年間20件程度の案件が成立している状況である。

(2) 傾向分析

　本項では，バイアウト・ファンドの出資を伴う事業再編型バイアウト案件の傾向分析を行うこととする。具体的には，過去約5年間（2020年～2024年）に成立（一部予定を含む）した100件超の事業再編型バイアウト案件を対象として，規模別分布，業種別分布，地域別分布についての傾向分析を行う。なお，各種開示資料により把握できない項目については，ヒアリングを実施したり，一部推定してカウントしている。

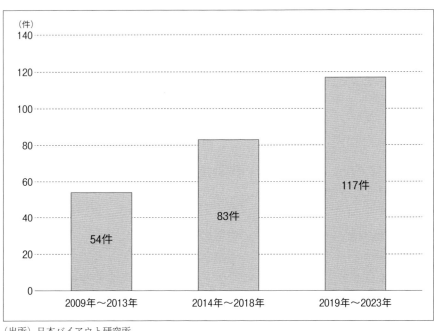

図表 4 − 3　事業再編型バイアウト案件の件数の推移

(出所) 日本バイアウト研究所

① 規模別分布

　図表 4 − 4 は，売上高の分布を示している。「50億円以上300億円未満」が52件（47.3％）となっており，中堅企業が多く占めているといえる。「300億円以上1,000億円未満」と「1,000億円以上」に該当するケースは16件存在し，全体の15％ 程度であった。

　図表 4 − 5 は，従業員数の分布を示している。「50名以上300名未満」が41件（37.3％）と最も多かった。一方，「300名以上1,000名未満」と「1,000名以上」が合わせて40％ を超えており，対象企業の従業員規模が大きいケースも多い。

　図表 4 − 6 は，バイアウト取引における取引金額別の分布を示している。ここでの取引金額とは，株式譲渡などを通じて経営権を掌握するために譲受側（買手側）が調達した資金のことであり，買収金額のことである。バイアウト・ファンドを中心とする新たな株主がエクイティ出資を行った金額に加え，

第4章　日本における事業再編型バイアウトの最新動向　*85*

図表4－4　規模別分布①（売上高）

売上高	件数	%
50億円未満	42	38.2%
50億円以上300億円未満	52	47.3%
300億円以上1,000億円未満	10	9.1%
1,000億円以上	6	5.5%
合計	110	100.0%

（出所）日本バイアウト研究所

図表4－5　規模別分布②（従業員数）

従業員数	件数	%
50名未満	21	19.1%
50名以上300名未満	41	37.3%
300名以上1,000名未満	29	26.4%
1,000名以上	19	17.3%
合計	110	100.0%

（注）　パートやアルバイトを含めて人数が公表されている場合には，その人数も含めてカウントしている。
（出所）日本バイアウト研究所

図表4－6　規模別分布③（取引金額）

取引金額	件数	%
50億円未満	55	50.0%
50億円以上300億円未満	38	34.5%
300億円以上	17	15.5%
合計	110	100.0%

（出所）日本バイアウト研究所

LBOファイナンスを活用した場合には，デットによる調達金額の推定値も一部含まれている。

　傾向としては，「50億円未満」と「50億円以上300億円未満」を合わせて8割を占めている状況である。「300億円以上」の大型案件については，17件（15.5%）存在した。詳細は公表されていないが，取引金額が1,000億円を超えると推定される案件も複数存在した。

86　第Ⅰ部　手法と市場動向

図表 4 － 7　業種別分布

業種	件数	％
製造業	44	40.0%
小売業・卸売業	17	15.5%
サービス業	35	31.8%
建設・不動産・その他	14	12.7%
合計	110	100.0%

（出所）日本バイアウト研究所

②　業種別分布

　図表 4 － 7 は，業種別分布を示したものである，「製造業」が44件（40.0%），「小売業・卸売業」が17件（15.5%），「サービス業」が35件（31.8%），「建設・不動産・その他」が，14件（12.7%）となっている。

　「製造業」については，電気機器や産業用機械などのほか，食品，医薬品，日用品など，多様な案件が成立している。「小売業・卸売業」については，産業財の卸売業（専門商社）が多かったが，多店舗型の専門小売も一部存在した。「サービス業」については，IT 支援，ソフトウェア開発，マーケティング支援，コンサルティング，環境・メンテナンス，教育サービス，プラットフォーム型サービス，施設運営，オークションなどの領域において，多様な案件が成立した。外食チェーンも一部存在したが，新型コロナウイルス感染症（COVID-19）の影響を受けたこともあり，コロナ前と比較すると少なかった。「建設・不動産・その他」は，少数にとどまった。

③　地域別分布

　図表 4 － 8 は，本社の地域別分布を示している。「東京地区」は，73件（66.4%）ということで全体の約 3 分の 2 を占めており，地方の比率は低いという傾向にある。東京以外では，「北海道・東北地区」が 5 件（4.5%），「関東（東京以外）・甲信越地区」が12件（10.9%），「東海・北陸地区」が 5 件（4.5%），「近畿地区」が 4 件（3.6%），「中国・四国地区」が 2 件（1.8%），「九州・沖縄地区」が 9 件（8.2%）となっている。

第4章　日本における事業再編型バイアウトの最新動向　*87*

図表4－8　地域別分布

地域	件数	％
北海道・東北地区	5	4.5%
関東（東京以外）・甲信越地区	12	10.9%
東京地区	73	66.4%
東海・北陸地区	5	4.5%
近畿地区	4	3.6%
中国・四国地区	2	1.8%
九州・沖縄地区	9	8.2%
合計	110	100.0%

（出所）日本バイアウト研究所

(3) 子会社・事業部門の独立案件

　近年の事業再編型バイアウトの具体的事例については，「製造業・卸売業」と「小売業・サービス業」に区分して主要案件をとり上げる。また，旧親会社がマイノリティ株主として参画した案件とバイアウト・ファンドがマイノリティ株主として参画した案件についてもまとめることとする。

①　製造業・卸売業の案件

　電子機器，光学機器，住宅設備，化学，金属，食品，医薬品，日用品などのメーカーの子会社や事業部門が独立しているが，近年の売手の顔ぶれは多様化している。その他には，大手総合商社が，子会社をバイアウト・ファンドに売却するケースも存在する。

　ストラクチャーに着目すると，子会社の株式が譲渡されるスキームのほか，会社分割などのスキームを用いて事業部門が切り出されて譲渡される案件も多いのが特徴である。ブリヂストンのユニットバス事業を承継したブレクス，オリンパスの映像事業を承継したOMデジタルソリューションズ，資生堂のパーソナルケア事業を承継したファイントゥデイ（旧ファイントゥデイ資生堂），昭和電工マテリアルズ（現レゾナック）およびその子会社が営むプリント配線板事業を承継したリンクステック，昭和電工マテリアルズ（現レゾナック）の蓄電デバイス・システム事業を承継したエナジーウィズ，キッコーマンソイ

フーズの食材事業を承継したマリン・プロフーズ，日立製作所の放射線測定装置事業および産業用X線CT装置事業を承継したアロカ（旧日本レイテック），ブリヂストンの化成品ソリューション事業を承継したアーケム，オリンパスの生物・工業用顕微鏡などの科学事業を承継したエビデント，リコーインダストリアルソリューションズのオプティカル事業を承継したオプトルなどの案件は，事業部門が独立して誕生した新会社である。

図表4－9　製造業・卸売業の主要案件

年月	案件名	売手	投資会社
2020年1月	ブレクス	ブリヂストン	アスパラントグループ
2020年1月	FICT（旧富士通インターコネクトテクノロジーズ）	富士通	アドバンテッジパートナーズ
2020年8月	ヒノマル	積水化学グループ	ベーシック・キャピタル・マネジメント
2021年1月	OMデジタルソリューションズ	オリンパス	日本産業パートナーズ
2021年1月	キューサイ	コカ・コーラボトラーズジャパンホールディングス	アドバンテッジパートナーズ
2021年3月	アリナミン製薬（旧武田コンシューマーヘルスケア）	武田薬品工業	The Blackstone Group
2021年6月	ジオテクノロジーズ	パイオニア	ポラリス・キャピタル・グループ
2021年7月	ファイントゥデイ（旧ファイントゥデイ資生堂）	資生堂	CVC Capital Partners
2021年7月	日本マイクロバイオファーマ	三井物産東レ	ティーキャピタルパートナーズ
2021年8月	興人フィルム＆ケミカルズ	三菱商事	アスパラントグループ
2021年10月	リンクステック	昭和電工マテリアルズ（現レゾナック）	ポラリス・キャピタル・グループ
2021年11月	ゼクサスチェン（旧センクシアチェン）	センクシア	ライジング・ジャパン・エクイティ
2021年12月	エナジーウィズ	昭和電工マテリアルズ（現レゾナック）	アドバンテッジパートナーズ
2022年1月	マリン・プロフーズ	キッコーマンソイフーズ	大和PIパートナーズ
2022年3月	KMCT（旧コベルコマテリアル銅管）	神戸製鋼所三菱マテリアル	丸の内キャピタル
2022年6月	アロカ（旧日本レイテック）	日立製作所	日本みらいキャピタル

2022年8月	アーケム	ブリヂストン	エンデバー・ユナイテッド
2022年9月	富士通セミコンダクターメモリソリューション（RAMXEEDに商号変更予定）	富士通セミコンダクター	ティーキャピタルパートナーズ
2022年12月	JSファンダリ	オン・セミコンダクター新潟	マーキュリアインベストメント産業創成アドバイザリー福岡キャピタルパートナーズ
2023年4月	エビデント	オリンパス	Bain Capital Private Equity
2023年8月	アイ・ディ・ケイ	京都製作所	ベーシック・キャピタル・マネジメント
2023年12月	ソニテック	LIXIL	日本みらいキャピタル
2024年1月	JX金属プレシジョンテクノロジー	JX金属	マーキュリアインベストメント
2024年3月	大和紡績	ダイワボウホールディングス	アスパラントグループ
2024年6月	日本結晶光学	三井金属鉱業	丸の内キャピタル
2024年7月	オリンパステルモバイオマテリアル	オリンパス	ポラリス・キャピタル・グループ
2024年9月	オプトル	リコーインダストリアルソリューションズ	ティーキャピタルパートナーズ
2024年11月	宇部スチール	UBEマシナリー	アイ・シグマ・キャピタル

（注）投資会社については，当該投資会社がサービスを提供もしくは運用・助言などに携わるファンドも含めて総称して「投資会社」と表記している。
（出所）日本バイアウト研究所

②　小売業・サービス業の案件

　図表4－10は，小売業・サービス業の主要案件を示している。小売業の案件としては，スーパーマーケットの西友と百貨店のそごう・西武の案件が成立している。サービス業の案件としては，ハウスウェディング事業を展開するディアーズ・ブレイン，動物病院向け経営支援サービスを展開するシグニ，決済サービスを展開するソニーペイメントサービスなどの案件が成立している。

図表4－10　小売業・サービス業の主要案件

年月	案件名	売手	投資会社
2020年3月	クリアライズ	日立パワーソリューションズ	エンデバー・ユナイテッド
2021年3月	西友	Walmart	KKR

2021年3月	ジャパンホームシールド	LIXIL 住生活ソリューション	MCP キャピタル
2021年3月	ディアーズ・ブレイン	千趣会	サンライズキャピタル
2021年11月	中央システム	TIS	ベーシック・キャピタル・マネジメント
2022年3月	シグニ	ノジマ	ベーシック・キャピタル・マネジメント
2022年4月	AKOMEYA TOKYO	サザビーリーグ	丸の内キャピタル
2023年9月	そごう・西武	セブン&アイ・ホールディングス	Fortress Investment Group
2024年1月	ソニーペイメントサービス	ソニー銀行	The Blackstone Group
2024年5月	SOMPO オークス	SOMPO Light Vortex	アント・キャピタル・パートナーズ

(注) 投資会社については，当該投資会社がサービスを提供もしくは運用・助言などに携わるファンド
も含めて総称して「投資会社」と表記している。
(出所) 日本バイアウト研究所

③　旧親会社がマイノリティ株主として参画した主要案件

　近年の日本における事業再編型バイアウト案件において，売手である事業会社が一部保有株式を残したり，全株式売却後に一部再出資を行い，マイノリティ株主として参画し，バイアウト・ファンドとの共同事業の形態を採るケースも数多く登場している。**図表4−11**は，旧親会社がマイノリティ株主として参画した主要案件を示しているが，旧親会社の持株比率は5％から49％となっている。これらの案件には，「事業の切り出し」と「売手の事業会社が株主として参画する」という両方の要素が含まれ，狭義のカーブアウト型バイアウトに位置づけられる案件も一部存在する。

図表4−11　旧親会社がマイノリティ株主として参画した主要案件

年月	案件名	旧親会社	バイアウト後の株主構成
2020年1月	FICT（旧富士通インターコネクトテクノロジーズ）	富士通	アドバンテッジパートナーズ 富士通
2021年1月	OM デジタルソリューションズ	オリンパス	日本産業パートナーズ（95％） オリンパス（5％）
2021年3月	西友	Walmart	KKR（65％） 楽天 DX ソリューション（20％） Walmart（15％）

2021年7月	ファイントゥデイ（旧ファイントゥデイ資生堂）	資生堂	CVC Capital Partners 資生堂（約20%）
2022年4月	AKOMEYA TOKYO	サザビーリーグ	丸の内キャピタル（51%） サザビーリーグ（49%）
2024年1月	JX金属プレシジョンテクノロジー	JX金属	マーキュリアインベストメント JX金属
2024年1月	ソニーペイメントサービス	ソニー銀行	The Blackstone Group（80%） ソニー銀行（20%）
2024年3月	大和紡績	ダイワボウホールディングス	アスパラントグループ（85%） ダイワボウホールディングス（15%）
2024年5月	SOMPOオークス	SOMPO Light Vortex	アント・キャピタル・パートナーズ（66.7%） SOMPO Light Vortex（33.3%）
2024年11月	宇部スチール	UBEマシナリー	アイ・シグマ・キャピタル（84.25%） UBE（15.75%）

（注1）投資会社については，当該投資会社がサービスを提供もしくは運用・助言などに携わるファンドも含めて総称して「投資会社」と表記している。
（注2）カッコ内の比率は，議決権ベースの場合も含まれている。また，案件成立当初の比率であり現在は異なる場合もある。
（出所）日本バイアウト研究所

④　バイアウト・ファンドがマイノリティ株主として参画した主要案件

　事業部門が独立することで誕生した新会社に対してバイアウト・ファンドがマイノリティ株主として参画した案件も存在する。

　凸版印刷（現 TOPPAN ホールディングス）は，凸版印刷およびトッパンエレクトロニクスプロダクツが営む半導体用フォトマスク事業を吸収分割の方法で新会社に承継させたうえで，新会社の株式の49.9%をインテグラルが運用アドバイザーを務めるバイアウト・ファンドに譲渡した。新会社のトッパンフォトマスクは，TOPPAN ホールディングスの連結子会社としてサポートを受けながら半導体用フォトマスクの製造を継続するとともに，IPO 支援の実績が豊富なインテグラルからの経営・ノウハウ面での支援により経営・ガバナンス体制を強化し，将来的な株式上場を見据えて事業を推進していくこととなった。なお，トッパンフォトマスクは，2024年11月にテクセンドフォトマスクへの商号変更を行っている。

　本案件では，「事業の切り出し」と「売手の事業会社が株主として参画する」という両方の要素に加え，「親会社が過半数を維持する」という本来のカーブ

92　第Ⅰ部　手法と市場動向

アウトに位置づけられる形態が採られている。

図表4-12　バイアウト・ファンドがマイノリティ株主として参画した主要案件

年月	案件名	対象事業	カーブアウト後の株主構成
2022年4月	テクセンドフォトマスク（旧トッパンフォトマスク）	凸版印刷およびトッパンエレクトロニクスプロダクツが営む半導体用フォトマスク事業	凸版印刷（50.1％）インテグラル（49.9％）

(注) 株主構成のうちバイアウト・ファンドについては，サービスを提供もしくは運用・助言などに携わるファームや特別目的ビークルや関連事業体も含めて総称して表記している。
(出所) 日本バイアウト研究所

(4) 上場子会社の売却案件

　大手企業が上場子会社をバイアウト・ファンドに売却するケースも数多く登場しているが，非上場化を企図するケースでは，バイアウト・ファンドが買収目的会社（受皿会社）を設立し，公開買付け（TOB: takeover bid）が実施される。対象会社が上場廃止となることから，「ゴーイング・プライベート」とも呼ばれる取引となる。日立製作所の複数の上場子会社が対象となったほか，昭和電工（現レゾナック），古河電気工業，DIC，帝人の子会社も対象となっている。なお，売手である大手企業は，買手が実施する株式の公開買付けには応募せずに，上場廃止後の一連のプロセスにおいて実施される対象会社の自己株式の取得を通じて保有株式を売却するケースが多くなっている。

図表4-13　上場子会社の主要バイアウト案件

年月	案件名	上場市場	売手	投資会社
2021年4月	昭光通商	東証第一部	昭和電工（現レゾナック）機関投資家一般株主	アイ・シグマ・キャピタル
2022年11月（公開買付け）2023年1月（自己株式取得）	プロテリアル（旧日立金属）	東証プライム	日立製作所機関投資家一般株主	Bain Capital Private Equity日本産業パートナーズジャパン・インダストリアル・ソリューションズ

2022年12月	TOTOKU （旧東京特殊電線）	東証スタンダード	古河電気工業 機関投資家 一般株主	The Carlyle Group
2022年12月 （公開買付け） 2023年3月 （自己株式取得）	ロジスティード （旧日立物流）	東証プライム	日立製作所 SGホールディングス 機関投資家 一般株主	KKR
2023年10月 （公開買付け） 2024年1月 （自己株式取得）	星光PMC	東証プライム	DIC 機関投資家 一般株主	The Carlyle Group
2024年8月 （公開買付け） 2024年10月 （自己株式取得）	インフォコム	東証プライム	帝人 機関投資家 一般株主	The Blackstone Group

（注）投資会社については，当該投資会社がサービスを提供もしくは運用・助言などに携わるファンド
　　も含めて総称して「投資会社」と表記している。
（出所）日本バイアウト研究所

(5) エグジット案件の動向

　事業再編型バイアウト案件でこの5年間にバイアウト・ファンドがエグジットを達成した案件も存在する。バイアウト・ファンドが保有株式を売却して投資の回収を図ることはエグジット（exit）と呼ばれているが，その方法には，株式上場（IPO：initial public offering），M&A（mergers & acquisitions）による事業会社への株式売却，他のバイアウト・ファンドなどの金融投資家に引き継がれる第二次バイアウト（secondary buy-outs），経営陣によるMBO（management buy-outs）など多様な方法が存在する。

　株式上場を達成した案件も登場している。具体的には，日立製作所より液晶パネル製造装置事業の新設分割により誕生したAIメカテック，パナソニックグループから独立する際に外部資本を導入しながら設立されたPHCホールディングス（旧パナソニックヘルスケアホールディングス），日立国際電気の成膜プロセスソリューション事業が独立企業化することにより誕生したKOKUSAI ELECTRIC が上場を果たしている。

図表 4 - 14　主要エグジット案件一覧

年月	案件名	投資会社	エグジット方法（売却先）
2021年7月	AI メカテック	ポラリス・キャピタル・グループ	株式公開
2021年10月	PHC ホールディングス	KKR	株式公開
2021年10月	WorkVision	ベーシック・キャピタル・マネジメント	M&A による株式売却（芙蓉総合リース）
2022年4月	トキコシステムソリューションズ	ポラリス・キャピタル・グループ	M&A による株式売却（岩谷産業）
2022年8月	日本ピザハット・コーポレーション	エンデバー・ユナイテッド	M&A による株式売却（ヤマエグループホールディングス）
2023年9月	日本アドバンスロール	日本みらいキャピタル	M&A による株式売却（東京貿易マテリアル）
2023年10月	モリテックス	Trustar Capital Partners	M&A による株式売却（Cognex Corporation）
2023年10月	KOKUSAI ELECTRIC	KKR	株式公開
2023年12月	ディアーズ・ブレインホールディングス	サンライズキャピタル	株式の買戻し（経営陣による MBO）

（注）投資会社については，当該投資会社がサービスを提供もしくは運用・助言などに携わるファンド
　　も含めて総称して「投資会社」と表記している。
（出所）日本バイアウト研究所

4 ロールアップ型 M&A による業界再編への期待

近年のバイアウト・ファンドの投資先企業のバリューアップの潮流として，ロールアップ（roll-up）や追加買収の実施比率が高くなっていることが指摘できる[3]。一般に，ロールアップ型 M&A というと，多数の中小企業を買収していき，グループ全体の価値を高めていく手法を指し，バイアウト・ファンドが推進役となり，M&A 取引の実行やその後の PMI（post-merger integration）のサポートを行い，中小企業の円滑な事業承継やグループ間連携を推進する際の重要な役割を果たしていることが多い。

最近では，中小企業の事業承継ではなく，大手企業の事業再編に起因する追加買収や，バイアウト・ファンドの投資先企業同士の経営統合が行われるケースも増えてきており，再編・統合の規模が大きくなりつつある。例えば，エンデバー・ユナイテッドが管理・運営するバイアウト・ファンドが持株会社とし

てメプロホールディングスを新設し，そのメプロホールディングスを通じて，当該バイアウト・ファンドが株式を保有するダイヤメットと柳河精機を経営統合するという動きが出てきている。また，2024年には，グローバル投資運用会社であるKKRの関連ファンドの投資先のロジスティード（旧日立物流）が，アルプス物流およびアルプスアルパインとの間で資本業務提携契約を締結し，国内外の事業の強化に向けてシナジーを追求していくという動きが出てきている。

これらの事例のように，事業再編・経営統合の円滑化や産業の競争力の強化に向けてバイアウト・ファンドが重要な役割を果たす局面が増えていくと予想され，バイアウト・ファンドが持つM&AスキルやPMIの経験が活かされていくことが期待される。

おわりに

以上，日本における事業再編型バイアウトの最新動向について，日本企業の事業再編に影響を与えた施策も含め解説した。近年の大手企業の中期経営計画を見ると，事業ポートフォリオの変革に関する記述が行われるケースが以前より多くなってきていると感じる。今後もベストオーナー理論や事業再編の手法の浸透により，日本企業の事業ポートフォリオの最適化に向けた取り組みが期待される。

本稿の執筆中においても，日本企業の事業再編に関するさまざまな取り組みが予定されていることが公表されている。まず，インテグラルグループが運用するバイアウト・ファンドが，旭化成メディカルの血液浄化事業への資本参画を行うことが公表されている。また，アドバンテッジパートナーズがサービスを提供するバイアウト・ファンドの投資先であるサステナブル・バッテリー・ホールディングスの完全子会社が，古河電池の全株式を取得するための公開買付けを実施する予定であることが公表されている。さらに，セブン＆アイ・ホールディングスが，グループの食品スーパーマーケット事業および専門店・その他事業を統括する中間持株会社としてヨーク・ホールディングスを設立し，

戦略的パートナーの招聘を通じた持分法適用会社化の検討を開始することが公表されている。今後も事例の積み重ねによる好循環とバイアウト・ファンドの活躍が，日本企業の新たな価値創造と競争力の強化につながることに期待したい。

注 ———————

1）事例をまとめるうえでの情報ソースは，有価証券報告書，決算説明会資料，公開買付届出書，プレスリリースなどの開示資料とする。

2）本節は，杉浦（2020）をもとに書き改めたものである。

3）ロールアップ型M&Aの動向については，日本バイアウト研究所編（2022）に詳しい。

《付記》

本稿を執筆するにあたり，M&Aの実務家の方々に貴重なコメントをいただいた。この場を借りて御礼を申し上げたい。

《参考文献》

芦沢誉三（2010）「新規事業開発の通説と現実を掘り下げる（第2回）カーブアウトベンチャーによる事業創出という理論と現実」『Business Research』1030号，企業研究会，pp.32-35.

浅妻敬・吉村浩一郎・真野光平（2011）「事業再編型バイアウトにおけるスキーム選択—法務・税務上の留意点—」日本バイアウト研究所編『事業再編とバイアウト』中央経済社，pp.23-51.

荒木隆志（2016）『カーブアウト型M&Aの実務—スタンドアローン問題から価格交渉まで—』中央経済社.

井出正樹（2014）「事業売却，事業統合等で直面するカーブアウト・ディールの実務ポイント」『旬刊経理情報』No.1399，中央経済社，pp.43-48.

EYストラテジー・アンド・コンサルティング編（2021）『図解 はじめての事業分離・売却』中央経済社.

江川雅子（1993）「ポストM&Aのリストラ戦略としてのカーブ・アウト（子会社の株式公開）」『M&A Review』Vol.7，No.9，ポリグロットインターナショナル，pp.24-31.

大久保涼編著・鈴木健太郎・宮﨑隆・服部紘実著（2018）『買収ファイナンスの法務（第2版）』中央経済社.

岡俊子（2023）『図解＆ストーリー「子会社売却」の意思決定』中央経済社.

川村英司（2015）「事業部門単位での買収が近年増加傾向「カーブアウト型 M&A」実施上の要点」『旬刊経理情報』No.1421，中央経済社，pp.46-54.

唐津恵一（2018）「カーブアウト型 M&A における対価の交渉を行う上で留意すべきこと」豊田愛祥・太田勝造・林圭介・斎藤輝夫編『和解は未来を創る：草野芳郎先生古稀記念』信山社，pp.369-383.

木嶋豊（2004）「日本のイノベーション能力と新技術事業化の方策―カーブアウト等による新産業創造―」『調査』第67号，日本政策投資銀行.

木嶋豊（2005）「カーブアウトによる技術事業化支援」『金融財政事情』第56巻第27号，金融財政事情研究会，pp.60-61.

木嶋豊（2006）「カーブアウトの意義と類型化の一考察」『日本ベンチャー学会誌』第7号，日本ベンチャー学会，pp.71-74.

木嶋豊（2007）『カーブアウト経営革命―新事業切り出しによるイノベーション戦略―』東洋経済新報社.

木嶋豊（2008）「カーブアウト技術経営による新事業成長戦略」『テクノロジーマネジメント：技術経営』2008年8月，フュージョンアンドイノベーション，pp.60-64.

木嶋豊・粕谷晋史（2005）「新産業創造とカーブアウト―製造業における資源有効活用と新事業化の方策―」『M&A Review』Vo.19，No.5，ポリグロットインターナショナル，pp.7-12.

木嶋豊・坂田龍松（2007）『最新事業再編と新事業戦略がよーくわかる本―新会社法下の企業改革と再構築―』秀和システム.

KPMG FAS 訳（2017）『M&A と組織再編のすべて』きんざい．（Donald DePamphilis (2013) *Mergers, Acquisitions, and Other Restructuring Activities: Seventh Edition,* Academic Press.）

柴田堅太郎編著・中田裕人著（2022）『ストーリーで理解するカーブアウト M&A の法務』中央経済社.

杉浦慶一（2011）「日本における事業再編型バイアウトの市場動向」日本バイアウト研究所編『事業再編とバイアウト』中央経済社，pp.107-140.

杉浦慶一（2012）「バイアウトの定義に関する一考察」『東洋大学大学院紀要』第48集，東洋大学大学院，pp.287-296.

杉浦慶一（2019）「日本における事業再編型バイアウトの新潮流―外部資本の導入による企業価値向上に向けて―」日本バイアウト研究所編『続・事業再編とバイアウト』中央経済社，pp.51-69.

杉浦慶一（2020）「カーブアウトの定義に関する一考察」『東洋大学大学院紀要』第56集，東洋大学大学院，pp.149-159.

杉浦慶一（2022a）「ロールアップ戦略に関する一考察」『東洋大学大学院紀要』第58集，東洋大学大学院，pp.193-206.

杉浦慶一（2022b）「日本のバイアウト・ファンドが推進するロールアップ型 M&A の動向と将来展望―中堅・中小企業の事業承継問題の解消とさらなる成長を目指して―」日本バイアウト研究所編『続・事業承継とバイアウト―ロールアップ編―』中央経済社，pp.3-32.

髙原達広・池田賢生・荒井悦久（2019）「事業再編に伴う法的スキームの検討と交渉ポイント―バイアウト・ファンドを活用した円滑な事業再編に向けて―」日本バイアウト研究所編『続・事業再編とバイアウト』中央経済社，pp.29-49.

中田順夫（2024）『海外事業グループ会社の売却・カーブアウト案件の実務―成功のための10の秘訣―』日経 BP.

中原秀登（2009）「事業の外部化とその技術開発上の意義と課題」『経済研究』第24巻第2号，千葉大学経済学会，pp.233-288.

日本バイアウト研究所編（2011）『事業再編とバイアウト』中央経済社.

日本バイアウト研究所編（2019）『続・事業再編とバイアウト』中央経済社.

日本バイアウト研究所編（2022）『続・事業承継とバイアウト―ロールアップ編―』中央経済社.

服部暢達（2004a）『実践 M&A マネジメント』東洋経済新報社.

服部暢達（2004b）「一橋 ICS MBA 金融講座（第3講）子会社カーブアウトの功罪を考える」『週刊東洋経済』第5884号，東洋経済新報社，pp.66-68.

濱口耕輔・大沼真・田中俊成・安西忠康編著（2023）『詳説・カーブアウト M&A』商事法務.

濱田功・光定洋介（2015）「工作機械産業における選択と集中：ツガミのカーブアウト戦略の考察」『証券アナリストジャーナル』第53巻第10号，日本証券アナリスト協会，pp.40-51.

堀新太郎（2002）『日本企業 進化の条件』東洋経済新報社.

前田昇（2002）『スピンオフ革命―新しい日本型産業創出のモデルとシナリオ―』東洋経済新報社.

前田昇（2006）「「カーブアウト」を促進する「スピンアウト」意欲」『テクノロジーマネジメント：技術経営』2006年2月，フュージョンアンドイノベーション，pp.68-75.

前田昇・安部忠彦編（2005）『MOT ベンチャーと技術経営』丸善.

マーサージャパン編（2022）『カーブアウト・事業売却の人事実務』中央経済社.

松浪信也（2019）「事業譲渡・会社分割と子会社譲渡との比較で理解する―カーブアウト M&A の法的留意点―」『Business Law Journal』第12巻第3号，レクシスネ

クシス・ジャパン，pp.61-66.

村松郁夫（2011）「わが国上場企業の組織再編の動向」『甲南経営研究』第52巻第1号，甲南大学経営学会，pp.27-44.

村松司叙・宮本順二朗（1999）『企業リストラクチャリングとM&A』同文舘.

望月直樹（2017）「＜LBOファイナンス用語集＞カーブアウト」日本バイアウト研究所編『日本のLBOファイナンス』きんざい，p.352.

安田荘助・髙谷晋介・松古樹美（2000）『株式交換と会社分割―グループ価値を高める新しいマネジメント手法―』日本経済新聞.

山下明訳（2004）「企業価値を高める資本政策―スピンオフ，カーブアウト，トラッキングストック―」本田桂子監訳・鷹野薫・近藤将士・山下明訳『マッキンゼー事業再生：ターンアラウンドで企業価値を高める』ダイヤモンド社．（Patricia L. Anslinger, Steven J. Klepper and Somu Subramaniam（1999）"Breaking Up Is Good to Do: Restructuring through Spin Offs, Equity Carve-Outs, and Tracking Stocks Can Create Shareholder Value" *The McKinsey Quarterly*, 1999 No.1.）

《参考資料》

経済産業省「事業再編実務指針〜事業ポートフォリオと組織の変革に向けて〜（事業再編ガイドライン）」2020年7月.

経済産業省「対日M&A活用に関する事例集〜海外資本を活用して，企業変革・経営改善・飛躍的成長につなげた日本企業のケーススタディ〜」2023年4月.

経済産業省「企業買収における行動指針―企業価値の向上と株主利益の確保に向けて―」2023年8月.

経済産業省「起業家主導型カーブアウト実践のガイダンス」2024年4月.

経済産業省「「スピンオフ」の活用に関する手引」2024年5月.

スピンオフ研究会「スピンオフ研究会報告書―大企業文化からの解放と我が国経済構造の地殻変動に向けて―」2003年4月.

デロイトトーマツコンサルティング「平成26年度産業経済研究委託事業（事業再編に係る国内外企業の動向調査）調査報告書」2015年3月.

東京証券取引所「支配株主及び実質的な支配力を持つ株主を有する上場会社における少数株主保護の在り方等に関する中間整理」2020年9月.

東京証券取引所マーケットニュース「資本コストや株価を意識した経営の実現に向けた対応等に関するお願いについて」2023年3月.

東京証券取引所「少数株主保護及びグループ経営に関する情報開示の充実」2023年12月.

東京証券取引所「支配株主・支配的な株主を有する上場会社において独立社外取締役

に期待される役割」2023年12月.

東京証券取引所マーケットニュース「「資本コストや株価を意識した経営の実現に向けた対応」に関する今後の施策について」2024年8月.

日本政策投資銀行ニュースリリース「電子産業，ハイテク産業における新産業創造を目的とする日本初の本格的な「カーブアウトファンド」の創設について」2004年11月1日付.

国立研究開発法人新エネルギー・産業技術総合開発機構ニュースリリース「「カーブアウトベンチャー」の支援強化へ―イノベーション推進事業の公募開始―」2011年4月20日付.

第Ⅱ部

事例と経営者インタビュー

第5章　バイアウト・ファンドを活用した業界プラットフォームへの挑戦
——SOMPOオークスの事例——

アント・キャピタル・パートナーズ株式会社
ディレクター　**山田真也**
プリンシパル　**中村健**

はじめに

アント・キャピタル・パートナーズ株式会社（以下，「アント」という）は，2000年に設立され，気骨のハンズオン支援で企業価値向上を目指す「バイアウト投資（バイアウトインベストメントグループ）」と資本構成の再構築を支援する「ソリューション投資（ソリューションインベストメントグループ）」により，事業承継などの中堅・中小企業が抱えるさまざまなニーズに対応する投資会社である。

バイアウト投資では，2001年に設立した一号ファンド以来，過去20余年で多種多様な業界の40社超の企業への投資および徹底した経営改善を行っている。特に，投資先企業との関係は単に資金を投ずるだけのものではなく，役職員の方々と同じ目線で提携先の経営に自ら参画し，事業成長および経営改善のために全力を尽くすスタイルをとっており，創業以来，これを変わらずに貫いている。いわゆる「ハンズオン」を標榜する投資会社はいくつも存在するものの，投資先の方々とともに自ら汗を流し，境界を設けることなくどこまでも当事者として真摯に経営改善を行う形を目指す点で一線を画している。「投資ファンドのイメージが変わりました」，「過去付き合ったことのある投資ファンドとはスタンスが全く違って驚きました」と投資先の方々から言われることが，非常に多いことが特徴である。

本稿でとり上げるSOMPOオークス株式会社（以下，「AUX」という）は，2024年5月にモビリティ産業の循環型社会を実現するプラットフォームとなる

べく，飛躍的な事業の拡大を目的にアントが投資実行した事例である。

　日本の大企業子会社として誕生し，設立から数年のうちにめざましいスピードで成長してきた AUX が，さらにその次のステージとしてバイアウト・ファンドを事業拡大のための戦略パートナーとして迎え入れ，どのように次なる飛躍的な成長を目指すのか。日本の大企業による事業カーブアウト・子会社売却は近年ますます増加の一途をたどっているが，その裏側にある戦略的意図をご理解いただくための一つの事例となれば幸いである。

1 ｜ SOMPO オークスの概要

(1) 設立経緯

　AUX は2017年に全損車両の販売に関する実証実験を行うクルーテックラボとして設立された。全損車両とは，自動車保険（車両保険）の付保対象車両が事故を起こした際に，修理不可能な損害を受けた車両（物理的全損）または修理費用が車価を上回る車両（経済的全損）と判定された車両を指す。全損車両となった際には，保険契約者に保険金が支払われると同時に，損害保険会社に車両の所有権が移ることが原則となる。このように損害保険会社に所有権の移った全損車両をデジタルの力も活用し，最適な販売方法を検証することこそが AUX のはじまりである。

　ここでいう最適にはいくつかの意味が含まれているが，その一つが売却価格である。全損車両はメーカー，車種，走行距離，年式といった車固有の状況が異なることに加えて，事故による故障の状態が1台1台それぞれ全く異なっている。そのため，適切な売却価格が見極めにくく，事故車ごとに価格が異なる，すなわち，一物一価性が強くなる傾向にある。

　二つ目が透明性である。一物一価性が強いため，後から振り返って適切な販売方法であったかどうかを客観的に振り返りにくいがゆえに，その販売方法そのものが極めて透明性の高いものでなければ，外部から見た際に本当に適切な処理がなされたかどうかがわからない状態となってしまう。

　AUX では，これら売却価格と透明性を最適化するために，業界最多のバイ

ヤーを抱える AUX Board というプラットフォームでオークションを行う。この AUX Board は Auction of Auctions の形をとっており，複数のオークション運営業者と API 接続を行っているため，AUX に出品するだけで複数の業者のオークションを横断して全バイヤーからの入札を集めることができる。通常であれば，一物一価でどのオークションに出品するかを検討すること自体が難しい全損車両を，恣意的にどこかの業者に売却することもなく，きちんと複数のオークション横断で入札を行ったうえで最高額を提示したバイヤーに，最も良い条件で車両を売却することができる仕組みとなっている。

　三つ目が販売先の適切性である。全損車両にはさまざまな状態の車が存在するため，車によっては解体してスクラップにする他ないような車もあれば，修理を施して海を渡ったうえで再び車として蘇り，その後10年以上も自動車として機能する車も存在する。この車の状態によって適切な販売先も異なる。スクラップにしたり部品として再生する場合には解体業者に販売するのが良いケースが多いが，再生車両とする場合には海外でそのような事業を営んでいる方に売却する必要がある。これは 1 台 1 台異なる全損車両においては，経験とノウハウが求められる領域となる。AUX では，データによるマッチング機能をノウハウとして蓄積しているため，最適な販売先を判断することが可能である。

　このような三つの適切性を担保するための仕組みとして AUX が設立されたのである。

(2) 会社概要

　AUX は上述のとおり，三つの適切性をベストな形で実現するための事故車・中古車販売プラットフォームの事業を行っている。

　また，それ以外にも多様な新規事業を手がけており，AUX Checker というアプリケーションも開発している。東京大学松尾豊研究室発のスタートアップである株式会社 ACES，自動車リース会社の株式会社イチネンと共同開発を進めており，スマホで撮影した自動車の写真からボディの凹みや傷などの損傷度合いを判定する AI アプリとなっている。もともとがデジタルの力を活用し，モビリティ産業における循環型社会の構築に資するプラットフォームを作ることを目指していた流れから，このような AI・DX の積極的な活用を通じて，

図表5−1　SOMPOオークスの会社概要

会社名	SOMPOオークス株式会社
設立年	2017年
代表者	代表取締役　市川進一
所在地	〒160-8338 東京都新宿区西新宿1-26-1
事業内容	インターネットオークションによる古物の売買 クラウドサービスの開発，販売，コンサルティング トランザクションデータの取得，解析

（出所）SOMPOオークス

図表5−2　SOMPOオークスの手がけるマッチングプラットフォームAUX Board」の概要

（出所）SOMPOオークス

損傷求償画像AIアプリ「AUX Checker」

業界の課題解決に取り組んでいる。

(3) SOMPOオークスのもたらす社会的意義

　AUXのもたらす社会的意義についてはさまざま存在するが，とりわけ循環型社会の構築に大きく寄与できる点があげられる。再生車両としてまだまだ10年以上も活躍できる車が，その活用方法を認識されないままスクラップとなるのは，あまりにもったいない事態である。AUXは，車の状態に応じて，最適な処理方法を過去から積み上げた大量のデータから判断ができるため，日本では使えなくなってしまった車でスクラップにするしかないような車であっても，海を渡ればまだまだ現役の選手として活躍させることができる。

　また，全損車両がより正しく最適に透明性高く売却されることは自動車保険契約者にとってもメリットとなる。自動車保険の保険料は損害保険料率算出機構が算出する参考純率によって変わってくるが，この参考純率は事故発生時に保険会社が支払う保険金から全損車両の売却によって得られた売却金額を差し引いた金額をベースに算出されるため，売却金額が高まれば，参考純率が下がる関係となっており，より高い売却金額を得ることで間接的に保険契約者の保険料にも影響し得るため，AUXが最適な処理を行うことの意義につながる。

　近年，コンプライアンスに対する意識の高まりもあり，透明性の担保が非常

に重要となっているが，AUX は極めて透明性高く，外部にも説明責任の果たせる売却方法をとっているため，このような観点でも貢献できる領域が存在する。

その他にも，AUX では激甚災害時に発生する車両のスムーズな引き上げ体制の構築に向けて，自社だけの取り組みにとどまらず，業界他社と連携して対応している。災害発生時には被災された方々が一日でも早く通常の生活に戻れることが最も重要となるが，その際に各社が個別に災害対応にあたるのではなく，会社横断で連携して一刻も早い車両引き上げを目指している。

また，全損車両の処理において業界の重大な課題となるのが冠水車の不正流通である。冠水車とは台風や豪雨により，水没してしまい全損となった車両であるが，冠水車であるかそうでないかを見抜くのは非常に難しいため，時折冠水車ではない車として販売されるケースが存在する。AUX では，このような業界課題の解決に向けて，日本オートオークション協議会と連携し，冠水車データを共有することで適切な中古車流通を企図している。

図表 5 － 3　SOMPO オークスによる社会課題の解決に関する取り組み

● 災害時のスムーズな引き上げ体制整備

SOMPOオークス株式会社 × 株式会社タウ × 株式会社JARA

損害車のリユース・リサイクルを主力事業として、全国に拠点を設ける株式会社タウと中古部品の流通と解体事業者のアライアンスを持つ株式会社JARAと連携し、被災地域外からのレッカー車両や積載車等の増数支援や車両を保管するヤードを臨時に増設する等、発災後のスムーズな引取体制と保管場所、解体処理を実現しています。

● 冠水車の不正な流通防止対策

SOMPOオークス株式会社 × 一般社団法人日本オートオークション協議会

温暖化の影響でこれまでに経験したことのないような台風や豪雨による冠水被害を受けた車両が増えています。冠水車は適切な修理によりリユースに貢献しますが、適切な修理をせずに、クリーニング等のみで出品された場合、検査で冠水車と見抜くことは難しく、後にトラブルとなることも多いです。こうしたことから、日本オートオークション協議会（NAK）と連携し、同協議会が運営する走行メーター管理システムに当社が持つ冠水車データを共有することにより、冠水車の適正な中古車流通を目指しています。

（出所）SOMPO オークス

2 案件ストラクチャーと背景

(1) 本件ストラクチャー

AUX は，もともと SOMPO グループが100％保有している子会社だった。その AUX の株式をアントが66.7％のマジョリティを取得している。残りの33.3％は SOMPO グループにて継続保有するストラクチャーである。

(2) 戦略的パートナーシップを選択した背景

AUX は，本格的な事業開始から目覚ましいスピードで会社の規模を拡大してきた。具体的には，2017年の設立から7年経過というところだが，既に売上規模で100億円超，経常利益率も二桁を超える規模にまで急拡大している。透明性高く，より高い売却価格を実現することのできる AUX Board はこの業界において，非常に高い付加価値を持つサービスである。そんな高い成長率をトラック・レコードに持ち，付加価値の高いサービスを持つ AUX の3分の2超の株式を SOMPO グループがアントに譲渡した最大の理由は，この AUX のさらなる成長を企図してのものだった。

AUX が SOMPO グループのなかにいる限り，どうしても SOMPO 色が付いてしまい，せっかく業界の大きな課題を解決できる有力なサービスができ上がったにもかかわらず，そのサービスを活用しているのが SOMPO だけでは業界は変わらない。より AUX が大きくさまざまな場面で役に立ち，社会的意

図表5－4　ストラクチャー

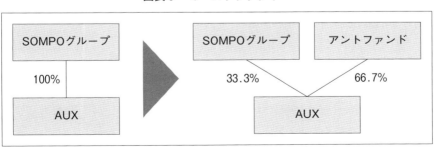

（出所）アント・キャピタル・パートナーズ作成

義を発揮するには中立な立場のアントが3分の2超の株式を持ち，SOMPO色を薄めたほうがより望ましいと考えてのことだった。優位性のあるサービスができたらそれを自社で囲い込んで，お抱えにすることが一般的ななか，SOMPOグループはそのような判断はせず，AUXを他の損保各社に開放して，AUXを業界のプラットフォームへと成長させることを選択したのである。

　アントは過去に自動車関連企業への投資経験も多く，とりわけ中古車流通業界での投資経験をもち，当業界に多様なネットワークを有していたことからAUXのさらなる成長を全面的にバックアップする先として最適であるとご判断いただいた。

　このようにSOMPO色を薄め，アントも全面的にバックアップすることで，モビリティ産業の循環型社会を実現するプラットフォームとなるべく飛躍的な事業の拡大を目指した座組みが決定した。

(3) アントの投資理由

　アントは，①一物一価性の強い事故車において売却価格を最大化できるプラットフォームを抱えていること，②コンプライアンス意識の高まりから事故車売却における透明性の高い仕組みが業界として求められると見込まれたこと，③手間のかかる事故車処理において業界横断で対応できるほうが規模の経済が効いて全体最適が図れること，④設立からまだ間もないため，中長期的な成長に向けて実施可能な施策が複数想定できていたこと，などの理由からAUXへの投資には積極的であった。

3 ｜ 提携後の取り組みとハンズオン支援

　先述のとおり，アントのAUXへの資本参加は，AUXを業界プラットフォームにするというビジョン実現に向けた取り組みであり，資本参加前からSompo Light Vortexの楢﨑様はもちろん，AUXのマネジメント陣ともビジョン実現に向けた議論を重ねることができた。

　2024年5月1日の資本参画後，アントメンバーが留意した点は，AUXの現

場の意思決定スピードを損ねないことである。2017年に社内ベンチャーとして立ち上げられ急拡大を遂げたAUXでは，ベンチャーマインドを持った現場社員によるクイックなコミュニケーション，素早い意思決定が行われていた。一般的に，ファンドが資本参加した後はデューデリジェンスの内容や社員ヒアリングを通じて「100日プラン」の作成から入る事例もあると認識している。しかしながら，本件においては既に目まぐるしいスピードで動く各種取り組みをアントメンバーが伴走サポートし，さらにはアントメンバー自身が主導するプロジェクトも立ち上げ，ともに事業成長に向けて汗をかくなかで，事業理解を深めることおよび現場メンバーと信頼関係を構築することを優先した。この間，アントの現場メンバーの3名は半常駐の形でAUXに関与してきた。現在では，新たに加わった営業担当役員（後述）のネットワークを活用した新規施策も複数立ち上がるなど，多数の取り組みの優先順位づけを行う整理フェーズに入っている。

本稿の執筆時点では，AUXへの資本参加から4ヵ月しか経過していないため，取り組み途中の施策も多いが，現時点で公開可能なものについて本節で紹介する。

(1) 業界のプラットフォームとなるためのスタンドアロン化

AUXが全損車処分業界のプラットフォームとなるためには，SOMPO色を薄めることが必要不可欠と考えている。そのため，旧親会社であるSOMPOグループに依存しない独立した企業体となるための各種取り組み，いわゆるスタンドアロン化を推進している。具体的には，社名から「SOMPO」の名称を外す形で社名変更，SOMPOグループのビルからの移転，グループ共通で使っていたシステムやバックオフィス機能の内製化などに取り組んでいる。

(2) 営業体制の強化

AUXは，2022年に全国展開を完了して以降，SOMPOジャパングループ以外の取引（以下，「グループ外取引」という）を拡大してきた。グループ外取引の顧客となるのは，損害保険会社，リース会社，ディーラーなどである。このうち，損害保険会社に関しては，SOMPOジャパングループとの取引で培っ

112　第Ⅱ部　事例と経営者インタビュー

たノウハウを転用できたものの，リース会社およびディーラーに関しては，ビジネスフロー，業界慣習，重視するポイントが損害保険会社とはまったく異なっており，手探りでの営業活動が続いていた。

　また，前提として，そもそもどのプレーヤーがどの程度の事故車を保有しているのかというマーケットに関する情報についても，依然不透明な状態であった。事故車の流通マーケットはニッチな分野であり，まとまった業界統計などがない。アントとしても，投資検討時のデューデリジェンスにおいて多数の有識者ヒアリングを行い情報の補完を図ったものの，業界構造を完全に把握できていたわけではなかったのである。

　AUX では，既にグループ外取引拡大に向けた営業活動に邁進していたが，アントとして次の①～⑤の取り組みを行うことで営業活動をサポートした。

①　マーケット分析・整理

　事故車流通において，損害保険会社，リース会社，ディーラーの各セグメントの保有台数，ビジネス上のニーズについて，社内の情報を集約し，見える化を行った。

　グループ外取引の営業を行っていた AUX の社員は，個々人がそれぞれ有益な情報を有していたものの，会社全体としてそれらの情報の集約・整理は行われてはいなかった。そこで，アントメンバーは，各担当者への個別のヒアリングを実施し，ヒアリング結果の文字化および整理を行うことで，事故車マーケットを可視化した。営業担当者へのヒアリングの際は，アントメンバーに加えて AUX のマネジメントメンバーや営業企画メンバーにも同席いただいたところ，「普段接している同僚から，改めて体系化したヒアリングを行うと，新たな発見やビジネスの萌芽が多数あった」との声があがった。現在，ヒアリングした内容をもとにセグメント別の商品設計などを推進している。

②　KPI の見える化（セグメント別および顧客別の利益の見える化）

　直近までグループ内取引が大宗であった AUX では，グループ外顧客に関して，セグメント別および顧客別利益が精緻に管理されてはいなかった。そこで，AUX の企画チームおよび経理チームのメンバーと協働し，KPI（key performance indicator）として見える化を行った。これらの数値は，社内の経営会議や取締役会でも議論の土台として活用され，セグメントごとの戦略検討や優先順位づけに貢献している。

③ 営業担当役員の招聘

2024年5月の投資実行から2ヵ月後の2024年7月より，アントの過去の投資先でともに企業価値向上に向けて奮闘した仲間で，中古車流通業界に精通する方を執行役員として招聘した（なお，同氏は既に当該投資先から退職済であった）。招聘前には，AUX のマネジメントである市川社長，田村執行役員との面談や懇親会を重ね，今後の AUX の成長に向けて一致団結できると相互に認識いただいたうえでの入社となった。余談だが，この懇親会の終わりにはアントメンバーも含め意気投合し，今後の AUX の成長に向けて頑張ろうと，皆で固い握手を交わして解散したことが思い出される。

同氏には，入社から2ヵ月足らずながら，既に業界への深い見識やネットワークを活用し，多数のプロジェクトを推進いただいている。特筆すべきは，中古車流通と事故車流通業界の邂逅だと考えている。日本では，中古車オークション業界では合従連衡がすすみ，規模の大きいプレイヤーが誕生し，経営リソースも豊富に有している。一方で，相対的にマーケットとして小さい事故車流通業界には，独立系の大手数社に加えて，AUX のように損害保険会社ごとに事故車処分の委託先が存在し，さらにそれらのプレイヤーがバリューチェーン上で複雑に絡み合う，多数分散かつ非効率なマーケットになっている。AUX は，従前より冠水車の情報を日本オートオークション協議会に提供するなど，中古車流通業界との連携を図ってきたが，同氏の参画を契機に，中古車オークション業界の大手プレイヤーとの協業によるビジネスの拡大余地を一層追求している。なお，一例ではあるが，足元では中古車流通業界におけるプレゼンス強化の観点で広報活動も積極的に行っており，中古車流通業界の業界紙に市川社長のインタビューや損傷判定画像 AI アプリ「AUX Checker」がとり上げられている。

④ **人材採用の積極化**

　AUX では，グループ外取引の本格拡大に向けて，マネジメントレベルに限らず，人員採用を積極化させている。具体的には，アントによる参画直後から，募集人材ごとに適した求人媒体の使い分け，求人媒体の拡大，求人媒体に掲載する募集要件の見直し，面接・日程調整フローの効率化などのアクションを行い，採用体制を強化した。また，AUX には優秀な社員が在籍していることから，リファラル制度の改定および積極活用にも取り組んでいる。

⑤ **AI・DX の取組の推進**

　AUX の強みは，価格の透明性確保・最大化が可能な AUX Board という独自の仕組みに加えて，年間 5 万台の事故現状車のデータを有し，そのデータをプロダクト化に結び付けることができる優秀なデジタル人材を社内に擁し，デジタルプロジェクトを推進するだけの資金的余力があることである。2024年 8 月に公表した，損傷判定画像 AI アプリ「AUX Checker」に加えて，今後はグループ外取引の営業フローに AI 技術を組み込むことで，競争力のあるビジネスモデル構築を行う予定である。

(3) オークションプラットフォームとしての機能拡充

　AUX の運営するオークションである AUX Board は，オークション向き車両については外部接続先も含めて総バイヤー数24万以上，解体向き車両については全国200社以上の解体会社ネットワークを誇り，既に日本最大の事故車処分オークショニアとなっている。

　アント参画後は，さらなる価格向上に向けて，証券会社経由でトラックに強いバイヤーグループとの提携，新たなオークション業者との接続，解体販路に強い企業との連携などを行うことで，価格のさらなる上昇に向けて取り組んでいる。

4 今後の展望〜ロールアップ構想〜

　AUX が事故車処分業界のプラットフォーマーになるための取り組みは開始したばかりである。損害保険会社各社が利用するプラットフォーム構想の実現は，参考純率の引き下げを通じて保険契約者の利益に資する取り組みである。保険の営業現場で日々凌ぎを削る損害保険会社各社にとっては，共通のプラットフォームを利用することについて心理的なハードルが高いことは想像に難くないものの，われわれのようなバイアウト・ファンドに求められる機能は，そのハードルを乗り越えるための起爆剤となることだと考えている。

　なお，われわれが目指す事故車処分業界におけるプラットフォーマー構想は，米国において Copart 社が既に実現しており，その意味では先行事例がある取り組みである。独立系の Copart 社は，車社会・保険社会である米国において，事故車処分業界のプラットフォーマーとして，複数の損害保険会社から仕入れた事故全損車をネットオークションで販売している。同社が取り扱う年間300万台規模の事故車のうち，約 7 割は損害保険会社からの仕入であるといわれており，米国では損害保険会社が非競争分野である事故全損車の処分において，売却価格の最大化と透明性の確保を優先している構図が読み取れる。同社の2023年 7 月期の売上高は3,870百万ドル（ 1 ドル150円換算で約5,800億円），営業利益1,487百万ドル（同2,200億円），時価総額51,204百万ドル（同 7 兆6,800億円）を誇り，現在は欧州や中東など世界各国に拠点を有しグローバルに展開を行う業界のジャイアントである。

　米国で Copart 社が誕生した背景には，地理的な要因もある。米国は国土が広大であり，複数の事業者がそれぞれ物流網を構築するとコスト倒れしてしまうことから，早くから業界でのプレゼンスを獲得した Copart 社がプラットフォーマーとなった。一方で，日本は国土が比較的小さいことから，分散型の非効率なコスト構造を持つ多くの事業者が系列ごとに生き残ることができた。しかし，今後は日本においても，事故車処分プロセスにおける透明性の確保およびコンプライアンス厳格化の潮流や，2024年問題に代表される物流業界の人手不足の顕在化により，業界再編が進むと考えている。

116　第Ⅱ部　事例と経営者インタビュー

アントの掲げる業界プラットフォーマー構想は，保険契約者の利益に資することはもちろん，日本が世界に誇る工業製品である自動車（事故車）を，最大限価値を見出した落札者に届けるマッチング力を最大化するという観点で，サーキュラーエコノミーの構築にも貢献するものである。米国では先行して既に実現している損保会社間の垣根を越えた事故車処分業界における共通プラットフォームを，ビジョンにご賛同いただける方々とともに作り上げていくことがわれわれの投資戦略である。

おわりに

アントによる AUX への資本参加は，大企業がその子会社または一部門を売り切り型で売却する狭義のカーブアウト取引とは異なる。日本を代表する大手損害保険会社である SOMPO ホールディングスが，全損車処分の業界プラットフォームを構築するというビジョンの実現のために，5 年以上の歳月をかけてビジネスモデルを構築した AUX に66.7％の外部資本を受け入れるという意思決定を行い，実現したものである。

バトンを受け取ったわれわれアントメンバーは，バイアウト・ファンドという中立的な立場から，既存のしがらみにとらわれることなく，プラットフォーム構想実現に向けて日々邁進している。

投資先との関わり方について，われわれアントは「気骨のハンズオン」を掲げ，投資先の方々とともに汗を流しながら，企業の成長に向けて努力することをモットーとしている。実際，掲げた目標に対して仮に実績が未達だった場合についても，「なぜ未達だったのか」と問い詰めることはなく，アントメンバーもその責任を担っていることから，ともにその要因分析を行うとともに改善に向けたアクションを検討し，実行に移していく。AUX との取り組みはまだ開始したばかりだが，業界プラットフォームの実現に向けて邁進していきたい。

最後に，本稿の内容が，大企業グループ傘下では為しえなかったビジョンを実現するために，外部資本の受け入れを検討されている方々にとり，検討の一

助となれば幸いである。

経営者インタビュー

戦略的パートナーとしてのバイアウト・ファンドの活用
～業界標準のプラットフォーム構築へ～

SOMPO Light Vortex株式会社
取締役会会長
楢﨑浩一氏

Q 2024年5月にSOMPOオークスが，アント・キャピタル・パートナーズが運営するバイアウト・ファンドより資本参加を受け，SOMPO Light Vortexとの共同株主体制に移行しましたが，もともとバイアウト・ファンドという存在について抱いていた印象についてお教え願います。

　私は三菱商事に20年間在籍していましたが，その間，バイアウト・ファンド，グローバル・プライベート・エクイティ・ファンドの方々とも接点があり，二つの印象を持っていました。

　一つ目は，いわゆる「ハゲタカ・ファンド」といわれるようなネガティブな印象です。破綻したゴルフ場を安価で購入し，金融投資家が主導する形でゴルフ場運営会社グループを形成し，再生ファンドがそれを安く取得するというような話です。

　二つ目は，逆にバイアウト・ファンドのバリューアップ機能に対するポジティブな印象です。上場企業の経営陣がバイアウト・ファンドと組んでMBO（management buy-outs）を実施し，経営改善・再生を実現するという話には非常に良いイメージを抱いていました。

　三菱商事で米国駐在を経験した後，シリコンバレーのスタートアップに転職し，米国にいた際には，インターネット・バブルも経験しました。特に印象に残っているバイアウト案件は，2013年に行われたデル（Dell）のMBOです。創業者のマイケル・デルCEOがバイアウト・ファンドの支援を受け，2兆円を超える規模で非上場化を成功させたこの案件は，そのスケールの壮大さだけでなく，巨大IT企業グループの経営改善が推進されたという点で非常に印象的でした。

Q 近年は，日本でも大型の非上場化案件や大手企業が子会社や事業部門を戦略的に売却する動きが目立っていますが，印象に残っている事例はありますでしょうか。

　日立製作所が進めた事業ポートフォリオの変革には驚かされました。日立製作所の前執行役副社長兼 CFO の河村芳彦さんとは，もともと三菱商事で先輩後輩の間柄で，親しくさせていただいていますが，私が SOMPO ホールディングスに移った時期に河村さんも日立製作所に移られ，「2021中期経営計画」の策定や構造改革を牽引されました。

　上場子会社や関連会社の資本政策が見直され，日立化成（現レゾナック），日立金属（現プロテリアル），日立物流（現ロジスティード）などの子会社が日立グループから独立しました。これらの企業の一部は事業会社に売却されましたが，他の企業はバイアウト・ファンドに売却され，新たな体制のもとで企業価値の向上に取り組んでいます。

　日立グループのように，事業ポートフォリオの変革を成功させている事例を見ると，本当に素晴らしいと感じます。これは河村さんをはじめとする経営陣の手腕の賜物ですが，一方で，それらを引き受けるバイアウト・ファンドの賢明さも高く評価されるべきだと思います。このような取り組みが日本でさらに広がっていくことを期待しています。

Q アント・キャピタル・パートナーズのメンバーと最初に会った際の印象についてお聞かせ願います。

　アント・キャピタルの社長である飯沼良介さんとも三菱商事で先輩後輩の間柄で，以前から親しくさせていただいています。飯沼さんとは「こんなディールはどうだろうか」といった議論を何度か交わしてきました。当初は一対一で極秘に話を進めていましたが，やがて道筋が見えてきたため，公式なミーティングを重ねていくことになりました。その後，SOMPO オークスの市川進一社長や経営企画担当の田村亮執行役員も加わり，アント・キャピタルのパートナーたちも含めたディスカッションが始まり，各者の考え方をすり合わせながら，デューデリジェンスの段階に進んでいきました。

　私はこれまで，外資系を含む多くのバイアウト・ファンドの方々と接点を持ってきましたが，アント・キャピタルは特に人情味があり，最も信頼できるファンドだと感じました。飯沼さん以外のメンバーとは初対面でしたが，彼らは大変優秀なメンバーでありながらも，非常に真面目で着実に物事を進めるタイプでした。「これは信頼できる」と感じたのが最初の印象です。

　また，アント・キャピタルが中古車流通を含む自動車関連企業への投資経験が豊富で

ある点も高く評価しました。この業界には，車好きでなければ理解できないことが多いのですが，飯沼さん自身が車好きであることも信頼の決め手となりました。「人柄」と「車好き」という二つの側面で強く信頼できると感じたのです。彼からは「こんな世界を一緒に創りたい」という構想が語られ，その情熱に心を動かされました。

Q SOMPO オークスの資本パートナーとしてアント・キャピタル・パートナーズと組むことについてはどのような期待を抱きましたでしょうか。

　私が期待していることは三つあります。一つ目は，「長期的なお付き合い」です。短期間でバリューアップしてすぐに売り抜けるようなバイアウト・ファンドでは，中長期的な視点での価値向上は期待できません。アント・キャピタルが運営するバイアウト・ファンドが SOMPO オークスの株式の過半数（66.7%）を取得し，残り（33.3%）を SOMPO グループが引き続き保有するという比率にしたのも，この点にあります。急激で痛みを伴う改善を求めたわけではなく，SOMPO オークスを中長期的にともに成長させてくれるパートナーを選んだということです。

　二つ目は，「従業員と同じ目線で物事に対応してくれる」ことです。私たちは従業員の性格や組織の雰囲気をよく理解しているため，上から目線で物事を進めるバイアウト・ファンドではうまくいかないと考えていました。しかし，アント・キャピタルのメンバーは，私たちと同じ目線で一緒に取り組んでくれる姿勢があり，その点に大いに期待しています。

　三つ目は，「将来的に株式上場を目指すというエグジットの方針」です。この方針についてもアント・キャピタルと共有できており，同じ目標に向かって企業価値向上を推進できると確信しています。

Q バイアウト・ファンドが株主となることを知った SOMPO オークスの従業員の皆さんの反応はいかがでしたでしょうか。全拠点への説明など，新体制に移行することの理解が得られるように工夫したことは何でしょうか。

　SOMPO オークスの従業員にとっては「驚き」の一言です。2024年5月1日の対外発表に先立ち，4月11日に SOMPO Light Vortex の会議室で提携について話をしました。16時に東京の従業員全員を集め，「対外厳秘の重大発表があります」と伝えたうえで，詳細を説明しました。従業員の反応は，SOMPO グループの一員で，歴史ある会社であるため，SOMPO オークスが第三者の出資を受け入れることは，誰も予想し

ていなかったようです。

　しかし，ネガティブな反応かと思いきや，実際はその逆で，皆さん喜んでいました。私もメッセージに工夫を凝らし，「アント・キャピタルをパートナーに迎え，上場を目指します。これから一緒に成長し，従業員の待遇もどんどん改善していきます」と説明しました。この発表により，「面白いことが起こるぞ！」という前向きな空気が生まれ，特にキャリア採用で入社した従業員たちは将来への期待感が高まりました。

　さらに，2024年5月1日の対外発表当日には，アント・キャピタルのメンバーが来社し，顔合わせを行いました。その後，市川さんと田村さんが同行し，アント・キャピタルの皆さんに東京，名古屋，大阪の各拠点の現場を視察していただきました。

Q **アント・キャピタル・パートナーズの皆さんは，この4ヵ月間はどのように関与されたのでしょうか。また，アント・キャピタル・パートナーズが掲げる「気骨のハンズオン」についてはどのように実践されていると感じていますでしょうか。**

　アント・キャピタルのメンバーである山田真也さん，中村健さん，児玉亘平さんの3名は，月曜日から金曜日の朝から晩までいわゆる経営だけでなく，現場で日々の業務にも精力的に参加してくれています。彼らはSOMPOオークスの社員証カードを持ち，一緒に汗をかきながら仕事をしています。また，経営会議や取締役会には，飯沼さんや監査役の伊藤尚毅さんも毎回参加していただいています。

SOMPOオークスの経営陣

経営会議の様子

　印象深いエピソードは数多くありますが，最も感動したのは SOMPO オークスの最初の取締役会でした。議長である市川さんは緊張していて，「アントさん，この点についてはどうお考えでしょうか？」と尋ねました。すると，アント・キャピタルのメンバーが「お願いですから，"アントさん"と呼ぶのはやめてください。私たちは同じ会社の仲間ですから」と言ってくれました。それを聞いていた私は，とても感動し，「これが気骨のあるハンズオンだ」と実感した瞬間でした。

Q 共同株主（共同事業，戦略パートナー）という立ち位置の良さや留意点についてはどのように感じていらっしゃいますでしょうか。

　基本的に，共同経営は難しいものだと思っています。私は SOMPO ホールディングスと米国 Palantir が50％ずつ出資する合弁会社，Palantir Technologies Japan というソフトウェア会社の CEO も兼任しており，ジョイント・ベンチャーや共同経営の難しさを日々痛感しています。

　その前提で申し上げると，今回の提携はかなりうまくいっていると思います。その理由は，今回の共同経営の特徴として，両社の経営陣が日本人であるため，気心が知れていて何でも腹を割って話せる関係が築けており「徹底的な意思疎通」ができている点があります。また，SOMPO Light Vortex には，SOMPO オークスの事業を育ててきたノウハウがあり，アント・キャピタルには会社の成長を加速させるためのノウハウがあります。これはサッカーチームのようなもので，各メンバーの得意分野は異なるもの

の，お互いにパスを回しながら同じゴールを目指して進んでいる，そんな形でうまく機能しています。

信頼関係やコミュニケーションがなければ，どんなに良いものを持っていても相乗効果は生まれませんし，場合によっては摩擦が生じることもあるでしょう。意見の対立はあっても構いませんが，徹底的に議論し，お互いの意志を確認し合うこと，そして目線を合わせることが，改めて重要だと感じています。

最初に取り組んだのは，少し逆説的ですが，「無用な波風を立てないこと」でした。つまり，現在の経営体制やビジネスモデルをお互いに尊重し，徹底的に課題を洗い出し，そのうえで今後の成長のためにどのエンジンを強化するかを議論しました。このアプローチが，組織がスムーズに動き出すキーだったのではないかと感じています。

Q **最後に，今後の成長戦略に向けての意気込みについてお聞かせ願います。**

私たちは，モビリティ産業における「静脈部分」の業界標準となるプラットフォームを構築しようとしています。このプラットフォームが業界全体で認知され，多くの企業で活用されるものにしたいと考えています。これが私たちの成長戦略の最終的な目標です。その過程で，他の事業者を M&A によって迎え入れることも視野に入れていますし，また，日本国内にとどまらず，米国の事例を研究しつつ，アジア圏も含めた広範なエコシステムを構築することを目指しています。

「静脈産業」は，さまざまな面で本来の価値が過小評価されがちだと思います。私たちは，その価値を引き上げ，業界全体のセグメントを底上げしたいと考えています。静脈産業に関連する企業の皆さまには，ぜひ私たちの仲間に加わっていただき，一緒にこの業界の未来を築いていきましょうとお伝えしたいです。

アント・キャピタルは「誰よりも思いに応える」というポリシーを掲げており，SOMPO グループも「安心・安全・健康であふれる未来へ」というパーパスのもと，思いやりと尊重のある社風を大切にしています。この理念に賛同いただける皆さまとともに，さらに大きな未来を創り上げていきたいと考えています。

楢﨑浩一氏略歴

SOMPO Light Vortex 株式会社 取締役会議長

早稲田大学政治経済学部卒業。1981年4月三菱商事株式会社入社。2000年よりシリコンバレーにて複数のベンチャー企業の経営および事業開発に従事。2016年5月損保ジャパン日本興亜ホールディングス株式会社（現SOMPOホールディングス株式会社）グループCDO執行役員就任。2021年4月よりデジタル事業オーナー兼グループCDO執行役専務として，デジタル新事業ユニットのオーナー・最高責任者の役割を担う。2021年7月SOMPO Light Vortex株式会社代表取締役CEO就任。2023年4月に代表取締役会長CEO就任。2024年10月より取締役会議長として経営の推進役を担う。

|第6章|大企業からの分社化におけるバイアウト・ファンドの活用事例
———持続的成長を目指すテクセンドフォトマスクの独立実現までの取り組み———

インテグラル株式会社

ディレクター　**屋城勇仁**

はじめに

　本稿では，インテグラル株式会社（同社の子会社も含む。以下，「インテグラル」という）が運用するバイアウト・ファンドが，凸版印刷株式会社（現TOPPANホールディングス株式会社，以下「TOPPAN」という）のフォトマスク事業を分社化し，独立企業体となったうえで，将来的にはIPOを視野に入れているテクセンドフォトマスク株式会社（以下，「TPC」という）へ出資した案件を紹介させていただく。

　TPCは，2022年4月にTOPPANのエレクトロニクス事業部のフォトマスク事業を会社分割し設立された会社で，現在，TOPPANが50.1％を出資するとともに，インテグラルが運営するファンドが49.9％を出資している。

　フォトマスクとは，半導体ウェハに回路を転写するための回路原版であり，半導体はフォトマスクと露光装置によってIC（集積回路）の回路パターンをウェハに焼き付けて作られるが，その半導体製造に不可欠なものがフォトマスクである。世界の半導体市場は2030年には100兆円を超える水準に達すると予測され，急激な拡大を続けている。近年の世界的な半導体不足を背景に，半導体メーカーやファウンドリ各社は生産能力増強に動いており，それとともに，半導体製造に不可欠な回路原版としてフォトマスクの需要も世界各地域でこれまで以上に高まっている。

　TOPPANは，1961年にフォトマスク事業を開始し，1997年にフォトマスク事業を行う台湾子会社を設立した。2005年には，海外でフォトマスク事業を展

開していた DuPont Photomasks（米国）の全株式を取得するなど，欧米，アジアへとフォトマスクの製造拠点を拡大してきた。現在，TPC はワールドワイドな生産体制を構築するフォトマスクメーカーとして，半導体用フォトマスクの外販市場におけるトップシェアを占めている。

　TOPPAN は，フォトマスク事業を開始して以来，高い技術力を武器に，日本から海外へと製造拠点の拡大を進め，強固な事業基盤を背景に，半導体市場の成長を支え続けてきた。TOPPAN のフォトマスク事業はグローバルな生産体制を構築している唯一の半導体用フォトマスクメーカーであり，半導体の地産地消の動きが広まるなか，今後の半導体用フォトマスク市場拡大の波に乗ることができるポジションにおり，さらなる成長および事業価値向上に向けこれまでにない好機が訪れていた。一方で，半導体市場の急速な成長により半導体用フォトマスク市場も変曲点を迎えており，フォトマスク事業が今後も拡大・成長を継続していくためには，市場環境の変化・顧客動向などを見極めながらも，これまで以上に迅速かつ柔軟に研究開発投資と設備投資を実行し，外部環境の変化に対応しながら顧客のニーズを満たしていくことが求められていた。そのような環境のなか，フォトマスク事業が継続的に一定規模の研究開発投資と設備投資を要する事業であることなどの事業特性もふまえ，TOPPAN として選択し得る戦略的オプションを幅広く検討した結果，フォトマスク事業をTOPPAN から独立させたうえで，独立企業体として経営の自由度を高めることで俊敏性をもって市場のニーズを捉えて必要な投資を実行し，さらなる成長と競争力の強化を実現・継続していくことが，フォトマスク事業およびフォトマスク事業に従事する従業員の成長・発展につながり，ひいては顧客と株主への価値向上に資するとの結論に至り，TOPPAN はフォトマスク事業の分社化を決定し，TPC が誕生することとなった。

　また，フォトマスク事業の継続的な拡大・成長のためには，フォトマスク事業を会社分割によって分社化して単に独立企業体とするだけでなく，持続的成長のためには，将来的に IPO をすることで，資本市場における機動的な資金調達を実現できるようにし，迅速かつ柔軟な意思決定が可能な独立企業体を作り上げることが必要であった。そのような状況において，経営・財務・事業のサポートを得意とし，幅広い人材領域にネットワークを持ち，IPO 支援および

事業支援の実績が豊富なパートナーに TPC の株主として参画してもらうことが望ましいという TOPPAN の戦略的な判断もあり，インテグラルが TPC へ49.9％の出資を行うこととなった。

インテグラルは TPC の高い成長可能性を持つ事業の特性をよく理解しており，それを最大限引き出し，長期的視点に立って事業の成長を一緒に目指していくパートナーとしてふさわしいかという観点に加えて，国内随一の IPO 実績と幅広い人材ネットワークを持つことが評価され，インテグラルが最適なパートナーとして選ばれることになった。

インテグラルは，2007年に創業した日本の独立系プライベート・エクイティ・ファンドであり，投資先企業と信頼関係を構築し，長期的視野に立ったエクイティ投資を行うことを理念としている。『経営と同じ目線・時間軸』をもって投資先企業とともに歩み，投資先の事業方針を尊重して企業価値の最大化に向けてさまざまな支援を行うことを方針としており，投資先企業の事業成長および企業価値向上の実績に加えて，マイノリティ出資形態での事業参画の経験も豊富である。

以降では，TOPPAN のエレクトロニクス事業部の一事業であった TPC が，どのようにバイアウト・ファンドとともに独立企業体となり，同時に，IPO に向けて上場審査にも耐え得る体制の立ち上げ・構築を進めているのかを説明させていただきたい。

本件の紹介によって，事業や子会社を永続的に発展成長させたいと考える経営陣にとって，バイアウト・ファンドを活用することが一つの有効的な手段になることを知っていただければ幸いに思う。

1 テクセンドフォトマスクの概要

(1) 会社概要

TPC は，2022年4月に TOPPAN のエレクトロニクス事業部のフォトマスク事業を会社分割し設立されたが，TOPPAN は1961年にフォトマスク事業を開始しており，1997年にフォトマスク事業を行う台湾子会社を設立，2005年に

DuPontからフォトマスク事業を行うDuPont Photomasks（米国）の全株式を取得するなど，欧米，アジアへと製造拠点を拡大してきた。TPCは半導体向けフォトマスクの製造・販売のほか，各種研究・開発用ガラスマスクや，ナノインプリント用モールドなどの開発・製造を行っている。TPCの強みは，卓越した技術開発力，グローバルチームワークに基づく拠点間の生産連携と顧客の成長を常に考える企業文化である。顧客を技術面からサポートし，地産地消が求められるフォトマスク業界において，グローバルに広がる八つの生産拠

図表6－1　テクセンドフォトマスクの会社概要

会社名	テクセンドフォトマスク株式会社
事業開始	2022年4月
代表者	代表取締役 社長執行役員 CEO 二ノ宮輝雄
所在地	〒105-7133 東京都港区東新橋1-5-2 汐留シティセンター33階
従業員	1,830名（連結）2024年2月時点
事業内容	半導体用フォトマスクの製造・販売 ナノインプリント用モールドなどを開発・製造
拠点	＜本社＞ 東京都港区東新橋 汐留シティセンター ＜工場＞ 日本（朝霞，滋賀），台湾，中国，韓国，ドイツ，フランス，アメリカ ＜営業拠点＞ シンガポール

（出所）テクセンドフォトマスク

テクセンドフォトマスクの製品
（左は半導体用フォトマスク，右はEUVフォトマスク）

点により，優れたQCD（quality, cost, delivery）を実現するとともに，半導体業界のテクノロジーリーダーと一緒にEUVリソグラフィ対応フォトマスクの共同開発を行うなど，常に市場が求める最先端の技術開発に取り組んでおり，世界最先端の技術開発力で，外販フォトマスクのリーディングカンパニーとして半導体産業の発展に貢献している。

(2) 事業
① 半導体用フォトマスクとは

　フォトマスクは，半導体製造工程で重要な役割を果たすもので，半導体ウェハに回路を転写するための原版であり，極めて微細な回路パターンが遮光膜にエッチングされた透明なガラス板である。回路パターンのデータをもとに電子ビームでフォトマスク基板（マスクブランクス）上に回路パターンを作り，その後，化学薬品などを使ったエッチングやフォトレジスト（感光材料）剥離，洗浄，測定，検査を経てフォトマスクが出来上がる。

　また，使用されるフォトマスクは各チップのデザインごとに異なり，異なるプロセスノードを持つ複数のマスクでセットとして提供される。フォトマスク市場におけるサプライヤーは，「内作メーカー」と「外販メーカー」に分かれ

図表6－2　フォトマスクの使われ方

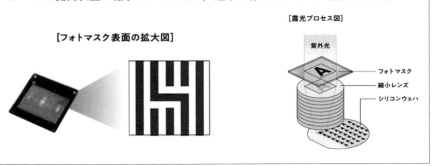

（出所）テクセンドフォトマスク

130　第Ⅱ部　事例と経営者インタビュー

図表6−3　フォトマスクの製造工程

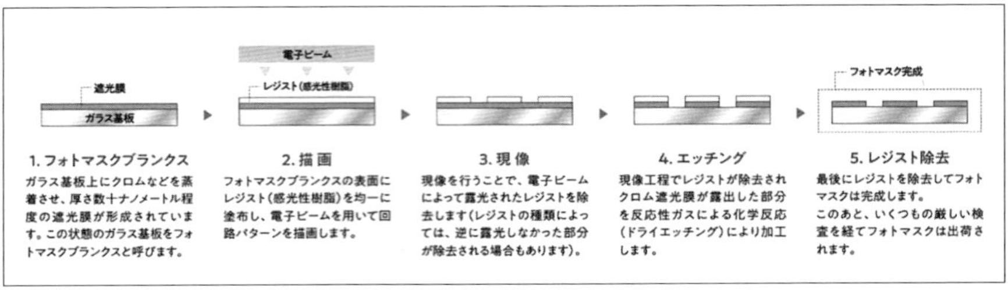

（出所）テクセンドフォトマスク

ており，TSMC や Intel といった一部の先進的なチップベンダーは，主に自社でマスクを製造しており，内作メーカーと呼ばれ，内作フォトマスク市場を形成している。一方で，一部外販を活用するベンダーや自社でマスクショップを持たない他のベンダーは TPC のような外販マスクベンダーに外部委託しており，外販フォトマスク市場を形成している。その外販フォトマスク市場において，TPC は IC フォトマスクに特化した唯一のプレーヤーであり，市場シェア No.1を獲得している。

　TPC は EUV フォトマスクにも取り組んでいる。EUV マスクは，次世代フォトリソグラフィーの第一候補としてあげられている技術であり，既存の DUV 光（ArF：193nm）よりもさらに短い波長の EUV 光（13.56nm）を用いるため，より微細なパターンの露光が可能となる。しかし，従来の DUV 光を用いた技術とは異なり，EUV はガラスレンズによる光の屈折現象で集光ができないため，ウェハ露光機およびマスクはすべて反射光学系となる。

　TPC は，2024年2月に，次世代半導体向けの高 NA EUV[1]を含む，EUV リソグラフィ[2]を使用した2nm ロジック半導体プロセスノード[3]対応のフォトマスクに関する共同研究開発契約を IBM と締結しており，この契約に基づき，2024年2月から5年間，ニューヨーク州政府が主導し設立したナノ電子工学の研究開発を目的とした産学官コンソーシアムであるアルバニー・ナノテク・コンプレックスとフォトマスク開発を共同で行う。2nm ノード以細の半導体の量産には，これまで主流であった ArF エキシマレーザーを光源とする露光技術をはるかに超える，高度な材料選択とプロセス制御の知識が必要と

なるが，TPC はこの IBM との合意により，両社の持つ材料技術と製造プロセス制御技術を融合し，2 nm ノード以細の半導体量産に向けたソリューションの提供を目指している。

② フォトマスク事業の特徴
　フォトマスク市場の構造的な安定成長を支えるビジネス上の五つの特徴は，次のとおりである。

a．チップデザイン数の増加と多様化に伴うフォトマスク需要の拡大
　まず，半導体市場は引き続き今後も高成長が見込まれている。AI をはじめとするデジタル化の進展により ASIC（application specific integrated circuit）や ASSP（application specific standard product）など特定用途型のチップが市場成長を牽引し，チップの設計数が増え，より先端化が進むことにより，フォトマスクの需要も構造的に拡大していくと予想される。また，最近では，GAFAM（Google，Apple，Facebook，Amazon，Microsoft）などのプラットフォーマーがスマートフォンやデータセンターなどの自社の製品・サービスを差別化するために独自のチップを開発しており，ファブレス半導体メーカーおよびファウンドリのプレゼンスや対応力の高まりは，外販フォトマスクメーカーにとってもますます重要になっている。

b．チップベンダーによるグローバルな生産拡大に伴うフォトマスク需要の拡大
　地政学リスクの観点からも半導体サプライチェーンの地域分散が加速しており，世界中でファブの新設や生産ラインが増加することが予想されていることからフォトマスクの需要もグローバルに拡大することが期待されている。

c．微細化に伴うマスクセット内の枚数増加および ASP（平均販売単価）の上昇
　微細化とともに28nm 以細の先端品の需要が拡大している一方で，従来の成熟ノードの需要も引き続き強いことが期待される。さらに，フォトマスクは通

常マスクセットとして販売されており，先端ノード向けのクリティカルレイヤー，成熟ノード向けのミドル・ラフレイヤーからなる複数の異なるノードのマスクで構成されており，微細化が進むにつれて，マスクセットに必要なマスクの枚数の増加に加え ASP も上昇する。先端プロセスでは，クリティカルレイヤーの製造能力が受注を獲得するために必要となるが，同時にミドルレイヤーとラフレイヤーのマスクもセットとして提供するため，先端半導体の製造では必要となるマスクの枚数も増加し，市場シェアの維持および向上への貢献も大きくなる。

d．内作メーカーの EUV など最先端領域への投資拡大に伴う外販化トレンドの加速

　フォトマスク市場全体の成長に加えて，外販フォトマスク市場も拡大傾向にある。背景としては，第一に半導体市場全体のトレンドとして，IDM（integrated device manufacturer）を中心とした垂直統合型から，ファブレスおよびファウンドリに代表されるような水平分業型のサプライチェーンに変化してきたことがあげられる。IDM は，フォトマスクも内製するプレーヤーが多かった一方で，外販活用が大きいファウンドリの台頭に併せて外販フォトマスク需要は拡大してきている。また，足許では，半導体需要およびフォトマスク需要が急速に拡大していくなかで，当初よりフォトマスクを外注するチップベンダーからの需要拡大や，投資負担軽減を狙う内作メーカーの外販活用が増加しており，外販フォトマスク市場は拡大傾向を強めている状況にある。

e．研究開発向けフォトマスクの比重の高さと受注生産による安定的なビジネスモデル

　最後に，ダウンサイドプロテクションというフォトマスク市場のユニークな特徴を説明する。半導体市場は，2019年と2023年にダウンサイクルを迎えており，一般的に安定性が高いとされるノンメモリ市場も前年比マイナス成長となっている。それに対して，フォトマスク市場は2019年には拡大，2023年も微減にとどまっている。このフォトマスク市場の安定性の理由の一つは，チップベンダーからの強固な研究開発向けの需要に支えられていることである。一般

的に、フォトマスクの需要の約50〜60％が研究開発と試験生産に紐づいている。また、理由の二つ目としては、顧客からの受注に基づいて生産する、受注生産により、在庫調整のリスクが軽減されている点があげられる。その結果、フォトマスク市場は高い成長を実現するだけでなく、安定性を兼ね備えた魅力的な市場となっている。

③ 外販フォトマスク市場でのTPCの強み

　続いて、外販フォトマスク市場でのTPCの競争優位性を説明する。TPCは、外販フォトマスク市場でトップシェアを誇る。TPCは、特にファブレスおよびファウンドリによる水平分業が台頭した2015〜2016年からシェアを拡大してきた。ファウンドリは、一般的にフォトマスクの調達を外注化してきた傾向にあり、TPCは彼らと強固な関係を築いていることから大幅なシェア拡大につながった。また、昨年度、TPCを1stまたは2ndマスクベンダーとして選定したTPCの主要顧客のうち、多くの顧客がTPCを1stマスクベンダーに選んでおり、TPCは顧客から高く評価されている。特に評価されているポイントとしては次の四つが存在し、それぞれの詳細について説明したい。

a．グローバルな生産体制を通じたタイムリーかつ柔軟な供給体制

　フォトマスクは、一般的に地産地消であり、非常に短いリードタイムで顧客に供給できることが重要であり、TPCはグローバルな生産体制により柔軟かつ短期間での納入体制を実現している。TPCのグローバルかつ地域分散化された生産体制であるが、日本、アジア、欧州、アメリカを含む主要な地域に生産拠点を持っており、これにより、グローバルの顧客に対する広範なノードの需要に対応することが可能になっている。また、高精度データマッチング技術によるマルチサイトでの供給体制も強みの一つである。この高精度データマッチング技術により、短期間で複数のサイトでの認証を取得することが可能となっており、このマルチサイト戦略により、柔軟な供給体制が構築されている。

b．高度な生産キャパシティ管理

　半導体市場では、先端の成長に加えて、いわゆるレガシーと呼ばれる中間か

ら成熟ノードの需要は引き続き堅調であり，フォトマスク市場でも同様である。一方で，昨今では老朽化によりレガシー向けのマスク製造装置の維持・確保は困難になっている。そのような状況でも，TPC は装置の延命と部品の内製対応により，レガシー向けマスク製造装置を維持・確保することで，旺盛なレガシー半導体向けマスク需要への対応とともに，先端マスクセットにおける成熟レイヤーなど幅広い需要への対応力にもつながっている。

c．優れた研究開発能力

TPC の研究開発戦略について説明する。TPC はブランクスの開発も行っており，最先端向けのブランクス開発も行っている。これらのブランクス開発では，材料開発とともに，フォトマスクの加工性の改善も行っているため，競合他社に先行して微細化に対応することができ，この強力な研究開発能力は技術的な優位性をもたらしている。

d．各領域を代表するパートナーとの共同開発

最後に，特に最先端領域における共同開発の取り組みを説明する。TPC は装置や材料の領域におけるリーディング・プレーヤーとの共同開発を行っている。直近では，2024年2月に IBM との EUV マスク開発の開始も公表している。TPC は，フォトマスクの製造と材料の開発の両方を手がけていることからも，各領域におけるリーディング・プレーヤーからも貴重なパートナーとして高く評価されている。

2 │ 投資に至るまでの経緯と投資理由

半導体市場の急速な成長により半導体用フォトマスク市場も変曲点を迎え，TOPPAN のフォトマスク事業が今後も拡大・成長を継続していくためには，市場環境の変化・顧客動向などを見極めながらも，これまで以上に迅速かつ柔軟に研究開発投資および設備投資を実行し，外部環境の変化に対応しながら顧客のニーズを満たしていくことが求められていた。

そのような環境のなか，フォトマスク事業を TOPPAN から独立させたうえで，独立企業体として経営の自由度を高めることで，俊敏性をもって市場のニーズを捉えて必要な投資を実行し，さらなる成長と競争力の強化を実現・継続していくことが，フォトマスク事業およびフォトマスク事業に従事する従業員の成長・発展につながり，ひいては顧客と株主への価値向上に資するとの結論に至り，TOPPAN はフォトマスク事業の分社化を決定した。独立した企業体としての持続的成長に加えて，将来的には資本市場における機動的な資金調達を実現できるように，IPO を目標として掲げ，経営体制強化，ガバナンス体制整備などにより，迅速かつ柔軟な意思決定が可能な独立企業体を作り上げることが必要であった。

一方で，IPO を実現するためには，TPC のみで目指すよりも，IPO に長けたパートナーが必要であると TOPPAN は考えた。IPO を支援できるパートナーとなると，バイアウト・ファンドが候補となるが，TOPPAN としてはこれまで事業部を分社化して譲渡したこともなければ，ましてやバイアウト・ファンドに株式を譲渡したこともなかったため，TPC の従業員から不安の声が出てくる懸念があった。そのようなこともあり，TOPPAN としては従業員へ配慮する形で，いわゆる100％ の株式を譲渡するような売却案件でなく，50.1％ を継続保有し，本件後も引き続き TOPPAN の連結子会社であることを説明することで，従業員の不安を払拭した。一方で，TOPPAN が50.1％ を保有すると，パートナーとなる企業は49.9％ を保有することになるが，バイアウト・ファンドにとっては，100％ 株式を取得できないことに加えて，マジョリティ株式を取得できないようなケースでの投資はかなりハードルが高いものであるが，インテグラルの特徴である売主や投資先の要望に応じた柔軟なスキームに対応可能という強みが活きた案件だと考えている。

後日，二ノ宮社長に，なぜインテグラルを選択したのかを聞いたところ，インテグラルの理念への共感，事業への深い理解，インテグラルメンバーの派遣による「i-Engine」機能，これまでの IPO 実績，TOPPAN と TPC とインテグラルの信頼関係構築が決め手になり，インテグラルに決断したとのことである。また，TOPPAN グループとしては，これまでストックオプションを発行したことはなかったが，インテグラルの投資後に，TPC の役職員にストック

オプションを付与してIPOに向けた一体感醸成も行った。また，ストックオプションの発行は既存株主であるTOPPANとインテグラルにとっては，潜在的な希薄化をもたらすため，通常であれば発行に対して消極的になるものであるが，両社で協議のうえ，TPCの将来に向けて必要と判断をして，発行するに至った。

3 インテグラルの理念と特徴

本節では，インテグラルがどのような理念や特徴をもってバイアウト・ファンドを運営しているのか説明する。

(1) 経営理念

「積分，積み重ね」を意味する社名インテグラルは，「ハートのある信頼関係と最高の英知の積み重ね」の象徴であり，その積み重ねの結果，経営理念である『Trusted Investor ＝信頼できる資本家』として，世界に通用する日本型企業改革の実現に貢献することをミッションとしている。

(2) 特徴

インテグラルの主な特徴は，①ハイブリッド投資（長期的な自己資金投資により，通常のバイアウト投資では捉えることのできない長期的ニーズへ対応）と，②i-Engine（インテグラルメンバーの派遣・常駐による投資先企業における積極的な価値創出）の二つである。これらの特徴は，バイアウトに関わる際に日本の企業や経営者が持ちうる懸念，すなわちファンドによる投資期間が短いことや，バイアウト・ファンドによる具体的な業務支援が限られていること，を解決するよう考えられたものであり，インテグラルは，これらの特徴をもって「日本型」バイアウト投資を行うバイアウト・ファンドであるといわれている。

本件のように一事業部から分社化した場合の経営資源は，一般的に限られており，多くの場合，事業部運営から会社運営へ変わっていくために，全体的な

経営管理の不足やこれまで本社が対応してきたようなコーポレート機能の不足などの制約に直面し、ガバナンス・経営・オペレーションを改善するために具体的なサポートを求めているケースが多い。また、IPOを目指すケースにおいては、IPOに関するノウハウは事業会社にはほとんど存在しないのが一般的である。

インテグラルは、創業以来、投資案件を組成・実行する能力を持った人材だけでなく、投資後の経営を担える人材の両方が在籍するファームを創る必要があるという考えを持っており、その思想が経営人材をバイアウト・ファンド内に内製化するというi-Engine機能につながっている。また、インテグラルはこれまで8社の投資先企業をIPOに導いてきており、足元でも複数のIPOに向けた準備を進めている投資先があり、これまでのノウハウの蓄積だけでなく、最新のIPO動向にも明るい。

このように日本型バイアウト投資を特徴とするインテグラルは、大企業が子会社や事業部門を、戦略的な意図を持って分社化や譲渡するいわゆるカーブアウト案件が増え始めている日本において、分社化や譲渡された企業の独立化の支援に積極的に取り組んでいるということはいうまでもない。

図表6－4　インテグラルのi-Engine機能

（出所）インテグラル

4 | インテグラルのテクセンドフォトマスクに対する支援内容

　本節では，日本型バイアウト・ファンドとしてのインテグラルがいかなる支援を TPC に対して行っているのか説明していきたい。

(1) スタンドアロン化支援

　TPC は，もともと，TOPPAN のエレクトロニクス事業部のフォトマスク事業を会社分割し設立された会社である。そのため，いわゆる法務，人事，総務，経理，財務，経営企画などの本社機能は，TOPPAN またはエレクトロニクス事業部から提供されていた。インテグラルの投資時点において，これらの機能を補完する目的で，TPC と TOPPAN との間で，TSA（transition service agreement，以下，「TSA」という）と呼ばれる独立に向けた移行期間中のサービス提供に関わる契約を締結することで，当面の間，事業および会社運営に支障が出ない手当てをしたが，TOPPAN に依存したままでは，いつまで経っても独立化できないため，早期の TSA 解消が最大の課題であった。

　例えば，決算について，これまでは TOPPAN を頂点とする連結決算であったものが，TPC を頂点とする連結決算を TPC 自身が新たに対応する必要があり，また，これまでフォトマスク事業として取りまとめていた財務数値の見るべき範囲が広くなるだけでなく，見るべき粒度もより細かくなった。会社運営という観点では，事業部としては経験のなかった取締役会や株主総会の運営なども一つずつ対応をしていった。また，IT システムのスタンドアロン化も独立化に向けた大きなテーマであった。TPC グループの海外子会社各社は，事業部ではなく，もともとそれぞれ会社として存在しており，分社化によって，株式が異動するだけで，それぞれの子会社がスタンドアロンの状態であったが，日本の TPC は IT システムの大半を TOPPAN グループのものを使用しており，大規模なスタンドアロン化が必要であった。かつ IT のスタンドアロン化が遅れることは，IPO のスケジュールにも影響を与えるだけでなく，事業運営にも影響を与えかねないため，慎重に進めながらも遅延が許されない重要なプロ

ジェクトであった。

これらのように，独立企業体として有するべき機能の新規立ち上げ・構築と親会社である TOPPAN からのスタンドアロン化に向けて，さまざまな対応事項があったため，まずは全体構想の策定を行い，そこから複数の分科会を立ち上げて，推進していった。時には進捗が芳しくなかったり，タスクの多さに人材が不足したりと問題が出てくることもあったが，一つひとつ問題・課題を解決していった。また，海外子会社を含むグローバル共通での稟議システムを新規構築するなど，IT システムの高度化に向けた取り組みも同時並行で進めた。TPC に在籍する日本のメンバーだけでは，リソースが足りずに，海外拠点のメンバーも巻き込みながらプロジェクトを推進していった。

(2) IPO に向けた管理体制の強化

インテグラルは，すでに述べた独立化に向けた施策とあわせて，TPC の IPO 実現のため，社内管理体制の強化を実施してきている。具体的には，上場において強化が必要な組織体制の整備，社内規定類の整備および運用，予実管理体制の構築，資金管理体制の構築，内部監査制度の導入，会計監査対応，コンプライアンス体制の整備を進めている。

また，上場プロセスにおいては，監査法人による監査，証券会社審査，東証審査といった審査関連の手続きから，オファリング・ストラクチャーの検討，マーケティングなど，対処すべき項目が多岐にわたるが，それらに対応するノウハウ提供や支援こそインテグラルに求められていることであり，インテグラルの常駐者が TPC の IPO 準備室と連携しながら，TPC とインテグラルが一体となって取り組んでいる。

おわりに

日本の大企業はこれまで多角化を進めてきており，複数の事業を行っていることが多い。一方で，投資できるリソースや資金は限られており，すべての事業に平等に投資が行われるわけではなく，経営判断として，選択と集中をして

いるケースが多いと思われる。そうした状況化において，投資が振り向けられない事業に従事している従業員や，事業の成長を考えるとその事業を今後持続的に成長させることができるパートナーやオーナーのもとで事業運営を行っていくことが，すべてのステークホルダーにとって好ましい。

　昨今，大企業の子会社独立やカーブアウト案件が増加していると認識しているが，これは企業によるポートフォリオ経営の中で，選択と集中の結果，信頼できるオーナーのもとで事業を成長させることが良いと考える多くの経営者が，これまで手塩にかけて育ててきた事業の新たなオーナーを探していることを示すものといえる。

　経済産業省が2020年7月に策定・公表した「事業再編実務指針～事業ポートフォリオと組織の変革に向けて～」にも記載があるように，事業環境の変化に対応し，持続的な成長を実現するためには，事業のライフサイクルをふまえた事業ポートフォリオの組み替えを機動的に行うことが求められる。厳しい競争環境において，経営資源の制約があるなかで持続的な成長の土台を築くためには，自社の競争優位性が発揮される成長分野に経営資源を集中することが不可避と考えられ，事業ポートフォリオ上の価値創出への貢献が明らかではない事業については，自社がベストオーナーかどうかを早期に見極め，スピンオフによる分離・独立や他社への事業売却などによる切出しを決断，実行していくことが重要となると，ベストオーナーの必要性について述べられている。また，同指針では，スピンオフなどによる事業の切出しの経済的意義については，切り出す側となる親会社にとっては，経営のフォーカスが強化されることに加え，経営資源の非効率な配分に対する株式市場の懸念を払拭することを通じたコングロマリット・ディスカウントの解消につながる一方，切出しの対象となる側にとっても，独立することで自らが主役となることによる従業員のモチベーションの向上，独自の成長戦略を実現するために直接にリソースを調達する道が拓かれる，ベストオーナーのもとに移ることでコア事業に位置づけられ成長のための投資資金が得られやすくなるなど，両者にとって成長の実現や企業価値の向上が図られるといった点についても述べられており，今後ますますカーブアウト案件が増えていくことが期待される。

　このようなポートフォリオ経営における選択と集中という課題を抱えつつも，

永続的な成長を目指す企業にとって，さまざまな資本政策の選択肢がある。それらの課題を解決する一手段として，バイアウト・ファンドを活用するメリットは，会社の独立性を維持し，経営陣や従業員の想いを尊重しながら，さらに成長・発展させられることである。また，切り出しの対象となる事業部にとっては独立して，会社運営をするための人的リソースが不足し，その必要性は認識しているものの，ガバナンス体制の構築やスタンドアロン化といったこれまでの親会社から独立していきながら，単独で事業を成長させていくことは簡単ではなく，そうしたケースでは，バイアウト・ファンドの支援を活用することは有効な手段であると考えられる。

さらに，エグジットとしてのIPOは，会社が社会の公器として永続的に発展し，会社にとっても社員にとっても素晴らしい方法の一つであると考えられる。TPCの事例においても，IPOを目指し経営陣，社員，株主が一致団結しており，仮にIPOを迎えた後もそこで終わりではなく，社員の一人ひとりが企業を持続的に成長させていこうと日々業務に取り組んでいる。

バイアウト・ファンドを選択する場合には，企業がこれまで自らが育て上げた事業を今後どうしていきたいのか，そのハートの部分にもしっかりと寄り添ったバイアウト・ファンドをパートナーとすることが重要となる。対象事業のマネジメントは何度も面談し，バイアウト・ファンドが持つ思想に共感できるかをしっかりと見極める必要があるだろう。

日本企業が大きな改革を進めていくには，資本家と経営者が，お互いに深く信頼し合うことが必要不可欠である。「積分，積み重ね」を意味する社名インテグラルは，「ハートのある信頼関係と最高の英知の積み重ね」の象徴であり，その積み重ねの結果，経営理念である『Trusted Investor ＝ 信頼できる資本家』として，世界に通用する日本型企業改革，すなわち資本家たるファンドと経営者が強い信頼のもとに協力し合う変革の実現に貢献していく所存である。

注
1）高NA（numerical aperture：開口数）EUVはEUVリソグラフィの進化形で，より微細なパターンを作る技術。高NAは光を集め，微細な構造をより正確に作り出す。これにより，半導体チップの性能や電力効率が向上する。

2）極端紫外線（EUV）光（波長約13.5nm）を使用し，微細な半導体パターンを作成する技術。この短い波長は，より微細な構造を可能にし，半導体チップの性能向上に寄与する。

3）半導体の製造技術（半導体プロセス）の世代を表す指標。

経営者インタビュー

独立企業体としてのさらなる成長と競争力強化
～経営の自由度の向上を通じた柔軟な設備投資の実現～

テクセンドフォトマスク株式会社
代表取締役 社長執行役員 CEO
二ノ宮照雄氏

Q 2022年4月にインテグラルが運用アドバイザーを務めるバイアウト・ファンドより資本参加を受け，新体制に移行しましたが，バイアウト・ファンドを活用して子会社や事業部門が独立させて競争力強化を目指すという手法があることはご存じでしたでしょうか。

　実はバイアウト・ファンドのことはあまり認識しておらず，フォトマスク事業を切り出すタイミングで初めて接点を持ったというような状況でした。

　世の中の事例で最も印象に残っているのは，日立製作所が事業ポートフォリオ改革を推進し，御三家と呼ばれていた日立化成（現レゾナック）や日立金属（現プロテリアル）を連結から外し，デジタル技術で高付加価値を提供する社会イノベーション事業への集中を決断したということです。TOPPANグループは，DX（digital transformation）とSX（sustainability transformation）の事業拡大を目指していましたので，フォトマスク事業については，再編の可能性もあるだろうと思っていました。もし独立した企業体として経営の自由度を高められるのであれば，意思決定を早期に行える観点からそれは一つのチャンスであるとも考えていました。

Q インテグラルのメンバーと最初に会った際の印象についてお聞かせ願います。また，資本パートナーとして組むことについてはどのような期待を抱きましたでしょうか。

　インテグラルの皆さんの最初の印象については，あまりガツガツしていないという感じでした。結果をすぐに求めるというよりは，もう少し長期的な視点で，緩やかな変革，方向性を目指すという姿勢を強く感じました。いろいろな会社への投資実績が豊富で，多様な案件のパターンを熟知しているという長所を感じることができました。特に，常駐メンバーを派遣いただけて，スタンドアロン化に向けた本社機能の拡充に関する実務

で大きくサポートいただけるという点は非常に良かったですし，株式上場（IPO）のサポート実績が豊富である点も期待できると感じました。

　資本パートナーの選定は，複数社から提案を募る形で進められましたが，私たちの事業を独立させて，かつその事業の拡大をサポートいただけるという提案がいくつかありました。100％売却という提案もありましたが，想定されたパターンは，TOPPAN グループが50.1％保有し，インテグラルさんおよび関連ファンドが49.9％という資本構成であり，バイアウト・ファンドを活用するケースとしては比較的珍しい形になったと思います。TOPPAN グループ，テクセンドフォトマスク，インテグラルの3社の関係を悪化させないように物事を進めていくということが重要であり，TOPPAN グループの連結子会社としてのサポートを受けつつ，インテグラルの支援により経営・ガバナンス体制の強化を行うという提案は私たちの心に響きました。

Q バイアウト・ファンドが株主となることを知った従業員の皆さんの反応はいかがでしたでしょうか。新体制に移行することの理解が得られるように工夫したことは何でしょうか。

　フォトマスク事業の会社分割については，2021年11月10日にアナウンスされましたが，それ以前の段階で，フォトマスク部門の組織の見直しがあり，複数の事業に関与していたスタッフの人事異動などがありました。そのような動きがあったこともあり，フォトマスク事業に今後何らかの動きがあるのではないかと従業員の方々は感じていたのではないかと思います。売却されたりとか，バイアウト・ファンドが参画するというところまで予測していた方々はいなかったと思いますが，一部の方々は独立企業化するような動きを薄々感じていたと思います。

　実際に調印をして，スタートするとなったときには，まず労働組合に話をしてから全従業員に対して話をしました。具体的には，国内と海外も含めて，会社ごとに何を目指していくかという方向性と経緯の話をしました。それに対しては，賛否があったというよりは，基本的には淡々と受け止めていたという印象でした。2020年から2021年は，業績も少し良くなってきましたので，そこでリストラされるとは思われなかったと思います。

　説明の形態としては，新型コロナウイルス感染症（COVID-19）の真っただ中でしたので，どこかに集まってもらうことはせず，Web ミーティングで行いました。

　インテグラルさんのご紹介は，クロージングが完了した4月1日以降のタイミングで

行いました。完全売却の場合では，バイアウト・ファンドに全部売られてその傘下で何か再生するというようなイメージを描きがちですけれども，TOPPAN グループが50.1％を保有する形で進められましたので，スタート時の従業員の受け止め方というのは安心感があったと思います。

Q 事業部門の切り出し・独立化後の体制整備（スタンドアロン化）については，どのように推進されたのでしょうか。

　調印からクロージングまでの間に，インテグラルさんからのサポートもあり，ある程度の準備は進められていました。自分たちとして初めての経験でしたが，こんなことを進めていくという道筋が見えてきましたので有り難かったです。M&A やカーブアウトに関する本で読んだことはありますが，実際に直面することとはギャップがありましたし，計画に落とし込みながら実行できたのは，従業員の人たちも良かったと思います。

　スタンドアロン化に向けた推進体制としては，プロジェクト・チームを組成しました。テーマをリスト化し，そのテーマごとにリーダーを決めて，テクセンドフォトマスク側の担当者，インテグラルの担当者という具合に役割を振って進めていくことにしました。そして，その進捗状況を定期的に確認していました。

Q インテグラルの皆さんとは，日々どのようなコミュニケーションをとっているのでしょうか。

　辺見芳弘さん，山崎壮さんには，経営の立場からサポートいただいています。経営会議については，世界各地の部門長やリーダーが参加するグローバル・マネジメント・チーム（GMT）という会議体を設けて，ディスカッションを行いながら最終的に決めていくようなプロセスがあるのですが，そこにもインテグラルさんには参加いただいていました。そこで決めることは，設備投資の進捗状況であったり，営業戦略上のアプローチであったり多様なものとなっていましたが，結果的にインテグラルさんによる事業の理解にも役立ったと思います。

　屋城勇仁さんには，常駐で実務に近いような立場でサポートいただけました。組織の再編，フラット化がガバナンスの観点から大きな課題となっていましたので，今年に入りそれを実現できたというのは大きな成果だと思っています。いろいろな社内のイベントなどにも出席していただいて，従業員と同じような感覚で参画いただいています。仲山徳音さんには社内規則などのルールの策定にもご尽力いただきまして，私たちだけで

は手が足らなかった部分を担っていただけて大変助かりました。

　また，インテグラルさんのネットワークを活用できた局面もありました。この本社のオフィスの内装設計とプロジェクト・マネジメントについては，インテグラルさんの別の投資先の１社であるオリバーの方々に担っていただけました。私が勤務したなかでは最も素敵なオフィスだと思います。汐留という場所も良かったと思いますし，33階という眺望の良さもあり，社内での不満はないと思います。その意味でも，ここで働くスタッフたちの働き方改革につながり，モチベーションを高めるきっかけにもなっている

新本社オフィスエントランス

グループアドレス制を採用した執務室

といえます。その他には，ITや人事の領域の専門人材を採用する際に，エージェントをご紹介いただいたりもしています。

Q バイアウト・ファンドが株主になると新たな投資が抑制されるのではないかという印象を持たれるようなことも聞きますが，**設備投資や研究開発投資についての迅速性や柔軟性についてはどのように変化したのでしょうか。**

　一つの事業部門や100%子会社のときは，投資予算というのがTOPPANグループとして存在し，重点分野であったとしても，結果的にはすべて均等に近いような配分になってしまうことがありました。また，以前は，お客さんのところに行って，要望に対して即答できない局面もありました。予算の観点において，どのように本社に蓋然性を説明しながら承認してもらうかというストーリーをまず考えてしまいがちでした。

　今までは投資予算がかなり限定されていましたが，今はインテグラルさんの意向も含めて承認されることになり，設備投資の枠という概念が少し変化してきました。インテグラルさんの投資に対するスタンスは，どちらかというと長期で考えているところもあり，その投資判断が正しければ，制限というのはありませんでした。テクセンドフォトマスクで意思決定すれば実行できるという点で，非常にスピーディに判断することができるようになりました。

本社でのテクセンドフォトマスクとインテグラルの定例会議の様子

グローバル・マネジメント会議後の懇親会の様子

> **Q** 事業部門の独立から2年超が経過しましたが、インテグラルのメンバーはどのような存在だったと感じていらっしゃいますでしょうか。また、バイアウト・ファンドとの協働がうまくいく秘訣についてはどのように感じましたでしょうか。

インテグラルさんには、社内の一部門のような形で、私たちが持っていない機能を担っていただけました。一緒にうまく取り組んでいけるためには、まずお互い尊重しながら、事業がうまくいくということが大前提としてあると思います。これがうまくいかないと、おそらくいろいろな軋轢が生ずるのではないかと考えられます。お互いの立場もスタンスも考え方も異なりますので、それを理解しながら成長を目指していくことが大切です。

常駐者を派遣していただけると、常にコミュニケーションがとりやすく、いろいろな相談や思いついたアイデアをすぐに話すことができますので、そのような環境にしておくことは良いことだと感じました。

今は、取締役会以外に、インテグラルさんとの定例会議を月1回開催しています。例えば、ストックオプションをどうするかとか、組織再編をどうするかというテーマにて議論を行い、アドバイスいただいています。

> **Q** 最後に、今後の成長戦略に向けての意気込みについてお聞かせ願います。

AIや5Gなどテクノロジーの進化を受け、多様なマーケットにおけるデジタル・イノベーションが加速するなかで、世界の半導体市場は急激な拡大を続けており、今後10

年は成長していく数少ない分野だと思っています。世界各国に工場があり，製造・販売
ネットワークを有していますので，業界最先端の技術開発力で，外販フォトマスクの
リーディングカンパニーとして半導体産業の発展に貢献していきたいと考えています。
さらに，ナノインプリントモールドをはじめとする微細加工製品などにも事業領域を拡
大していきたいと思っています。

二ノ宮照雄氏略歴

テクセンドフォトマスク株式会社 代表取締役 社長執行役員 CEO
1987年4月凸版印刷株式会社（現TOPPAN株式会社）入社。2005年4月本社経営企画本部
経営戦略部 部長就任。その後，半導体ソリューション事業本部 事業戦略部 兼 購買部 部
長およびエレクトロニクス事業本部 事業戦略本部 本部長を歴任し，2018年4月執行役員
エレクトロニクス事業本部 半導体統括就任。2022年4月株式会社トッパンフォトマスク
（現テクセンドフォトマスク株式会社）代表取締役社長就任。2024年4月代表取締役 社長
執行役員 CEO 就任。

第7章

ディアーズ・ブレイングループにおける二段階MBOの事例
──バイアウト・ファンドとの協業期間を経た自主独立での成長路線への移行──

サンライズキャピタル株式会社

エグゼクティブディレクター　**安形栄胤**

はじめに

　本稿では，ウェディング業界で，独自の出店戦略と高い人材力により大きく成長してきたディアーズ・ブレイングループ（以下，「DB」という）が実施した2021年3月と2023年12月の二段階にわたるMBO（management buy-outs）の事例をとり上げる。

　DBは，もともとリクルート社でウェディング情報プラットフォームのゼクシィを1990年代に再生・全国展開させた経験を持つ小岸弘和氏が独立後に立ち上げた会社である。最初は，ウェディング業界でコンサルティング・サービスを提供していたが，そのうちの1社より不採算のウェディング施設の再建依頼を受け，最終的にはその企業を丸ごとMBOにより譲り受けた（同施設は既に売却済み）ところからウェディング施設の運営が始まったグループで，特にユニークな出店・ブランド戦略と人材採用・教育に強みを持っている。リーマン・ショック以前は，ベンチャー・キャピタルの資本も入れて施設を順次展開し，台湾でもウェディング施設を出店するなど順調に成長を遂げていたが，リーマン・ショックを機に，2008年5月に上場企業である千趣会グループ（以下，「千趣会」という）の傘下に入った。千趣会傘下に入った後も，同業他社とは一線を画す戦略で大きく成長を遂げ，千趣会の利益を牽引していたが2020年のコロナ禍という逆風に直面した。

　コロナ禍においても，DBでは一切人員削減などの守りに入らず，同業他社が苦しむ環境を逆にチャンスと捉え，積極的に次の打ち手を練っていたが，上

場企業の傘下のままでは成長に制約がかかってしまうことから，DB，千趣会，サンライズおよび主要銀行間で協議のうえ，千趣会から独立することを選択した。その結果，2021年3月にサンライズキャピタル（以下，「サンライズ」という）と資本業務提携（第一段階目のMBO）を実施した。サンライズとの提携後は，後述の施策の実施などにより順調に業績を回復・成長し，コロナ前の最高益を超えるまでに業績が回復した。DB社としては，今後のさらなる成長の道筋ができ，主要銀行の協力も得られる目途が立ったことから，小岸氏を中心とする経営陣がサンライズから独立し，自力での展開を目指す決断をし，サンライズもこれに応じる形で，2023年12月に経営陣が100%株式を持つMBO（第二段階目のMBO）を実施した。本稿では，本件の背景やサンライズとの提携後の取り組みなどについて詳述する。

1 ディアーズ・ブレインの概要

(1) 会社概要

　DBの創業者である，小岸氏はリクルート時代に，当時赤字事業で東名阪エリアのみで展開していたゼクシィ事業の建て直し，全国展開を担ってきた経験を持っている。リクルートを退社後の39歳の時にウェディングを軸としたコンサルティングを目的としてDBを立ち上げた。小岸氏は，ウェディング業界には幅広いネットワークを有していたが，独立時の自身の決めとして，「1年間はリクルート時代のクライアントから仕事をもらわない」としていた。そのため，新規クライアントの開拓に奔走したが，その中の1社より，茨城県でウェディング施設を運営していた会社の再建を請け負った。最終的にはその会社をMBOにより譲り受けたところから，ウェディング施設の運営を本格的にスタートした。

　小岸氏はウェディング事業参入にあたって，DBをウェディング業界の第三極にしたいと考えていたが，従来型ウェディング会社と異なる戦略として，第一に本社を東京に置きつつ，地方都市を中心に出店していくこととした。

　また，小岸氏は，ウェディング業界全般において人材・組織をおざなりにし

ている企業が多いとの問題意識を持っていた。DB では，人材力・組織力に最も力を入れており，採用・教育には徹底的にこだわった運営をしている。コロナ期間中の他社が止まっている間には，空いた時間を活用することでさらに人材教育を強化することとし，早くから Web ミーティングをフル活用した。結果的に，DB のウェディングプランナーは業界平均の30～40% 程度を大きく上回る50% 以上という高い成約率を誇っている。

　さらに，成長を加速するために，M&A にも積極的に取り組んでおり，2015年 3 月に大阪ガスより大阪で 2 施設を運営するプラネットワークの全株式を取得，2015年 7 月にはリゾートウェディング最大手であったワタベウェディング株式会社と資本業務提携するなどしてきた。

　2021年 3 月のサンライズとの資本業務提携後には変革をさらに加速してきたが，提携期間を経て自力での成長ストーリーも見えたことから，2023年12月には第二段階目の MBO を実施し，経営陣が DB の全株式を取得した。

図表 7 － 1　ディアーズ・ブレインの会社概要

会社名	株式会社ディアーズ・ブレイン
設立年月	2001年 6 月
代表者	代表取締役 小岸弘和
所在地	〒105-0011 東京都港区芝公園 2 - 6 - 3 芝公園フロントタワー13階
事業内容	ハウスウエディング事業 レストラン事業 コンサルティング事業 ドレス事業 アライアンス事業 フォト事業 MICE 事業
従業員数	正社員：627名（2024年 6 月30日現在）
施設数	26施設（2024年 6 月30日現在）

（出所）ディアーズ・ブレイン

154　第Ⅱ部　事例と経営者インタビュー

図表7-2　ディアーズ・ブレイングループの沿革

2001年6月	ウェディングを軸としたコンサルティング事業を目的に当社設立
2004年5月	エヴァウイン小山プレミアムスイーツ オープン（栃木県小山市）
2004年9月	モアフィール宇都宮プライベートガーデン オープン（栃木県宇都宮市）
2005年5月	ディアステージつくばフォレストテラス オープン（茨城県つくば市） フェアブルーム水戸アメイジングステージ オープン（茨城県水戸市） ブランレヴュー宇都宮アクアテラス オープン（栃木県宇都宮市）
2006年2～7月	数回に分けて VC などに新株発行
2006年3月	ブリーズレイ・プライベートテラス オープン（佐賀県鳥栖市）
2006年10月	ヒルズスイーツ宇都宮ブリーズテラス オープン（栃木県宇都宮市）
2007年9月	台湾において現地婚礼事業の営業権取得により Grace Hill 麗庭荘園（台北市）の運営をスタート
2008年7月	千趣会が当社の全株式を取得 グレイスヒル・オーシャンテラス オープン（鹿児島県鹿児島市）
2008年11月	麗風つくばシーズンズテラス オープン（茨城県つくば市）
2010年3月	けやき坂 彩桜邸 シーズンズテラス オープン（宮城県富谷市）
2011年1月	ザ・ミーツ マリーナテラス オープン（千葉県千葉市）
2012年1月	カノビアーノ 福岡 オープン（福岡県福岡市）
2012年10月	ザ・ピーク プレミアムテラス オープン（鹿児島県鹿児島市）
2013年3月	ザ・リーヴス プレミアムテラス オープン（群馬県前橋市）
2014年3月	KOTOWA 鎌倉 鶴ヶ岡会館 オープン（神奈川県鎌倉市）
2014年5月	KOTOWA 京都 八坂 オープン（京都府京都市）
2014年12月	FORTUNE IN THE TERRACE オープン（新潟県新潟市）
2015年3月	千趣会が大阪ガスグループよりプラネットワークの全株式を取得
2015年7月	ワタベウェディング株式会社と資本業務提携 KOTOWA 奈良公園　Premium View オープン（奈良県奈良市）
2016年1月	The 33 Sense of Wedding オープン（大阪府大阪市）
2016年3月	ザ・サーフ オーシャンテラス オープン（千葉県千葉市）
2017年11月	KOTOWA 京都 中村楼 オープン（京都府京都市）
2019年1月	THE BAYSUITE SAKURAJIMA TERRACE オープン（鹿児島県鹿児島市）
2021年3月	サンライズと資本業務提携により第一段階目の MBO 実施
2023年3月	ザ・リバーサイドテラス広島ツリーズスクエア オープン（広島県広島市）
2023年5月	株式会社ディアーズ・ブレイン沖縄設立（沖縄県那覇市）
2023年8月	Dears BRAIN Viet Nam.,JSC 設立（ベトナムハノイ市）
2023年11月	THE SURF SEASIDE SCENE MIYAKOJIMA オープン（沖縄県宮古島市）
2023年12月	第二段階目の MBO により経営陣が全株式を取得

（出所）ディアーズ・ブレイン

(2) 理念と特徴

DB では，「OPEN DOORS!!」の企業理念のもと，会社全体で高いレベルでの継続的な成長が求められており，事業拡大に挑戦し続けている。結果的にDB は，短期間で高成長を遂げてきた。

DB は，2004年5月にゲストハウス型ウェディング施設の運営をスタートし，全国で順次出店を行ってきた。2015年3月に M&A でグループインした2施設を含め，現在は全国で26施設を運営し，ハウスウェディング事業では年間5,000組以上の結婚式を実施している。また，ウェディング事業にとどまらず，レストラン事業，ドレス事業，MICE 事業，コンサルティング事業，アライアンス事業（自社以外のレストランやホテル，ゲストハウスにおいて，DB のノウハウを集結したウェディングをプロデュースする事業），さらにはフォトに特化したフォトウェディング事業を行うなど事業領域を拡大している。さらには，ハワイ，アジアなど海外へも事業領域を拡大している。

DB では，未踏の領域へチャレンジすることを楽しみ，その経験を通して自らの成長を実現するという DNA を持っている。小岸氏を中心とした DB 経営陣は，これまで培ってきたノウハウを活かしマーケットが直面する課題に向き合い，ウェディング業界のみならず社会全体に刺激を与え続ける存在として世の中に大きなインパクトを与え，企業価値を高めたいと考えている。

(3) ディアーズ・ブレイングループの事業上の特徴・戦略
① 独自のドミナント戦略

DB では，独自のドミナント戦略に基づき，地方中堅都市を中心に積極的に新規出店を進めている。一般的な，ウェディング会社は，同一ブランド，同一コンセプトの施設を展開しているが，DB の出店にあたっては，地域特性や立地条件によって，コンセプトやデザインを構築している。ブランドも鎌倉，京都，奈良といった古都の店舗で使っている KOTOWA ブランドを除いて，意図的にすべてブランドを分けている。

また，同じエリアに複数出店する独自のドミナント戦略を採っており，2024年7月時点で，栃木県に4施設，茨城県に3施設，千葉県に2施設，京都府に2施設，大阪府に3施設，佐賀県に2施設，鹿児島県に3施設，その他で7施

ディアーズ・ブレインの一般的な施設

ザ・サーフオーシャンテラス
（千葉県千葉市）

THE BAYSUITE SAKURAJIMA TERRACE（鹿児島県鹿児島市）

ディアステージつくばフォレストテラス（茨城県つくば市）

KOTOWAブランドの施設（鎌倉，京都，奈良の施設）

KOTOWA 鎌倉　鶴ヶ岡会館
（神奈川県鎌倉市）

KOTOWA 京都　中村楼
（京都府京都市）

KOTOWA 奈良公園　Premium View
（奈良県奈良市）

M&Aにより取得した施設

迎賓館（大阪府吹田市）

Mia Via（大阪府吹田市）

リゾートウェディング施設

THE SURF SEASIDE SCENE MIYAKOJIMA
（沖縄県宮古島市）

設となっている。

② 高い人材力

　DBでは，小岸氏の創業時のウェディング業界全体への問題意識もあり，人材採用・教育に最も力を入れている。採用にあたっては，自発的に情報発信ができる積極的な人材とチームワークを重視しており，入社前の研修プログラムにも取り入れている。これらの人材から入社後に多様なアイデアが生まれる職場環境も構築している。また，創業以来，社員採用にあたっては，小岸氏自らが最終面接に携わって，採用の最終判断を行っている。

　DBでは，コロナ後に一気に攻めに転じるために，他社がコスト削減に走るなかでコロナ期間中も一切のリストラを実施せず，逆にWebミーティングなどを活用することで人材教育を強化していった。結果的に，DBのウェディングプランナーの質はさらに向上し，挙式成約率は業界平均を大きく上回る50％を超えるまでになっている。

　ちなみに，小岸氏は立命館大学で体育会系幹部を務めた経験を持っており，DB社内には体育会系やダンス系出身者も多い。これだけが理由ではないが，DBでは，困っている人がいたら助け合う，困っている施設があれば遠隔地であっても飛んで行って助ける，新施設オープン時には既存施設より喜んで人材を送り出す，一方で，助けられることには甘えないというDNAが全社で根づいている。

　全社員が全速力で走り続けていることもあり，期初に開催している全社キックオフミーティングでは，全社員が集まり，店舗・個人の成績に基づいた表彰なども行うが，最大の盛り上がりを見せる。

全社キックオフミーティング閉会時の写真

③ 事業ポートフォリオの多様化

　DBでは，ウェディング施設の運営にとどまらず，事業ポートフォリオの多様化も進めている。ただし，やみくもに事業を分散するわけではなく，自社の人材やノウハウが活用できる領域に絞っており，具体的には，レストラン事業，ドレス事業，MICE事業，コンサルティング事業，アライアンス事業（自社以外のレストランやホテル，ゲストハウスにおいて，DBのノウハウを集結したウェディングをプロデュースする事業），フォトウェディング事業といった分野である。さらには，ハワイ，アジアなど海外へも事業領域を拡大している。

図表7－3　ディアーズ・ブレイングループの事業ポートフォリオ

（出所）ディアーズ・ブレイングループ

2 第一段階目のMBO～上場企業グループからの独立・サンライズとの提携～

(1) 案件の背景

　小岸氏とサンライズの出会いは2012年に遡る。既にウェディング業界では知名度の高い企業がいくつもあったが，当時から小岸氏は自分の考えを実現できればウェディング業界に革新を起こすことができると考えていた。DBは，2008年7月に上場企業である千趣会の傘下に入っているが，リーマン・ショックという厳しいタイミングで投資判断をしてくれた千趣会に対して，小岸氏は大変恩義に感じており，結果で報いようと千趣会に参画当初から奮闘していた。そこから順調に業績を伸ばし，サンライズと出会ったころには，千趣会の中核会社としてグループのなかでも最大の利益を上げる事業にまで成長していた。千趣会とDBの関係は良好であった一方で，上場企業グループにいることの弊害として，経営判断の場面においてはスピード感の欠如を小岸氏は度々感じていた。ウェディング運営会社は新規の施設を継続的に出店していかないと，事業の成長が止まってしまうし，結果的に社員の成長機会も失われることになる。ただし，一般的なウェディング施設の出店にあたっては多額の投資が必要であり，ウェディングを本業としていない上場企業にとっては，投資の意思決定は容易ではないため，小岸氏の考えるスピードでは経営できないというジレンマが小岸氏のなかにあった。

　そのようなタイミングでサンライズと小岸氏が出会ったわけだが，ディスカッションを重ねるうちに，サンライズとしても徐々に業界・事業への理解を深め，両者が組むことで，インパクトのある面白い変革を起こすことができるとお互いに考えるようになった。

　小岸氏とサンライズが出会って数年経ったタイミングで，小岸氏よりしっかりと千趣会に恩も返したし，ここからはよりスピード感をもってDBを成長させたいのでサンライズに協力してほしいとの相談があった。ここから，サンライズ内でも真剣にMBOの道筋を考えるようになったわけだが，上場企業グループのなかで稼ぎ頭になっていたDBの独立へのハードルは高く，毎回，小

岸氏とサンライズ間での会食やミーティングの締めくくりは「いつかご一緒に何かできるとよいですね」というものであった。結果的に，そこからさらに数年経って，コロナというウェディング業界がかつて直面したことない逆風に突入したことで，逆にMBOのチャンスが生まれることとなった。

(2) 第一段階目のMBOの実現

　千趣会の傘下で順調に業績を伸ばしてきたDBであるが，2020年のコロナ禍においては，結婚式を挙げる人がほとんどいなくなり，ほぼすべての挙式が延期（≠キャンセル）になるというウェディング業界全体がかつてない逆風に直面することとなった。そんな状況下で小岸氏は逆にこの状況をチャンスと捉えていた。2020年8月に小岸氏を中心としたDB経営陣とサンライズメンバーでミーティングを持つこととなったが，このミーティングにおいて，サンライズはDBの足元の状況や2020年12月期の業績見通しなどの説明を受けることとなった。当然ではあるが，業績面では一般的にバイアウト・ファンドが投資検討をするにあたっては非常に厳しい状況にあった。一方で，当時はコロナの終焉がいつになるか見通しが立たない状況であったため，上場企業である千趣会がDBを手放す合理的な説明ができると両者で考えた。サンライズとしては，過去の経緯からDBの本来の力に対する理解は既にあったため，ハードルは高いと双方認識しつつ，ディール環境としては前向きにとらえ，早速関係者との協議およびデューデリジェンスを開始した。

関係者で何度も会談した東京タワーを望むディアーズ・ブレイン本社の会議室

① 関係者の協力

　MBO の実現に向けては銀行の協力が必須であったが，DB，サンライズともに本件検討開始のタイミングでは銀行の協力を得ることが本件実現に向けて最大のハードルと考えていた。理由は，MBO の検討を開始した2020年8月の段階で DB の2020年12月期の決算見通しは非常に厳しいものになることがわかっており，コロナもいつ収束するか予測できる状況ではなかったからである。そのような状況で，最初に当時のメインバンクであった三井住友銀行に相談を開始したが，思いのほか早い段階で本件への理解が得られ協調体制を構築することができた。三井住友銀行は，千趣会のメインバンクでもあったが，DB の今後の成長に向けて，本当は DB が独立して取り組んでいくことが望ましいと以前から考えており，また DB の事業や小岸氏を中心とした DB 経営陣の手腕について高く理解していたことが背景にある。

　次に，DB の親会社であった千趣会であるが，上場企業としては，いつ業績の回復見通しが立つかわからない事業を抱え続けることは，対投資家への説明も難しいことと，メインバンクからの働きかけもあり，MBO の方向性については，銀行同様早い段階で理解いただくことができた。また，小岸氏とサンライズの長い時間かけて構築してきた信頼関係を千趣会内で重視いただけたことで，不毛な競争環境なく，当初よりサンライズを交渉相手として選んでいただけたことも本件の成功要因といえる。

② デューデリジェンスの実施

　並行して，サンライズ内ではビジネス，会計・税務，法務に関してそれぞれ専門家を起用して，デューデリジェンスを開始した。そのなかで，最大の懸念であった業績に関して，足元の挙式がことごとく延期となったため一時的に悪化しているものの，挙式の受注がキャンセルされているわけではなく，ほぼすべてが延期となって受注残として積み上がっていることがわかった。これにより，いつになるかはわからないが，一定のタイミングでの回復は見込めると判断した。ウェディング市場については，人口減や生活様式の変化などはあるものの，DB の主戦場では今後も一定の需要があることも確認できた。

　コロナの収束については，最大限の分析・検討は実施したが，当然ながら厳

第一段階目の MBO 調印時の記念写真

密には分析しきれないため，これまで培ったファンドマネジャーとしての勘を最後は信じて，エイヤで計画を立てた。

　後日談になるが，結果的には，投資初年度は計画を弱冠下回ったが，翌期以降は計画を大きく上回って回復・成長することができた。

　関係者が一丸となってゴールに向かって進めたことで，結果的に2021年3月に第一段階目の MBO を実現することができた。今振り返ってみても，当時の判断は関係者一同難しいものであり，当時の銀行団，千趣会，タイトなタイムラインで MBO 実現に向けて協力いただいた外部のプロフェッショナル，および DB の皆様には感謝を述べたい。

3 ｜ 第二段階目の MBO の実現

　小岸氏とサンライズが2012年に出会ってから，長年かけて描いた MBO 構想は，想定外の外部環境の変化もあり，2021年3月に実現することができた。第一段階目の MBO 以降も外部環境は決して明るいものではなかったが，長い時間かけて事業の方向性について詰めていたこともあり，両者の提携が開始して以降は全速力で改革を進めていった。結果的に，通常のサンライズの投資案件と比較しても例を見ないスピードで物事が進んでいき，2023年に入ったころには DB が自主独立で成長する道筋を立てることができた。このような状況もふまえて，サンライズ内で描いていた当初の想定よりもだいぶ早いタイミングで

広島新施設

ザ・リバーサイドテラス広島ツリーズスクエア（広島県広島市）

あったが，2023年12月に経営陣を中心としたMBOにより，サンライズはエグジットすることとなった。

本節では，両者の提携期間中に実現できたことと第二段階目のMBOがどのように行われたかについて述べることとする。

(1) サンライズ投資期間中に実現したこと

ここではサンライズの投資期間中にDBが実現した主な取り組みを記載するが，ほぼすべての取り組みはDB経営陣・従業員が考え，全社一丸となって進めたもので，サンライズはこれらをサポートすることで役割を果たしてきたと考えている。

① 国内での新規出店

DBでは，以前より出店候補地が複数あったが，上場企業傘下では，投資制限の関係で，出店スピードは思うようにできていなかった。DBとサンライズの提携後は，最優先の候補地から順次出店計画を立ててきた。業績の回復が大前提となっていたため，提携後も少し時間はかかってしまったが，2023年3月にDBとしては実に4年ぶりの出店を広島で果たすことができた。

また，広島の後も国内で既に数店舗の出店用地の確保はできている。

② ニーズの多様化への対応

DBとサンライズの提携期間中に強化した事業の一つにフォトウェディング事業がある。顧客ニーズの多様化への対応と，DBの既存施設を活用できると

フォトウェディング事業

東京駅

鎌倉

宮古島

いう両面でメリットがある。また，新規出店にあたっても，従来型のウェディング施設に比べると極めて軽い設備投資で収まるため，特にコロナ期間中の投資としては最適であった。既存顧客への追加サービスや新規顧客の獲得にもつながるため，DBとしては注力している分野の一つである。2022年には沖縄県宮古島のフォトウェディング施設を買い取ることで，リゾート分野の強化も実現することができた。

　DBでは，これ以外にも，顧客ニーズの多様化に伴い，ドレスや花などの事業や，既存施設のウェディング以外への転用，人材の既存ウェディング施設以外での展開など，ニーズ多様化や周辺事業への展開を強化している。

③　海外への進出準備

　小岸氏はワタベウェディングとの提携期間中に海外事業の責任者を務めてい

海外で出店準備している施設イメージ

第 7 章　ディアーズ・ブレイングループにおける二段階 MBO の事例　*165*

図表 7 − 4　MBO 前後のディアーズ・ブレイングループの業績推移概要

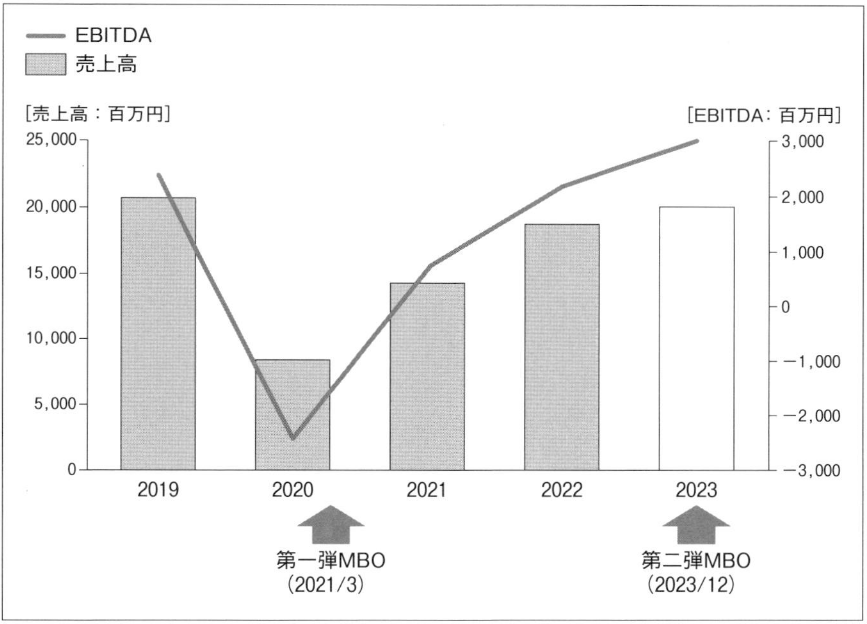

（出所）ディアーズ・ブレイングループ

たこともあり，海外事業にもいずれ進出したいと考えていた。サンライズとの
提携期間中に出店までは至らなかったが，市場分析と出店場所の確保は完了し
ており，既に進出準備は概ね整っている状況である。サンライズとしては，出
店を見届けることができなかったことは残念だが，DB が日本のウェディング
会社として，海外のローカル市場向けに成功する企業となることを願っている。
　これら以外にも多様な取り組みを進めたことで，DB の業績はサンライズの
当初想定を大きく上回る成長を見せた。詳細な数字は記載できないが，千趣会
傘下からコロナ禍，そして，2021年 3 月の第一段階目の MBO から2023年12月
の第二段階目の MBO までの簡単な業績推移を図表 7 - 4 に記載する。第二段
階目の MBO 段階では過去最高益を計上するまでに成長することができたため，
サンライズとしては安心して，エグジットすることができた。

(2) 第二段階目の MBO の実現

　上述のとおり，2021年3月の第一段階目の MBO 以降，DB は従来以上のスピードで改革を進めてきており，業績も当初想定を上回るスピードで回復・成長することができた。サンライズとしては，DB の取り組みを全力でサポートしたが，各プロジェクトの進捗を見るにつれ，DB には「OPEN DOORS‼」の企業理念のもと，未踏の領域へチャレンジすることを楽しみ，その経験を通して自らの成長を実現するという DNA を持っているのだということを改めて確認することができた。

　コロナの影響もほぼ脱却し，DB として完全に成長軌道に乗ったことで，2023年初より，DB とサンライズ間では，今後の成長の方向性やサンライズのエグジットの方向性を議論していた。そのなかで，DB 経営陣より，ここから先は DB 経営陣主導でさらに思い切った改革を進めていきたいという相談があった。サンライズとしては，投資時に描いていたよりも，だいぶ早いエグジットにはなるが，バイアウト・ファンドとしての役割は一定果たすことができ，また DB がこれまで培ってきた事業，人材であれば，独自に成長戦略を描き，実現することができると判断したため，DB 経営陣の考えを尊重することとした。そこから第二段階目の MBO に向けての準備を双方協力して行うこととなったが，今回も，銀行団には多大な協力をいただき，最終的に2023年12月に本件を実行することができた。

おわりに

　以上，本稿では，DB を事例に二段階 MBO というバイアウト・ファンドの新しい支援の形を中心に記載させていただいた。本件は DB の創業者である小岸氏とサンライズが長い時間をかけて構築した信頼関係が前提にあり，それに加えて，DB 経営陣・従業員が一丸となった日々の企業努力があったからこそ金融機関や千趣会，各事業パートナーのご支援が得られたことで実現することができたと考えている。関係者の皆様にはこの場を借りてお礼を申し上げたい。

　サンライズとしてはコロナ禍真っ只中の2021年3月での投資となり，大変勇

気がいる判断であったが，DB のような高い事業力・成長ポテンシャルを有する企業を支援することができ，結果的に第一段階目から第二段階目の MBO まで関係者の皆様に満足いく結果をもたらすことができたことには満足している。

DB に限らず，国内には非常に高い事業力・成長ポテンシャルがあるにもかかわらず，グループ会社に属しているがゆえに成長に抑止力がかかってしまうケースも引き続き多くあり，サンライズとしては今後もこのような企業のご支援をしていくことで企業の成長，ひいては日本経済の発展に寄与していきたいと考えている。

最後に完全独立を果たした DB が今後ますます発展し，ウェディング業界を今後もリードし続ける企業となることを願って本稿を締めくくりたい。

経営者インタビュー

コロナ禍での上場企業グループからの独立
〜さらなる成長の加速と雇用維持のための新規出店の実現〜

株式会社ディアーズ・ブレインホールディングス
代表取締役
小岸弘和氏

Q もともとバイアウト・ファンドという存在に対して抱いていた印象についてお聞かせ願います。

　大手企業の子会社の独立でバイアウト・ファンドが活用されることについては，戦略として当然ありだろうと思っていました。企業の成長や事業の選択と集中という場面において，バイアウト・ファンドの機能を活用するという手法は選択肢の一つとして当然あるべきストーリーだと見ていました。

　私が起業したのは2001年ですが，最初はコンサルティング・サービスの提供からスタートしていました。その最初の案件の一つが，外資系ファンドの投資先であったフェニックスリゾートが宮崎で運営するシーガイアのウェディング再構築の仕事でした。外科手術のリアルな場面を経験しましたが，業績が急回復していくすべを与える手法ということで，決して悪ではないと感じていました。そして，いかに自分たちの軸を持ちながら，バイアウト・ファンドの方々と一緒に進んでいけるかが大切であるということを当時から感じていました。

Q 2021年3月には，サンライズキャピタルと組み，MBO（management buy-outs）を実行しましたが，当時の心境とどのような期待を持ったかについてお話し願います。

　2021年3月に，千趣会からのMBOを実行しましたが，サンライズの清塚徳さんと安形栄胤さんと最初にお会いしたのは，それよりも十数年前のことでした。そのときから，弊社の事業展開について見ていただいていましたので，MBOの話が持ち上がった際には，既に信頼関係が構築されており，お互いをよく理解したうえで進めた話でした。

　2010年代後半の千趣会は，業績が低迷し，事業構造改革を推進しており，また地域経済活性化支援機構が設立したREVICパートナーズが運営するファンドを活用した資本

第 7 章 ディアーズ・ブレイングループにおける二段階 MBO の事例　169

調印式の様子（左はサンライズキャピタルの清塚徳氏）

増強を行っていました。そうすると，100％子会社となっていた弊社は，投資の制限などさまざまな制約を受けることとなり，新規出店に対しても縛りがありました。

　2020年に入ると，新型コロナウイルス感染症（COVID-19）が流行し，4月には緊急事態宣言が発令されました。ウェディング業界は，コロナで大きな影響を受ける業界でしたが，業績の回復見通しが読めず，独立するなら今しかないと考えました。そこで，清塚さんと安形さんにご相談に行き，MBOについてお力添えいただけませんかと，検討いただくことになりました。そこから半年余りのプロセスを経て，千趣会のメインバンクと経営陣にも理解が得られ，実現に向けて動くことになりました。2021年の初頭は，まだコロナの真っただ中でしたが，清塚さんより，「5年から7年は基本的には保有するつもりです」，「短期間で売却する気はないから，心配せずに取り組んでください」とおっしゃっていただけたのは，有り難かったです。

Q 　**資本業務提携により新たなチャレンジに挑むことについて，各拠点の従業員の皆さんにはどのように説明されましたでしょうか。その際の反応もお聞かせ願います。**

　2021年3月23日に大阪の店舗にて，千趣会の役員の方々と，清塚さん，安形さんに来ていただいて，既に正式な調印は終えていたものの，社内向けアナウンスのための形式的なイベントを開催しました。何のためにMBOを実施したのかという説明と，今までお世話になった千趣会さんといったんお別れして，新たなパートナーとして，今後はサンライズの皆さんと歩んでいくという場面を想定して映像を撮りました。

その次の日には，マネジャー以上を東京本社の会議室に集め，経緯と今後の方針を説明しました。サンライズの清塚さんにも来ていただいて，メッセージを出していただきました。また，マネジャー陣とは，立食で2時間ほど一緒に食事をしながら時間を過ごしました。それを通じて，清塚さんと安形さんを含め，プロジェクトに携わっていただくサンライズの皆さんの人柄などを理解してもらえたのではないかと思います。事前に撮影を終えていた映像は，その直後にメールに添付して，全社員宛てに発信しました。それと並行して，全社員にこのプロジェクトについてどう思うか，不安に感じること，期待することなどについてアンケートを実施しました。それを私はもとより経営陣全員で読み，改めてのメッセージも発信しました。

また，コロナの行動制限もありましたので，関東エリアの店舗が中心ではありましたが，サンライズのみなさんに往訪していただき，その際の反応も，総じて好意的であったと思います。千趣会が上場企業でしたので，わざわざこのコロナ禍で上場企業グループから独立するのは大丈夫か，という思いもあったかと思いますが，結果的には私たち経営陣の判断であれば，それでかまわないという感覚だったと思います。

Q コロナ禍の厳しい状況での取り組みとなりましたが，急速なV字回復を実現できた要因について振り返っていただければ幸いです。

2020年4月に，緊急事態宣言が発令された直後に，雇用も維持して給与も何も変えないというメッセージを全社向けに映像で出しました。例えば，この5月は予約済みの500組を超える結婚式の大半が延期となってしまい，何も動けませんでしたが，今後も給与はちゃんと支払うということを伝えました。

そして，この与えられた時間は神様から与えられた時間だと認識しようと伝え，自分たちのスキルを磨くのに精一杯時間を充てることにしました。オンラインでの研修費用を会社が負担する形で，好きなだけ学びを深めようとするなどし，最初の動揺を抑えられたと思います。

2020年5月には，全員でオンライン飲み会を開催しました。ウェディングプロデューサーなどの営業系スタッフは全員パソコンを持っていますが，調理スタッフやホールスタッフは持っていませんでしたので，スマホのデータ通信量とそのときの飲み物の購入費用を会社が負担しました，あの頃は，今のように当たり前にZoomによるオンライン・ミーティングが開催される時代ではありませんでしたので試行錯誤もありました。

650名程度のスタッフがオンラインで参加し，私のほうから30〜40分ほど，今後の戦

略も何も変えないという話をし，乾杯して30ほどの部屋に分かれて宴会をしました。

オンライン飲み会を終えると，どんどん Zoom を使ってミーティングを始めようという声が出始めました。今まで，東京に本社があるけれども，東京に店舗がなく，全国26ヵ所に拠点が分散しており，この距離がネックになっていました。これをオンラインでつなぐと時間の制約から解放されるというメリットに気づくことができたのです。今までの営業の研修は，関東，関西，九州に分かれて日程調整をして，どこかの店舗に全員が集まって開催していましたが，コロナのおかげで，時間軸というものを変えられて，研修の仕組みを一気に変えることができました。

それから，試行錯誤はありましたが，成約率を上げるということにもつながりました。成約率が最もよいメンバーは誰だということの議論も行い，当該メンバーの何がすごいかということを研究するということが日々行われるようになりました。それにより，コロナ前に全社の年間の成約率が概ね42〜43%だったところから，今は60% を超えるまでに伸びています。これもオンラインを活用した研修の仕組みが根本的に見直されたということが大きかったです。

Q 2023年3月には，広島市内にゲストハウス型のウェディング施設をオープンされました。バイアウト・ファンドが株主になると新たな投資が抑制されるのではないかという印象を持たれるようなことも聞きますが，新規出店や設備投資については，サンライズキャピタルの皆さんとどのようにディスカッションしてきたのでしょうか。

成長を加速させるために，何が何でも新規出店は必要だという考えで，もともと2019年から2020年頃までには，広島市内に施設をオープンさせる予定で動いていました。ところが，千趣会の業績低迷により投資への制限がかかり，止まっていました。しかし，サンライズさんとの提携後に，一気に動きを戻すことが可能になりました。サンライズさんには，出店に対する目標などを説明し，賛同いただけて，サポートいただけました。

国内ウェディングだけの一本足打法では，またコロナのような危機が到来するかもしれませんので，リスク分散の観点から，新規事業を立ち上げる必要があると感じていましたし，海外へも進出したいと考えていました。この点についても，サンライズの皆さんには，ご理解いただけました。

国内での新規出店や海外への進出を行う過程でサンライズの皆さんからは大きな学びを得ました。私たちは想いで動いてしまうこともありますが，それに対して，数字の裏

づけを求められます。自分たちの想いが強い場合には，「今である必要があるのか」，「もう少しタイミングを見極めたほうがよいのではないか」と冷静な意見をいただけました。

ザ・リバーサイドテラス広島 ツリーズスクエア

ザ・サーフ オーシャンテラス

> **Q** これまで，ベンチャー・キャピタル・ファンドなどからの**資本受け入れ**（2004年6月〜2008年5月），**大手企業のグループへの参画**（2008年7月〜2021年3月），**バイアウト・ファンドとの資本業務提携**（2021年3月〜2023年12月）を経験されましたが，それぞれの体制についてはどのような特徴があると感じましたでしょうか。また，バイアウト・ファンドの選び方というのは，どのようにお考えでしょうか。

　2000年代の前半に，ウェディング業界におけるコンサルティング・サービスを提供していた頃から大手ベンチャー・キャピタルの方々とお付き合いがありました。その後，弊社自身もベンチャー・キャピタル・ファンド，総合商社，外資系金融機関などから資金調達を行いまして，その過程で投資ファンドにはいろいろな種類があるということを学びました。また，その時には各社から応援していただいたわけですけれども，投資ファンドは1社と付き合ったほうよいと感じました。ベンチャー・キャピタル・ファンドを含む20社ほどの株主が参画していたのですが，意見を統一するにはあまりにも時間がかかり過ぎました。

　株式上場（IPO）の準備も進めていたのですが，2008年に千趣会の傘下に入りました。当時の千趣会の業績は好調で，創業者のお一人がまだご健在で，この方となら一緒に取り組んでいけるという想いを抱いてグループに参画しました。当初は，ディアーズ・ブレインの「未踏の領域へチャレンジする」というDNAにも共感いただいて，資金調達に関しても高い自由度がありました。ただし，社長が交代していく過程で方針やスタンスが変わっていく様子を見ることができ，難しい部分も感じていました。

　バイアウト・ファンドをパートナーとしたMBOを検討する際には，他のバイアウト・ファンドの方々とお会いしたりもしたのですが，私としては会社を単にモノとして扱われるのは絶対に嫌だと思っていたのと，私たちのことをよく理解している方々でないと一緒に組めないと思っていましたので，既に信頼関係を構築していたサンライズさんを選びました。

　ファンドを選ぶ際のポイントについては，バイアウト・ファンドのトップや案件の責任者の方々との意思疎通が図れるかどうかが重要だと考えています。これは間違いありません。かつ自社の事業に関して興味をお持ちであるか，そして最終的にはどのレベルまで成長していくことを求められるのかということについて，最初からある程度明確化して共有できるかどうかというところだと思います。また，ウェディング業界は，人が財産であるという業界ですので，そのことをよく理解されているかどうかも重要なポイ

ントでした。

> **Q** 3年近くサポートいただきましたサンライズキャピタルの皆さんは，御社にとってどのような存在だったのでしょうか。また，バイアウト・ファンドと組んでうまくいく秘訣についてお話し願います。

サンライズの皆さんは，応援者という存在でした。年1回全社員が集まるキックオフミーティングにおいては，清塚さんから，「私どもはディアーズ・ブレイングループの皆さんの応援団」といつもおっしゃっていただいていました。

思い出深いエピソードは，いよいよコロナが収束しそうだというタイミングで開催した伊東での合宿です。コロナをどのように乗り切ってきたかの振り返りと，今後どのように攻めていきたいかという視点で議論をしました。時間を気にせず，最初は真面目に議論し，その後は食事を楽しみながら続けましたが，この時間が私にとって最も幸せな時間でした。清塚さんも安形さんも，飲まれる方ではないですが，オンとオフという両方の時間を持てたことは，非常に良かったと思います。

コロナ禍でのお付き合いでしたので，当然すべての施策がうまくいったわけではありませんが，きっちり約束した業績を作り出せるかが一番のポイントだと思います。これをしっかり認識していましたし，その実現に向けて，私だけではなく弊社のメンバー全員が全精力を注いできたことが，成功要因だと考えています。

> **Q** 2023年12月には，経営陣主導でのMBOを実行されました。決断の背景と今後の中長期的な展望についてお話し願います。

今後の成長戦略を考えると，投資が必要になってきます。一方で，バイアウト・ファンドとしては，ある程度熟成してきた局面のほうがリターンを生み出せるという考え方があります。サンライズさんの立場ならどうありたいかを絶えず考えていたつもりですが，こままじっとして収益力を高めていくほうがよいという考えもあるかもしれません。そうではないとすれば，困った投資先になってしまいますので，私としてはサンライズさんとの関係は美しいストーリーで終えたかったのです。だとしたら，そのタイミングで独立するしかないと考えました。まずは，金融機関を訪問し，MBO資金のサポートをお願いしました。それでほぼ了解が得られましたので，失礼のないように清塚さんにお話に行きました。そして，金融機関からもサンライズさんからも全面的に協力いただけまして，二回目のMBOが実現しました。

第7章 ディアーズ・ブレイングループにおける二段階MBOの事例　175

毎年開催されるキックオフミーティングの様子

　今後の中長期的な展望ですが，今は売上高が200億円を超え，コロナ前の収益水準を上回るところまできました。今後は，300億円の売上高を目指し，そのうちの10％の30億円程度を新規事業で確保できるような目標に掲げて，走り続けたいと考えています。

小岸弘和氏略歴

株式会社ディアーズ・ブレインホールディングス 代表取締役
立命館大学経営学部卒業。1986年株式会社リクルートに入社。大手企業を中心に，採用・人材教育の広報企画およびコンサルティング業務を経験。その後，結婚情報誌「ゼクシィ」再生のプロジェクトに参画し，同誌の全国展開に従事。2001年6月株式会社マネジメントウィザード（現ディアーズ・ブレイン）を設立。2004年5月に結婚式場運営事業をスタート。現在は，株式会社ディアーズ・ブレインホールディングス，株式会社ディアーズ・ブレイン，株式会社プラネットワークなどの代表取締役。

第**8**章
パラダイムシフトに向けた解としての
業界再編
──老舗企業の再生を経て誕生したメプロホールディングス
　の挑戦──

エンデバー・ユナイテッド株式会社
ディレクター　**成田修平**

はじめに

　株式会社メプロホールディングス（以下，「メプロホールディングス」という）は，エンデバー・ユナイテッド株式会社（以下，「EU」という）が2020年に投資を行った株式会社ダイヤメット（以下，「ダイヤメット」という）と，同じく2021年に投資を行った柳河精機株式会社（以下，「柳河精機」という）との経営統合を目的に設立された持株会社である。

　バイアウト・ファンドにおけるロールアップ投資は枚挙にいとまがないが，もともとは同一ファンド内における個別の「再生企業銘柄」であった両者が，各々再生にいったんの目途をつけた後に合流し，今度は経営統合体として再成長と企業価値向上を果たしにいく，という点に通常のロールアップ投資とは異なる本取り組みの独自性がある。

　本稿では，まず1節と2節で，ダイヤメットと柳河精機，各社における事業再生の過程をEUの再生手法を交えて紹介する。そのうえで，3節にて，本経営統合を構想した背景と今後の展望を紹介するとともに，最後に，バイアウト・ファンドが本構想を推進する意義について考察を行い，本稿を締めくくることとしたい。

1 | ダイヤメットの概要

(1) 会社概要

ダイヤメットは，新潟県新潟市に本社を構え，主に自動車向けの金属部品の製造・販売を手がけている。1944年に旧三菱鉱業株式会社（現三菱マテリアル株式会社。以下，「三菱マテリアル」という）の新潟金属工業所として操業を開始した，県内でも有数の老舗企業である。国内のほか，中国，マレーシアにも製造機能を有しており，仕向け地ベースではグループ売上の約7割が海外向けであり，グローバルな事業展開を行っている。創業当初から一貫して粉末冶金と呼ばれる製法を駆使し，製品の開発・製造・販売を手がけてきた。

粉末冶金とは，粉末状の金属を混合し，金型に入れて所定の形状に押し固め，高温で焼き固めて仕上げる製法である。切削品に比べて量産に適し，加工工程も少ないことから生産コストが低く，また軽量化に優れ，複雑な形状にも対応可能，といった特徴を有している。

国内外の幅広い自動車メーカー向けに，パワーウィンドウやワイパーなどに使用するモーターの軸受部品や，トランスミッションなどをはじめとする機械

図表8－1　ダイヤメットの会社概要

会社名	株式会社ダイヤメット
設立	2005年12月1日（創業1944年）
代表者	代表取締役社長 伊井浩
本社所在地	〒950-8640 新潟県新潟市東区小金町3-1-1
事業内容	粉末冶金製品の製造・研究開発および販売
関連会社	株式会社ピーエムテクノ（新潟県新潟市） 広東達宜明粉末冶金有限公司（中国） Diamet Klang (Malaysia) Sdn., Bhd.（マレーシア）
連結売上高	192億円（2024年3月期）
連結従業員数	1,100名（うち正社員716名）
主要取引先	株式会社デンソー，株式会社アイシン，三菱自動車工業株式会社，三菱電機株式会社，いすゞ自動車株式会社，日立Astemo株式会社

（出所）ダイヤメット

粉末冶金の製造工程

加工部品を主力製品として供給を行っている。この他，近年は特にモーター用の圧粉コアなどをはじめとする軟磁性材部品の開発・製造に力を入れており，業界における存在感を高めている。

(2) 案件の背景
① 検討時の状況と投資経緯

　ダイヤメット株式の譲受の検討は2019年に開始した。当時の同社は，過去に発生した品質問題への対処の最中にあり，問題の収束と是正に向けて多大なコストを投下していた。また，顧客からの信用低下や是正対応への注力という内部事情もあり，新規拡販をほぼ停止している状況にあった。売上高縮小，是正費用増大に加え，従来からの高コスト体質も手伝い，慢性的な営業赤字と大幅な債務超過に陥っていた。さらに，新型コロナウィルスの感染拡大に伴い，自動車減産の煽りを受け，外部環境面でも苦境に立たされている状況にあった。

　一方で，「強み」として，社内には高い技術と優秀な人材が揃っており，こうした技術面や製品供給面において，顧客から高い評価と信頼を得ている点も，検討を通じて認識していた。また，「機会」としては，自動車業界は中長期的に成長が見込める点，焼結部品市場は寡占であるうえ，電動化による新たな需要創出も期待できる点に加え，事業運営における多くの改善余地も認識していた。以上をふまえて，構造改革を通じた再生と，その先の再成長への道筋を描

180 第Ⅱ部 事例と経営者インタビュー

図表 8 - 2 「再建〜再成長プロジェクト」実行における要諦

プロジェクト要旨

本プロジェクトの背景・目的

【背景】
エンデバー・ユナイテッドが新スポンサー候補として協議中
・「長年に渡り培われた技術力」,「優良顧客企業との取引関係」,「優れた人材」は, 得難い事業資産
・強い覚悟・信念のもと, 適切な対策を行えば, 必ず再生への道が拓ける
・「新生ダイヤメット」に向けた絵姿を共に策定したい

【目的】
① 明確な方向性, メッセージの検討
・計画の策定を通じて, 役職員の目指すべき方向性を協議・検討
・足元の止血・CF 黒字化といった「変革」のみならず,「再成長」に向けた道筋を協議・整理（中期的課題）
・変革・成長の基盤となる変革マインド及び「新生ダイヤメット」のあるべき姿, 再成長戦略を明確化
② 「実効性」と「実行性」を重視した再建計画策定
・「実効性」：数値面での効果, 前提・根拠に加え, 課題の回避・解消に向けた適切な工夫・対策を講じる
・「実行性」：具体的な施策の構築に加え, 実行期限と効果発現の時期, 実施責任者を明確化
・施策の妥当性と実行力は両輪。筋悪, 見当違いの施策では尚の事だが, 施策が満点でも実行しきれなければ, 得られる果実は少ない
③ 社内外含めたステークホルダーに信任される計画, メッセージの伝達
・実行する社員が腹落ちできること（認識課題の真因分析・言語化と, 打ち手との整合性）
・顧客の目線からも, 信頼, 安心頂ける計画であること

（出所）エンデバー・ユナイテッド作成

くことが可能と判断し, 本格的な検討に着手した。

② 構造改革計画の策定と実行

　ダイヤメットの再建に向けては課題が山積しており, 投資実行の意思決定を下すまでには, 相応の検討と準備を行う必要があった。特に急務であったのが, 大幅な営業赤字からのフリーキャッシュフローベースでの黒字転換と, その先の成長ビジョンの策定である。

a．再生・再成長方針の策定

　成果の創出においては，方針・施策の妥当性と実行力が両輪であり，両者の掛け算で成果の総量が決まると考えている。両者は得てしてトレードオフの関係に陥ることが多い。安易に実行力を優先する場合，設定した方針は担い手にとって単に心地が良い現状の延長線上の取り組みに陥りやすく，結果として十分な成果に至らない。逆にいかに正しい方針でも，複雑・難解であったり，組織風土とフィットしない，あるいは担い手の納得感が得られない場合は，実行力が伴わず，これまた十分な成果を望むべくもない。変革の実現には，芯を捉えた方針と担い手の納得感，変革の機運と意欲を高め続ける環境の醸成が不可欠である。

　ダイヤメットについては，大幅赤字かつ不振の要因も複雑に入り組んでいたため，現状を打開するうえでは真因を解像度高く特定し，妥当な解決策を講じ，かつ最重要の要素として強い覚悟と推進力の具備が必須であった。そのため，社内の中核人材を計画策定メンバーとして選抜し，「計画策定者＝実行の担い手」という形をとり，実行と成果創出に向けたコミットメントを担保した。ま

図表 8 － 3　ダイヤメットの再建（再成長ストーリー骨子）

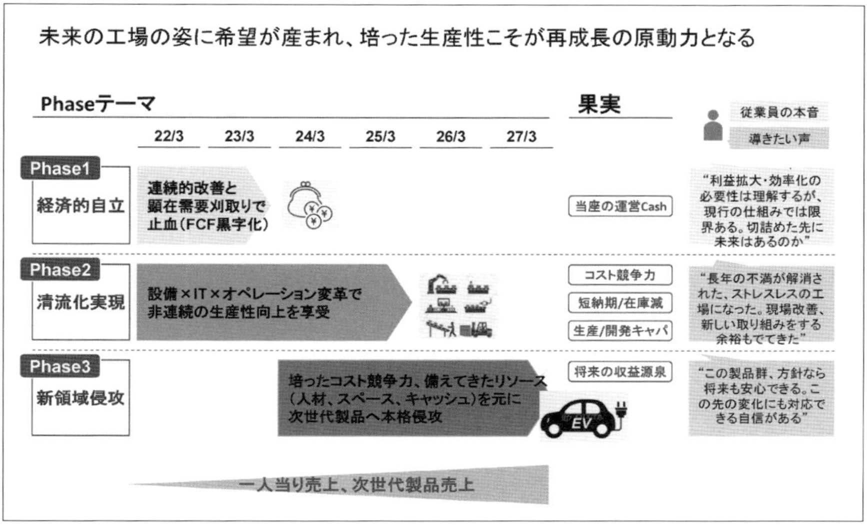

（出所）エンデバー・ユナイテッド作成

た，当該計画の実行を通じ，いかに前向きな期待感を醸成させるか，という点にも腐心した。状況的に早期止血が求められるうえ，新規受注後の売上高計上には早くても2〜3年程度の期間を要する。ゆえに，業績改善に向けては，当面はコスト改善を軸にせざるを得ないのだが，当該取り組みの延長上に，再成長と新生ダイヤメットとして目指す姿・ビジョンがあるという戦略ストーリーを設定した。加えて，本件が公表された以後は，一連の構想や成果を従業員や取引先などの社内外のステークホルダーにわかりやすく発信し，変革のモメンタムを高めるという点も重視した。

EUはプロジェクト開始に際して，再生に向けた方針仮説と数値ターゲットの設定，コンサルティング・ファームなどの支援リソースの投下，プロジェクト全体の統括を行うとともに，計画策定・実行に向けた必要なマインドセットの発信，各モジュール検討のファシリテーションやアウトプット作成に至るまで，ハンズオンで支援を行った。

b.「プレPA活動」の重要性

EUでは，投資後のバリューアップ活動をPost Acquisitionの略称を用いて，「PA活動」と呼称しているが，EUはデューデリジェンス（以下，「DD」という）フェーズにて，このPA活動の準備，前倒しの実施を重視している。いわば，「プレPA活動」ともいうべきものであり，実施する背景を次のように整理している。

まず，PA活動への着手が早まる分，バリューアップ効果の早期実現機会に恵まれるという点に加え，成すべきことがあらかじめ役職員と整合できるため，バイアウト・ファンドの派遣メンバーが投資直後からスムーズに現場に参画できるという利点がある。次に，DD業務自体は外部委託が通例であるため，そもそもファンドメンバーはDDフェーズ中において，自身のリソースをより企業価値向上に直接的に結びつく考察や諸活動に向けるべきという点もあげられる。さらに，役職員に対しても，情報提供といったDD特有の受動的対応だけではなく，経営課題の解決・企業価値向上といった，本来の譲渡趣旨に沿った対応に頭を向けてもらえるという意義もある。

本件も，DDフェーズ中に，計画の一部前倒しや，アクションプランの具体

化，取り組みの理解促進・後押しに向けた社員集会の開催や顧客とのコミュニケーションなどを進めた。

本件は大企業からのカーブアウト投資という側面もあり，スタンドアロン・イシューも多岐にわたった。一例として，年金制度の移管，人事制度の再構築，出向人材の取り決め，情報インフラの内製化方針，各種取引関係の再整理などがあり，以上については関係者と連携し，基本合意書締結からクロージングに至る3ヵ月の間で一気呵成に方針を定めていった。

(3) 資本参画後の事業運営

EU は，2020年12月4日に三菱マテリアルより，ダイヤメットと，その子会社である株式会社ピーエムテクノの全株式などを譲り受けた。投資前に立案した計画は，状況の変化に応じて適宜軌道修正を図りながらも，大方針・ビジョンはそのままに，新経営陣のリーダーシップのもと，改革を進めた。取り組み事項は多岐にわたるが，代表的なものを紹介する。

① 早期退職の実施など

売上高の縮小，品質不正対応に伴う人員の急拡大といった背景から，当時のダイヤメットは売上規模に比して人員数が膨張しており，当該適正化を経ずに再建は不可能と言わざるを得なかった。心苦しい決断ではあったが，投資実行後速やかに希望退職の募集を開始した。制度の履行に際しては，会社が置かれている現状と取り組みの必要性について，労働組合，および従業員と繰り返し対話を重ねた。会社として大きな決断ではあったものの，2021年2月に設定人数の募集を完了し，翌3月末付で全応募者の退職が完了した。

② 生産工程の「清流化」

当時のダイヤメットは老朽化設備と複雑かつ低稼働な製造ラインにより，生産コストが高いという致命的な問題を抱えていた。工程能力も安定しないため，生産の「読み」が難しく，生産計画は達成できないものという雰囲気が現場に定着するなど，意欲も規律も欠如する状況にあった。不安定な生産への懸念から，過剰在庫も常態化していた。

事態改善に向けては，「生産工程の清流化」を掲げ，老朽化設備の更新，工場レイアウトの適正化，流動製品の再配置などを通じて生産コストと工程能力の改善につなげた。また，設備ごとの工程能力や特徴をつぶさに精査し，実態に即した精度の高い生産計画を策定するとともに，品番別の生産計画達成率をKPI（key performance indicator）に掲げ，実現に向けたPDCA（plan-do-check-act）サイクルを回していった。これにより，計画達成における現場の意識が高まり，在庫の圧縮にもつながっていった。

③ ボトムアップでのアプローチ（ワイガヤ会議と実行力強化プロジェクト）

高コスト体質は高い不良率と膨大な検査工数による部分が大きく，先述の製造ラインの入れ替えなどは本質的な対策ではあるものの，年単位での時間を要する。当該状況下で開始したのが，「ワイガヤ会議」である。製造ラインごとにチームを編成し，発生した不良品をすべて机に並べ，その場には伊井社長自らが参加し，発生原因と対策を皆で調査・議論する。結果が出れば，再び分析し，新たな対策を講じる，の繰り返しである。成果がなかなか現れないなかでも根気強く取り組みを続け，伊井社長は足しげく現場に赴き，激励と助言を続けた。3～4ヵ月が経過した頃から，不良数が減少に転じ，呼応して検査工数も減り，成果を意識することで現場の意欲も向上し，取り組みにさらに拍車がかかる，という好循環が生まれ出した。

現場の自発性と創意工夫に働きかけ，成果の創出と，自律的な思考・行動変容につなげる。こうした哲学を引き継いだのが，2023年に開始した「実行力強化プロジェクト」である。概要は次のとおりである。まず，全社の中期的事業方針に則り，対象チームが自らミッションと成果目標を定義のうえ，実現に向けたアプローチを設定する。そのうえで，隔週の全体ミーティングの場でチームリーダーより成果，状況分析，対応事項が共有され，その後のフィードバックと侃々諤々の議論を通じて，方針とネクストアクションを磨き上げる，というものである。開始以来，ダイヤメットの業績改善の原動力となっている。何より組織内の考察力，完遂力，横連携意識，熱量の向上は目を見張るものがあり，地力の蓄積を実感している。

第 8 章　パラダイムシフトに向けた解としての業界再編　*185*

2 ｜ 柳河精機の概要

(1) 会社概要

　柳河精機は，三重県亀山市に本社工場を構え，自社のほか，国内外のグループ会社を通じ，主に四輪・二輪自動車向けのアルミダイカスト部品，鉄系鍛造部品の製造・販売を手がける企業である。主力製品としては，チェーンケースなどのエンジン部品，キャストホイールなどのフレーム系部品，ディファレンシャルギアなどのパワートレイン部品，eAxle向けのインバーターケースなどがあげられる。

　長年にわたり，本田技研工業株式会社（以下，「ホンダ」という）の中核サプライヤーとして事業展開を行い，金属塑性加工技術は業界から高い評価を受けている。特にアルミダイカストによる中空成形技術は業界トップクラスであり，軽量化，低コスト化，複雑形状対応などを通じて，自動車メーカーの期待，ならびに業界の発展に貢献してきた。

図表 8 - 4　柳河精機の会社概要

会社名	柳河精機株式会社
設立	1952年 2 月18日（創業1951年）
代表者	代表取締役社長 グループ CEO 安田八洋
本社所在地	〒519-0102 三重県亀山市和田町1012番地
事業内容	アルミダイカスト部品・鉄系鍛造部品の製造
関連会社	九州柳河精機株式会社（熊本県菊池市） 柳河物流株式会社（埼玉県日高市） YSK CORPORATION（アメリカ） THAI YANAGAWA CO.,LTD.（タイ） YANAGAWA TECHNO FORGE（THAILAND）CO.,LTD.（タイ） など
連結売上高	484億円（2024年 3 月期）
連結従業員数	2,136名（うち正社員1,461名）
主要取引先	本田技研工業株式会社，トヨタ自動車株式会社，三菱自動車工業株式会社，株式会社 SUBARU，株式会社豊田自動織機

（出所）柳河精機

柳河精機グループの主要製品群

(2) 案件の背景
① 検討時の状況と投資の経緯

ホンダの関係部署をして,かつて「東の柳河精機」と言わしめた同社であるが,2000年代後半から暗雲が立ち込むこととなる。当時はマニュアルトランスミッションが主力製品であったが,マニュアル車の生産減少とともにグループ売上も減少の一途を辿り,ピーク時の2007年に約1,400億円であった連結売上高は,15年後には半分以下まで縮小してしまう。この間,打開に向けた事業展開を志向するも,投資が嵩む一方で十分な成果は現れず,フリーキャッシュフローの赤字化とデットポジションの拡大が常態化する事態に陥っていた。

こうしたなか,EUは柳河精機のメインバンクより再生支援の相談を受け,2020年の後半より投資の検討を開始した。

a．プレデューデリジェンスの実施とホンダとの対話

「財務的・収益的な苦境から脱却する再生・再成長シナリオ構築の素地が見出せるか」,「主要顧客かつ持分法適用の親会社でもあるホンダから当該シナリオ実行に向けた同意と協力が得られるか」が序盤の大命題であり,当該いかんが次フェーズ検討の分岐点であった。

そこで,まずは柳河精機グループ経営陣の協力のもと,ビジネスDDを実施し,苦境に陥った原因課題を特定するとともに,競争優位の源泉と相応の改善

第8章 パラダイムシフトに向けた解としての業界再編　*187*

図表 8 - 5　柳河精機の構造改革プランの骨子

・再生施策実行，ガバナンス体制の強化を通じ，骨太の企業体質への転換を図る	
・並行し，成長余地創出とパラダイムシフト対応に向けた土台構築を通じ，企業価値向上を実現する	

方針	施設概要
リストラクチャリング	・事業規模の縮小が見込まれる狭山拠点の閉鎖，売却 ・余剰資産の整理（遊休土地，有価証券，保険契約など）
利益・キャッシュフロー底上げ	・生産性改善（オペレーションの見直し，ムダ・ムラの排除） ・CAPEX の効率化（"汎用化"哲学の浸透，投資審議体制の確立，投下基準の見直し）
営業戦略の再策定・実行	・"Tier 2 化"取引および非ホンダ系取引の拡大に向けた営業方針の策定 ・電動化対応に向けた短中期のロードマップ策定
経営管理・ガバナンス刷新	・「オール柳河」のグループ統治体制の確立（現状は拠点自治状態が放置） ・投資対効果・採算性管理，構造改革プランの PDCA 徹底，実行機運の醸成

（出所）エンデバー・ユナイテッド作成

素地の存在を再認識するに至った。その後，これらを元に再生・再成長のアウトラインをまとめ，ホンダと複数回にわたる協議を行い，EU の参画を前提とした本内容への賛同と実行に向けた協力を得られるに至った。当該プロセスを通じ，改めてホンダにとり，柳河精機は替えが効かない重要なパートナーであること，誰よりも柳河精機の強みと弱みを理解し，かつての栄華を取り戻すことを強く望まれている存在であること，が強く実感された。賛同自体もさることながら，こうした最大顧客からの厳しくも温かいエールが，本格的な再生プランの策定を控える柳河精機の役職員と EU にとって何よりの励みとなった。

b．構造改革プランの策定

以上を経た2021年の春頃より，前年のダイヤメット同様に，グループ内の中核人材を結集し，本格的な構造改革計画の策定に着手した。柳河精機の苦境の要因は，売上高が低迷するなか，アセットヘビーな状況が常態化し，多額の固定費と設備投資が発生していた点，受注製品の採算割れや拠点同士の希薄な横

連携意識などグループ経営管理がうまく機能していない点,「世界のホンダ」との直接取引は大きな強みである一方で,傘下のメガサプライヤーやホンダ以外の顧客に食い込めていない点,などがあげられる。加えて,電動化への対応と,実に連結売上高の半分相当に至る有利子負債の圧縮も対応必至の重要テーマであった。

これらの課題に対応する形で,低稼働工場の売却や余剰資産の整理をはじめとする「リストラクチャリング」,設備投資・コスト効率化による「利益・キャッシュフロー底上げ」,ホンダ系メガサプライヤーやホンダ系列以外のメーカーとの取引の拡大,および電動化対応をはじめとした「営業戦略の再策定・実行」,柳河グループオールでの経営管理の確立と高度化を志向した「経営管理・ガバナンス刷新」,以上を施策の4本柱とした構造改革計画を3ヵ月程度のプロジェクト期間を要して完成させた。

計画完成以後は,DDを開始するとともに,外部ステークホルダーとの協議・調整フェーズに移行した。ホンダとは,特に閉鎖を計画する狭山工場から,亀山工場への確実かつスムーズな製品・設備移管を実現すべく,高頻度かつ綿密な協議・打ち合わせを実施した。金融機関とは,構造改革計画を前提とした弁済プランを練り直し,幾多にわたる協議を経て,弁済促進と相応の成長投資枠確保の両立を図る,新弁済計画の合意に至った。

(3) 資本参画後の事業運営

以上を経て,EUは2021年12月23日に,柳河精機への第三者割当増資を引き受け,資本参画するに至った。ダイヤメット同様に,事前に描いた構造改革計画をベースに,アプローチに関しては柔軟に追加・修正を繰り返しながら実行に移していった。

① 工場移管と「柳河ものづくり体制強化プロジェクト」の始動

狭山工場は低稼働により赤字操業に陥り,さらに主要顧客であるホンダが近隣工場の閉鎖方針を相次いで打ち出すなど,足元の収益面,将来戦略面のいずれにおいてもグループにおける保有意義が低下しており,EUが参画するうえで,撤退に向けた検討は避けて通れない状況にあった。また,物流拠点として

評価を受けやすい立地状況にあり，不動産の売却資金により，過剰な有利子負債の圧縮と成長投資への充当につなげられるという目算があった。

構造改革計画の大玉の一つとして検討を開始し，亀山工場への漸進的な製造ラインの移管と工場不動産の売却を骨子としたプランを策定した。投資前よりホンダを中心とした顧客企業とは，対応事項細部に至るまで緻密なやり取りを行い，確実なプロセス遂行を心がけるとともに，従業員や労働組合と繰り返しコミュニケーションを行い，本件の必要性の理解を得るに至った。閉鎖のアナウンスの後も，担当製造ラインの移管が完了するまで大多数の従業員に従事いただき，大きな混乱もなく，当初予定よりも早い2023年12月に亀山工場への設備移管が完了した。この場を借りて改めて御礼申し上げたい。

なお，当該工場移管は，取り組みにおける視座と成果レベルの向上を企図し，EU参画後の2022年3月に「柳河ものづくり体制強化プロジェクト」と銘打ち，アップデートを行った。設備移管の効果を最大化するため，亀山工場における関係設備のレイアウトの同時変更や関連投資の実行，オペレーションの見直し，2S活動の徹底などを新たに盛り込んだ。また，「ものづくり力」の観点で定評がある子会社の九州柳河精機株式会社（以下，「九州柳河」という）の関与を深めるなど，グループノウハウの強化・共有の起点となるプロジェクトとなった。

図表8－6　柳河ものづくり体制強化プロジェクトのコンセプト

柳河グループのものづくり力を確固にして競争を勝ち抜く体制を構築する

強み・弱み（ものづくり現場）

強み①：顧客との関係性（ニーズに応える柳河）
強み②：九州にロールモデルが存在する（横展可能）

弱み①：利益・CFを生む意識が不足（ニーズに応えるを優先）
弱み②：「ものづくり」のリソース分散／ノウハウ（成功体験）がグループで共有できていない

Step①：九州レベルまで底上げ
Step②：QCD改善によるさらなる競争力UP

（出所）柳河精機作成

② ベストプラクティスの共有と横展開

　柳河精機本体も含めてグループ拠点間の連携に関しては，有事の際や必要な業務上のやり取りを除いてほとんどなされていない状況にあった。グループでの統制が十分でないことに加え，優れた仕組み・対応・考えが拠点間に点在している状況にあり，収益体質の強化や事業運営レベルの底上げに向けては当該点の是正が鍵になると認識していた。

　そこで，まずは拠点マネージメントがオンラインで一堂に会し，グループ全体の重要テーマや各拠点の業績と課題解決の進捗を共有，協議する「グループリーダーシップ会議」を導入した。拠点間における対応の深度やスピード，目標達成に向けた姿勢が明確に対比・認識されることで，グループ全体でのベストプラクティスへの収斂を図っていった。また，この場では特に，成功事例の積極的な発信を働きかけ，「A でできるのならば，B の拠点でも導入できるのではないか」，「他ラインでも横展開できそうだがすべて確認したのか」といったフィードバックを意識的に行い，その場で横展開の漏れを潰し込んでいった。次第に，新たな取り組みを成す際は拠点同士が自発的に情報連携を行う姿勢が定着した。

　また，グループ内で随一の業績とオペレーションレベルを誇る九州柳河の安田社長（現柳河精機代表取締役）を柳河精機のグループ生産統括取締役として招聘し，「九州流」の仕組み，行動，姿勢を浸透させていった。特に，汎用設備を工夫して使いまわし，イニシャルコストと採算性を高めるという「九州流」のポリシーは，専用ラインで大量生産というかつての成功モデルからの脱却を図る柳河精機にとり，最重要となる概念であった。

③ 開発ロードマップの策定と開発体制の再構築

　2020年のテクニカルセンター閉鎖以来，柳河精機には技術開発の専用組織が不在であった。EU として本件は，目下急務である収益改善と同レベルで重視し，プレ PA 時から投資序盤にかけて，EU のアドバイザリーチームがハンズオンで支援を行い，柳河精機の担当役員と二人三脚で開発体制の再構築と方針策定を行った。グループ内から特に競争優位性が高く，市場の期待が大きい技術・製品群を抽出し，将来の新製品化に向けて必要なノウハウなどを特定し，

将来の受注獲得に向けたロードマップに落とし込んだ。また，開発は柳河精機の役員直下のグループ横断型組織として位置づけ，限られたリソースの有効活用とタイムリーな方針決定を担保している。速やかな組織の立ち上げと，積極的な技術営業，持ち前のコア技術の高さにより，現在は多くの次世代製品の引き合いと受注獲得につなげている。

3 | メプロホールディングスの概要

(1) 自動車部品サプライヤーを取り巻く環境

自動車産業100年に一度の変革期の到来といわれるようになってから久しい。いわゆる「CASE」時代の幕開けである。CASE とは，本産業における次世代技術やサービスを表現する四つの言葉の頭文字をつなげた造語であり，それぞれ，Connected（通信・情報処理），Autonomous/Automated（自動運転），Sharing（共有），Electric（電動化）を表している。この新潮流の機会を逃さずとして，業界内では自動車メーカー，サプライヤーに加えて異業種からの新規参入者も入り乱れ，熾烈な製品・サービス開発競争が繰り広げられている。

従来の自動車部品サプライヤーに最も大きな影響を与えているのが，「Electric（電動化）」である。動力機関がエンジンから電動モーターに変わることで部品点数が3～4割減少する。エンジン部品を中心に扱うサプライヤーにとっては死活問題である。また，電動化対応が声高に叫ばれる一方，依然として流通車の大半に内燃機関部品が搭載されており，問題をさらに複雑化させている。日本の電気自動車普及率の顕著な低さも対応の難度を高めている。

以上から，自動車部品サプライヤーが対応すべきアジェンダを次のように整理している。

① 「電動化」への対処

そのときどきの社会トレンドや経済情勢により，その進行速度は加減速するものの，中長期的には電動化への転換は確実視されている。事業継続に向けて対応は必至である。

② 内燃機関実需の充足

当面主流の内燃機関部品についても安定供給を継続しなければならない。また，電動自動車の普及は環境配慮に端を発しているため，過渡期においては環境配慮を意識した内燃機関の機能向上が継続的に求められることが予想される。これを充足するべく，サプライヤーにとっては関連する技術の研鑽や継続投資などが要請される。

③ 系列依存からの脱却

電動化対応と既存事業の維持・向上の両利きの経営が求められるが，多くの企業にはこれに対応するためのヒト・モノ・カネ・技術などのリソースが十分になく，容易ではない。また，既述のとおり，自動車メーカーの競争環境や競争優位の源泉も変容しつつあり，かつてのような「メーカー系列を前提とした受注の安定化」も終焉が近づいている。

(2) 経営統合の狙いと形態
① 経営統合の狙い

ダイヤメット，柳河精機ともに，収益構造の改善が進む一方で，再成長，より正確にいえば，変化が激しい本業界の競争を勝ち抜き，持続的な成長が期待できる明確なソリューションの不足，という共通課題を抱えていた。こうした，「投資先単独での明確な成長ソリューションが不足」するケースにおいては，バイアウト・ファンドとしては，引き続きソリューションの構築に向け，投資先と伴走を続けるか，あるいはソリューションを見出すことが可能な次なる株主に成長のバトンを渡すか，のいずれかの選択肢をとることが通常である。

メプロホールディングスの取り組みは，いわば第三の選択肢といえる。取り組みの狙いは次のとおりである。

a．企業規模の拡大

特に，装置産業においては事業規模の拡大は一般的にポジティブに働く。リソースの共有，共通化により，スケールメリット享受の可能性が高まるためである。前項で述べたとおり，業界の過渡期に適切なレベルで対応していくため

には，自社リソースの強化が不可欠である。

b．レジリエンスの強化

レジリエンスとは，「耐久力」，「回復力」といった意味を持ち，ビジネスの分野では，「困難や危機に対応し，乗り越える力」と訳されることが多い。

ダイヤメット，柳河精機の両者は，自動車向け金属素形材加工という共通項を持ちながらも，製法，製品は異なり，顧客および展開地域の比重にも差がある。業界変化が激しさを増すなかで，こうしたポートフォリオの分散は経営安定化に寄与する。

c．成長アングルの拡大

顧客網や拠点の相互活用を通じた拡販の機会が生まれる。また，自動車メーカーやメガサプライヤーはCASE対応に向けた技術・モジュールの開発に投資を集中する動きが見られるため，製品の製造・開発の外部委託比率が高まる傾向にある。メプロホールディングスは，特性の異なる三つの製法を駆使し，広範な用途・ニーズへの一括対応を可能にする。業界でも稀有なマルチ素形材

図表8－7　保有技術の特徴

	鉄鍛造 	アルミ鋳造 	粉末冶金 
重さ	△	○	◎
強度	◎	○	△
形状	△	○	◎
サイズ	○	◎	△
機能性	△	○	◎
特徴	軽量化には不向きも、高い強度を提供	中～大物が製造可能で一定の強度と軽量化を提供	軽量/複雑形状の生産と、混合原料による機能付与が可能

（出所）メプロホールディングス作成

194 第Ⅱ部 事例と経営者インタビュー

サプライヤーとしてのポジショニングを確立していく。

② **経営統合の形態**

　両者の長い歴史と企業文化への敬意，ならびに業界におけるネームバリューの高さをふまえ，両者の法人格を存続させる形態が肝要と考えた。各種の協議と方針策定の完了を受け，2023年11月に，ダイヤメット，柳河精機両グループを傘下とするメプロホールディングスが誕生した。なお，メプロ（Mepro）という名称には，両者の金属加工技術を用いたモノづくりへのプライドと（Metal, Processing, Professional），両者が手を携えて激動の未来を切り拓いていく，という想いが込められている。

(3) 経営統合後の運営

　「統合戦略の実現は中長期目線で腰を据えて取り組む」，「追求するのはシナジーの最大化ではなく，グループ成果の最大化であること」。経営統合の協議の場で，EU から両経営陣に幾度となく伝えた基本方針である。前者は先述のとおり，持続的な成長基盤の構築，の文脈で本件を構想していること，後者は，シナジー追求，自社の改革，相手方への支援，そのときどきで何を優先するかはすべてグループ成果の期待総量を判断軸に決める，という考えが根底にある。歩み自体は緒に就いたばかりではあるが，有形無形のさまざまな効果が出始めている。

図表8－8　メプロホールディングスの会社概要

会社名	株式会社メプロホールディングス
設立	2023年11月1日
代表者	代表取締役社長 伊井浩 代表取締役副社長 安田八洋
本社所在地	〒100-0005 東京都千代田区丸の内2－5－1 丸の内二丁目ビル6F
事業内容	グループ企業の統括・経営管理
関連会社	株式会社ダイヤメット，柳河精機株式会社
役員数	取締役8名，監査役1名，執行役員1名

（出所）メプロホールディングス

① 経営会議体を通じたグループアジェンダへの昇華と消化

メプロホールディングスの経営会議を月次で開催し，各社の概況と重要課題の共有，ならびにグループ課題の特定と対応方針の意思決定を行っている。ホールディングスの経営陣は両者の代表と CFO が兼務し，迅速な方針の決定・実行を担保している。また，ホールディングス専任の執行役員が実行に向けて各社をサポートするほか，グループ横断の取り組みを直接リードし，全体最適での成果創出を担保している。

統合から半年が経過した頃からは，特にグループ営業に関する議論を加速しており，営業パイプライン情報を一元管理し，グループとしての戦略領域や事業・拠点ごとの将来成長目線の設定，協業方針の策定などを行っている。マルチサプライヤー化に向けては，開発機能も絡めて当該グループ営業のプラットフォームを発展させていく構えである。

② ノウハウ・事業インフラの共有・補完

即効性を伴ったのが，ノウハウの共有である。例をあげると，原価高騰に伴い顧客企業に価格調整を要請せざるを得ない状況にあったのだが，この際に当該分野で先行していた相手方の積極的な関与や助言が大いに役立ったケースなどがあげられる。また，新規エリアへの拡販に伴う拠点や物流インフラの相互活用も具体的な検討を進めている。

③ 技術者交流

ある種一番といえる盛り上がりを見せるのが，技術者交流である。双方の開発部門が互いを訪問し合い，開発分野の紹介や共同開発の議論を進めている。異分野の技術・考えに触れられるのは刺激があり，学びと気づきが多々あるとの声を多く寄せていただいている。技術者の探究心，創造性，意欲の醸成は，技術に強みを持つものづくり企業の発展において何より重要であることは論を俟たない。戦略と開発方針の整合，最適な資源配分など，教科書的な論点も当然に重要であるが，技術的ブレークスルーの創発に向けては，技術者の意欲向上が第一という姿勢で腰を据えて取り組んで参りたい。

技術者交流会の様子

おわりに

　これまで，ダイヤメット，柳河精機のターンアラウンドの変遷と，経営統合を構想した経緯，その後の歩みについてご紹介させていただいた。改めて実感するのが，両者の持ち前の人材，技術レベル，遂行能力の高さと，逆境の中鍛え上げてきた変化への対応力の高さである。目まぐるしく変わる事業環境のなか，怯むことなく変化に対しリスクテイクし，成果と地力を勝ち得ていく様を伴走者の立場で感じ取ることができたのが一番の醍醐味であった。

　日本の基幹産業である自動車業界は大きな変化点を迎え，過去および現在の両社と同様の課題認識を持つ企業の多さを，立場上実感する機会は多い。この業界のアドバンテージは，外部環境的にいえばマーケットの大きさと，内部環境的には，これまで繰り返し触れてきた，優秀な人材や培ってきたアセット，ケイパビリティに尽きる。しかしながら，時代の唸りの大きさをふまえるならば，現行の延長線上の取り組みでは心許なく，今後の解の一つとして，本稿で述べたような業界再編の姿があろう。分散と補完で経営の安定力を高め，規模化・効率化で経営資源の内部蓄積を図り，培った経営資源を連携と組み合わせを通じて創出した新たなビジネス機会に投下する。メプロホールディングスが企図するのは，このような事業展開の流れと，その先に生み出される好循環の創出である。

再編は自然発生的には起こらない，正確にいうと自然発生的な再編は時期を逸しているといえる。EU，ひいてはバイアウト・ファンドの役割は，再編を能動的に仕掛け，必要な要素や機能を注入し，経営の触媒として中立的なリーダーシップと業界慣行にとらわれない発想力と構想力を駆使して，この取り組みを成功に導く先導役となることであろう。特に，日本の基幹産業を舞台に業界の旗手を生み出していく過程は，「にっぽんのためのファンド」を標榜するEU としてのアイデンティティの体現でもある。

メプロホールディングスの挑戦は，まだその歩みを始めたばかりである。これからも多くの機会・困難といった変化に直面し，大きな決断を迫られるケースが訪れることは想像に難くない。EU の役割は正解のない問いに対して，経営の触媒および先導役として，企業が最適解を見出す手助けをし，企業の変革に向けた力を最大化することと心得る。役職員の皆様とともに，選択した「最適解」を「正解」にしていくために，これからも力を尽くして参る所存である。

経営者インタビュー

経営統合の推進役としてのバイアウト・ファンドへの期待
～全体最適を追求する業界再編の触媒 ～

株式会社メプロホールディングス
代表取締役社長
伊井浩氏

株式会社メプロホールディングス
代表取締役副社長
安田八洋氏

Q 自動車部品や産業機械などの産業財セクターの中堅企業においても，事業再編や事業再生局面においてバイアウト・ファンドが活用されるケースが出てきていますが，もともとバイアウト・ファンドという存在に対して抱いていた印象についてお聞かせ願います。

（伊井） 企業価値向上を支援してくれるというイメージがありました。磨けば光る技術や優秀な人材を抱えていてもなかなか発揮できていないケースなどにおいて，資金面も含めて潜在的な力を発揮でききるようにサポートしていただけるものが，いわゆるバイアウト・ファンドの役割であるというイメージを持っていました。一般的には，テレビでも登場したハゲタカ・ファンドのイメージが強いかもしれませんが，私はそこまでマイナスのイメージはありませんでした。

普通のサラリーマン生活ではほとんど会う機会はないと思います。以前の勤務先では，海外を中心に資本参加や買収というような話がありましたが，バイアウト・ファンドとの接点はありませんでした。

（安田） 柳河精機の資本増強の話が出るまでは，バイアウト・ファンドのことをあまり存じ上げませんでした。少しインターネットで調べたりもしましたが，経営状態が悪い企業に出資して，リストラして短期的に収益を改善したうえで売却するというイメージを持っていました。あまり地元でもバイアウト・ファンドの話が出ることもなく，投資ファンドで知っていたのは，上場企業の株式を買い集めるアクティビスト・ファンドくらいでした。

Q 伊井様は，2021年1月よりダイヤメットの役員として参画されましたが，経営参画をお引き受けされたポイントについてお話し願います。

（伊井） まず，事業の魅力という点については，主要顧客が自動車メーカーというのが

強みだと考えています。ダイヤメットの場合は，特定の系列色がなく，いわゆるTier 1ユーザーを主要顧客としていますので，Tier 1を通じて国内外の多くの自動車メーカーに製品が使用されています。米国を含む自動車ユーザーに製品が販売されているということは，売上規模という観点からも，事業継続の安定感があり魅力に映りました。

　次に，今までの経験が活かせると思った点については，前職も自動車部品の製造・販売という領域でしたので，比較的早く溶け込めると考えていました。また，大変は大変

柳河精機のアルミダイカスト製品（モーターケース）

ダイヤメットの焼結機械加工部品（トランスミッション部品）

ですけれども，再建を目指している企業の先頭に立つという機会は相応に魅力的であり，前職で欧州とインドの責任者を任せられて再建を担った経験もありましたので，ダイヤメットの経営にも活かせるのではないかと考えていました。前職はそれなりに大きな規模の会社でしたが，海外現地法人としては本社サイドの意見も参考にする必要があり，現地で意見を吸い上げて考えたことがすぐには実現できないというもどかしさもありました。それに対して，バイアウト・ファンドの傘下の企業では，思ったことを常に積極的に発信して，実現できるのではないかと思いました。

　あとは，エンデバー・ユナイテッドさんからお話をいただいたときに，営業面の強化という要請も受けており，営業経験のある私としては，この点においてもこれまでの経験を活かせそうだと感じていました。

　最初にお会いしたエンデバー・ユナイテッドのメンバーは，前野龍三さん，貴島彰さん，成田修平さんの３名でしたが，ダイヤメットに対する期待の高さというのを感じました。最も頻繁にお会いしたのは，成田さんですが，最高のパートナーでした。入社してからも，設備投資，海外展開の強化，自動車以外のビジネスなどの議論においても，すぐに否定するのではなくて，その可能性に対して一緒に話を聞いてくれて，本当に実現させるためにはこんな方向で進めたらどうかというアドバイスもいただけています。このような考え方は，短期的というよりも長期的なものですが，これは従業員の皆さんに対してもポジティブなメッセージになりますので有り難いと思っています。

Q 2021年12月には，エンデバー・ユナイテッドが管理・運営するバイアウト・ファンドが柳河精機に資本参加を行いました。安田様は，九州柳河精機で社長を務められていましたが，バイアウト・ファンドが経営参画することが決まった際の心境についてお聞かせ願います。

（安田） 今までの柳河精機グループでは，個社ごとにそれぞれで経営していくというスタイルが採られており，お互いほとんど関与していませんでした。九州柳河精機は収益もそこそこあり，経営も健全だったのですけれども，親会社が経営不振に陥った影響を受けたというような状況でした。それでもまだ個別に経営がなされていて，収益が良好な九州はそのままの体制を継続して，親会社のほうだけで経営改善が進んでいくのではないかと当時は考えていました。

　最初に，エンデバー・ユナイテッドの皆さんに九州に来訪いただいたのは，2021年の春頃で，社長室にて，前野さん，貴島さん，吉田道弘さんとお話をさせていただきまし

た。九州柳河精機の今後の売上や生産量の見通し，柳河精機と異なるところについてお話したと記憶しています。

その際の皆さんの印象ですが，経営によく精通した方々という印象を受けました。先ほどのアクティビスト・ファンドに抱いていた印象と比較して，誠実な方々だという印象を受けました。親会社の柳河精機はオーナー企業でしたので，私たちが変革を推進するというのはかなり難しいと感じていまして，第三者としてバイアウト・ファンドが参画して，客観的に事実を判断して，変革を担っていくことには意義があると感じていました。

Q 2023年11月には，経営統合によりメプロホールディングスが設立され，ダイヤメットと柳河精機の経営統合が行われました。双方の強みを活かしながら業界の変革をリードする企業グループを目指すとのことですが，これまでの各社の交流や，今後の展望についての協議内容についてご教示願います。

（伊井）基本的には個社ごとの独立性を保つという方向性を貫いていますが，この方針については本当に正しい選択だったと思います。ダイヤメットも，柳河精機も，まだいろいろな問題を抱えていますし，いくら経営統合したところで，個社の力が強化されないことにはグループ全体が強くなりません。エンデバー・ユナイテッドさんからも，まずは個社の力を強化するということが基本であるという助言をいただきまして，その方向性でまず考えましょうということになっていました。

今後については，両社が協力し合って一緒に行えることを徐々に増やしていく必要があると思いますが，具体的な交流や協働については，まだ緒に就いたという感じで，やっとスタートし始めたというのが実感です。

役員同士の交流という点でいうと，お互いの製品と生産現場を知るという視点で，ダイヤメットの経営陣がまず柳河精機の亀山工場を訪問させていただいて，それから柳河精機の経営陣がダイヤメットの新潟工場を見学されました。また，それぞれの開発や営業の定期的な会議体に，それぞれ自由に参加できることにしました。

（安田）お互いの開発メンバーが工場を訪問するということも開始しています。開発分野の交流を目的とし，ダイヤメットの開発メンバーが九州に来訪し，九州柳河精機での開発の現場を見ていただきました。また，九州の開発メンバーも新潟に出向いて，ダイヤメットの状況を見て，お互いに何か共同で販売できそうなものはないか模索し始めています。

202　第Ⅱ部　事例と経営者インタビュー

　それから，九州柳河精機の製品は，ダイカストというアルミを溶かして固めるものですが，その過程でダイヤメットの焼結を鋳込むというような形で何か付加価値のある製品を開発できないかという試行錯誤も開始しています。

　その他には，集中購買によるコストの低減に向けたディスカッションも開始しています。

Q バイアウト・ファンドは M&A のプロであり，エンデバー・ユナイテッドのメンバーも統合計画の策定や実行支援の経験を有しています。経営統合の推進役としてバイアウト・ファンドが中立的な立場から関与するという意義については，どのようにお感じになられましたでしょうか。

(伊井) エンデバー・ユナイテッドの皆さんの存在があるからこそ可能になっていることとしては，公平な判断をもって，意思決定プロセスを客観的および合理的に導いていけるということがあげられます。それにより，経営統合が円滑に進みつつあります。

　実は，私は以前の会社で合併という経験をしています。全く異なる会社同士の合併でしたが，一体感が出るには時間がかかりましたし，事業会社同士だけで進めるということは難しいと感じていました。

　エンデバー・ユナイテッドさんは，大所高所から全体の状況を俯瞰的に見て，ダイヤメットと柳河精機という個別最適ではなく，常にメプロホールディングスというところでの全体最適を念頭に置かれて統合を進めるということを心がけていると感じます。個社同士のみで議論をしていると，どうしても個別最適に陥りやすくなりますので，その意味でも，メプロホールディングスという持株会社が存在し，エンデバー・ユナイテッドさんが中立的な立場での推進役を担うことで，いわゆる全体最適を見据えた好結果に結びつくのではないかと考えています。

Q 昨今，中堅・中小企業においても，SDGs（Sustainable Development Goals）や ESG（environment, social and governance）やサステナビリティの視点が重視されるようになってきました。ESG およびサステナビリティの取り組みの現状や展望についてお聞かせ願います。

(安田) 以前は，ガバナンス，環境，サステナビリティというテーマを別々に考えながら取り組んでいました。自動車メーカーからも要請があり，ガバナンスチェックシートのようなアンケート項目が存在し，取り組みの実態を報告していました。また，環境に

関しては，ISO14001で求められるチェックリストに従い，それを改善していくという取り組みを行っていました。

その後，日本の自動車部品メーカーにおいても，ESGのフレームワークが浸透してきまして，最近では，EcoVadisという共通の評価体系に基づいて対応するようになりました。今までは，自動車メーカー各社のチェックリストに応える必要がありましたが，これにより共通のチェック項目に対応していく仕組みが構築されました。

今は，メプロホールディングスで掲げたESG方針を各工場の生産現場に浸透させていくということにも取り組んでいます。年間計画にチェック項目を入れて，月1回の報告会を実施しています。収益に直接結びつかないような項目もありますので，反応がよくないケースもあるのですが，エネルギー使用量の削減を中心とする環境問題については，皆さん関心を持ちながら対応いただいています。

あと，サステナビリティに関しては，私が九州にいた頃に，熊本地震に直面して身に染みて感じたところもありますので，自然災害が発生した場合の事業活動の継続について，勉強しながら対策を講じています。

（伊井） ESGが長期的に企業価値向上につながるという考え方は，世の中でいわれているとおりで，重要な施策に位置づけて取り組んでいます。特に，焼結炉というダイヤメットの製品では，製造工程においてものすごく大量の熱エネルギーを必要とするため，温室効果ガスの排出量が多くなってしまうという実情があります。その意味でも，環境への配慮について，真摯に考えていく必要を感じており，対応を強化しています。具体的には，持続可能な経営を実現するという視点を重視し，高効率・高稼働の設備への更新・集約を通じて，温室効果ガスの抑制や，エネルギー効率の向上を通じた生産性コストの低減に取り組んでいます。

工程管理の高精度化を通じた不良率の改善や労働安全衛生などにも取り組んでおり，収益の増加と社会的責任の履行を両立させていく必要があるという認識で取り組んでいます。

Q エンデバー・ユナイテッドのメンバーから，ESGやサステナビリティに関してアドバイスをいただいたことはありますでしょうか。

（伊井） ダイヤメットがエンデバー・ユナイテッドさんからESGに関する助言を受けたのは，私が就任する前の2020年末と聞いています。全社的なESG活動の中期計画をスタートし，2021年度より本格的な活動を開始しました。これまで，ESG目標，マテ

リアリティの設定，達成に向けた方針の策定から社内外の発信方針まで全般的にサポートいただきました。

　エンデバー・ユナイテッドのメンバーと投資先各社の経営陣との懇親の場として開催されている「社長会」においては，ESG のセッションが設けられ，各社の ESG の取り組みの実態が共有されています。2024年の「社長会」においては，ダイヤメットが「ESG 準アワード」を受賞することができました。そのときにアワードを受賞された会社の発表も拝聴しましたが，同業種ではない会社の ESG の取り組みについて知る機会となり，「こんな考え方もある」と気づくこともあり，お互いの刺激にもなる学びを得ました。

社長会の様子

メプロホールディングスの経営会議の様子

Q 最後に，メプロホールディングスの今後の展望と日本のバイアウト・ファンドへ期待したい点についてお話し願います。

（安田） 先ほど少し触れましたように，ダイヤメットと柳河精機では少し事業内容が異なりますので，大きなシナジーの創出には多少時間を要すると考えていますが，購買，開発，営業に関する情報の共有を行いながら，収益性の向上につなげられるのではいかと期待しています。次に，海外展開の強化については，ダイヤメットには中国とマレーシアに拠点があり，柳河精機には米国とタイに拠点があり，お互いの拠点の活用可能性について議論を開始しており，そこにシナジー効果の創出を期待しています。

　世の中の経営者には，何となく引き継いで結果的に低迷してしまったケースも多数あると思いますが，活力が低下する前にバイアウト・ファンドが参画して，再成長に寄与していくケースが増えていけば，さらに存在価値が大きくなっていくのではないかと感じています。そして，再成長に向けた救世主として従業員の間でも後々語られるような存在になってほしいと考えています。

（伊井） 経営統合の効果というのは，拠点間の連携をうまく活用し，単なる「1＋1」ではなく，各社が積極的に交わることにより規模を拡大しながら実現していくものであると考えています。その意味でも，領域が少し異なる会社同士ですけれども，ダイヤメットと柳河精機がお互いに刺激し合いながら，人材交流を積極的に推進し，「1＋1」が「2以上」になるような効果を創出していきたいと考えています。

　バイアウト・ファンドへの期待については，日本企業が事業の選択と集中により非中核部門を切り出していくという話が進んでいき，出番が増えていくと予想します。世の中の環境が激変していくと思いますが，バイアウト・ファンド主導で事業の統合やその後の事業の拡大が推進されることを期待しています。

伊井浩氏略歴

株式会社メプロホールディングス　代表取締役社長
株式会社ダイヤメット　代表取締役社長
1983年に光洋精工株式会社（現株式会社ジェイテクト）に入社。株式会社ジェイテクトの常務執行役員，同子会社であるジェイテクトヨーロッパ，ジェイテクトインドの社長を歴任。2021年1月に株式会社ダイヤメットの取締役に就任，同年4月に代表取締役社長に就任。2023年11月に株式会社メプロホールディングスの代表取締役社長に就任。

安田八洋氏略歴

株式会社メプロホールディングス 代表取締役副社長
柳河精機株式会社 代表取締役社長 グループCEO
1983年に九州柳河精機株式会社に入社。2014年に同社の代表取締役社長に就任。2022年に
柳河精機株式会社取締役 グループCOOに就任。2024年2月に同社の代表取締役社長 グ
ループCEOに就任するとともに，株式会社メプロホールディングスの代表取締役副社長に
就任。

第9章 事業ポートフォリオ変革を目指す経営陣によるバイアウト・ファンドの活用事例
――豆蔵ホールディングスのコーポレート・トランスフォーメーション――

インテグラル株式会社

ディレクター **野村宗広**

はじめに

　インテグラルグループが投資・助言を提供するファンド（以下，「インテグラル」という）は，2020年3月に株式会社豆蔵ホールディングス（以下，「豆蔵HD」という）を荻原会長兼社長とともにマネジメント・バイアウト（MBO）を実施し，同社の非公開化を行った。本稿では，インテグラルによる豆蔵HDへの投資事例について，その背景，意義，具体的な取り組みを紹介する。

　豆蔵HDは，東京証券取引所第一部（現東京証券取引所プライム市場）に上場しており，その連結子会社10社（株式会社豆蔵，株式会社オープンストリーム，株式会社フォスターネット，株式会社ネクストスケープ，ジェイエムテクノロジー株式会社，センスシングスジャパン株式会社，株式会社コーワメックス，ニュートラル株式会社，株式会社エヌティ・ソリューションズ，株式会社ROBON）は，情報サービス事業と産業機械事業を展開する企業グループとして活動していた。

　高度なITソリューション技術を構築し，その技術を提供することで顧客の利益に資することを目指していた。さらに，これらの活動を通じて産業界の発展に貢献し，「リスクを取って挑戦し続ける会社」という経営理念を掲げる技術者集団として知られていた。

　しかし，事業ポートフォリオの分散や急速に変化する外部環境への対応の必要性から，高付加価値のデジタルサービスを提供するためには，前例のない抜本的なポートフォリオ改革が必要と判断された。このような背景のもと，イン

テグラルは豆蔵 HD の経営陣とともに取り組みを進めた。

　MBO を通じて前例のないコーポレート・トランスフォーメーションを実現しようとした豆蔵 HD が，いかにしてインテグラルとともに企業価値の向上を成し遂げてきたのか，その詳細を本稿で説明する。

　この事例の紹介を通じて，非公開化を活用したポートフォリオ変革の可能性について理解していただき，企業価値の向上を目指す経営陣にとって有効な手段となることを願っている。

1 豆蔵ホールディングスの概要

　豆蔵 HD は，1999年に設立され，東京都新宿区に本社を置き，主に情報サービス事業と産業機械事業を展開していた会社である。豆蔵 HD は，情報サービス事業において，①ビジネス・ソリューション部門，②エンジニアリング・ソリューション部門，③教育ソリューション部門という三つの主要部門を基盤とし，先端技術の導入支援を行っている。また，産業機械事業では，自動車やロボットなどの組込系システムの開発支援や，半導体製造装置向けのソリューションを提供していた。豆蔵 HD は，高度な IT ソリューション技術を駆使し，

図表 9 - 1　会社概要（非公開化時）

会社名	株式会社豆蔵ホールディングス
創業	1999年11月
代表者	代表取締役会長兼社長 荻原紀男
所在地	〒163-0434 東京都新宿区西新宿 2 - 1 - 1 　新宿三井ビル34階
従業員数	2,044名（2019年 3 月末）
事業内容	情報サービス事業（ビジネス・ソリューション部門，エンジニアリング・ソリューション部門，教育ソリューション部門），産業機械事業
子会社	株式会社豆蔵，株式会社オープンストリーム，株式会社フォスターネット，株式会社ネクストスケープ，ジェイエムテクノロジー株式会社，センスシングスジャパン株式会社，株式会社コーワメックス，ニュートラル株式会社，株式会社エヌティ・ソリューションズ，株式会社 ROBON

（出所）豆蔵ホールディングス

図表 9 − 2　各子会社の事業領域

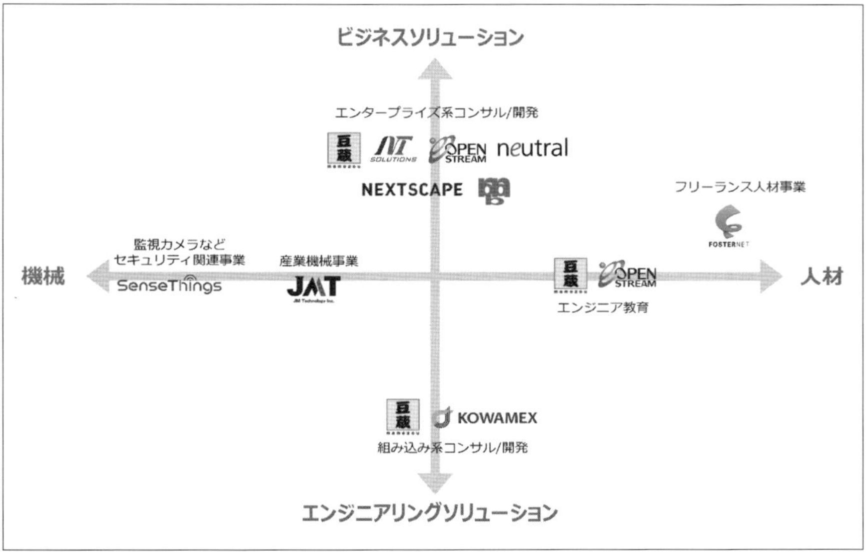

（出所）豆蔵ホールディングス作成

顧客の利益に資することを目指しており，「リスクを取って挑戦し続ける会社」という経営理念のもと，産業界の発展に貢献してきた。

2 ｜ 案件の背景と意義

　豆蔵 HD の MBO は，既存の経営体制を維持しつつ，抜本的な構造改革を実施するために行われた。経営陣は，インテグラルをベストパートナーとして選び，2020年 1 月から 3 月にかけて株式の公開買付けを実施し，非公開化を達成した。

(1) 案件の背景

　当時，豆蔵 HD は M&A を含めた業容拡大に努めてきた。しかしながら，次にあげる外部環境の劇的な変化が進行するなかで，抜本的な構造改革を実施

しない限り，持続的な成長は極めて不透明な状況となっていた。

① デジタルトランスフォーメーションへの対応

　外部環境が急速に変化し，デジタルトランスフォーメーションの対応，ビッグデータの活用，より多くのソフトウェアにより制御されるハードウェアの出現など，高度な技術革新が進展していた。顧客もこれらの新しいIT技術・概念を積極的にとり入れ，既存事業に反映する状況であった。その結果，人工知能やクラウドサービスを組み合わせたデジタルトランスフォーメーションを長期的視点で既存事業にとり入れなければ，顧客基盤を失う危機的な状況に直面していた。

② 優秀なエンジニアの確保

　IT業界では技術革新のスピードに追随し，最新技術を積極的にとり入れる高いモチベーションを持つエンジニアの確保が必須である。豆蔵HDは，技術者集団としての強みを維持・発展させることが経営戦略の根幹と考えていた。しかし，最先端技術を習得したエンジニアの数は不足しており，採用競争も激しいため，優秀なエンジニアの社外流出が課題となっていた。この問題に対処するため，先端技術領域への投資強化による魅力的な開発環境の拡大，質の高いITビジネスとプロダクトビジネスへの積極的な投資の継続，変革に向けた体制の構築が必要と考えられていた。

　デジタルトランスフォーメーションへの対応と優秀なエンジニアの確保が不可欠な状況において，二つの問題が認識された。一つは，受託開発・コンサル・派遣のような人員数・受注工数により売上が決まる既存ビジネスにおいて，規模の拡大のみを追求すれば，業績はいずれ頭打ちとなり，先端領域で強みを発揮できないことである。もう一つは，M&Aを通じた事業拡大の結果，グループ会社間における個社ごとの収益性やエンジニアの技術水準にバラつきがあり，グループ全体での成長可能性を最大限に発揮したパフォーマンスを上げられていないことである。

　そこで，現在の高いモチベーションを持つエンジニア集団としての強みを維

持・発展させることの大切さを再確認し，次のような構想が描かれた。

・既存ビジネスに加えて，高成長が見込まれる先端技術領域において，技術力を活かして自社製品を開発し，エンジニアの人員数・受注工数だけに頼らないユーザーの増加による売上が伸びる新たなプロダクトビジネスへの積極的な投資の継続。

・グループ間の人事交流や先端的なノウハウの共有を促進する組織を作り，先端技術領域のエンジニアを持続的に育成するための業務体制・教育体制の発展的な再構築。

(2) 非公開化の意義

　大幅なビジネスモデルの転換，積極的な投資の継続，グループ全体の業務体制の再構築は，中長期的に大きな成長が見込まれる機会であり，競争力のある人材を持続的に育成する体制を確立するものである。しかし，短期的には先端技術教育コストの増大，有望分野への配置転換の途上における人員稼働率の低下，プロダクトの開発成否，商品の売行きが業績に影響を与えるリスクがある。これらの取り組みは，短期的には利益水準やキャッシュ・フローの悪化をもたらす可能性があり，従来のビジネスとは異なるリスクを伴う。上場を維持したままこれらの構想を実行に移せば，短期的には市場からの十分な評価を得られず，株価に悪影響を及ぼし，既存株主に不利益を与える懸念があった。そのため，MBOの手法により株式を非公開化し，一貫した方針のもとで迅速かつ大胆に経営改革を実施できる体制を構築する必要があった。豆蔵HDは，インテグラルをベストパートナーとして選び，株式公開買付けを行うことを決定した。

　非公開化の意義は，短期的な市場の評価に左右されず，長期的な視点で経営改革を迅速かつ果敢に実施できることである。特に，技術力の向上と事業の再構築において，フィナンシャルスポンサーとしてインテグラルとの協働が重要な役割を果たしている。

3 非公開化後の経営体制とインテグラルの支援内容

(1) 事業ポートフォリオの再定義

　MBO後，まず取り組んだのが事業の再定義である。もともと，豆蔵HDでは傘下にあった10の事業会社がそれぞれ独立して運営を行う遠心力経営が行われていた。各社が裁量を持って運営することで機動的な事業運営が可能であった一方，各社間のシナジーの追求や全体最適の観点からの企業価値の最大化には必ずしもつながっていないという仮説があった。その結果として，上場時には市場からコングロマリット・ディスカウントをもって評価されていたとみられる。そのため，非公開化後は各事業会社の位置づけを再評価し，関連する事業会社ごとにグループ化・再編したうえで，再編したグループごとに事業会社間のシナジーを追求することに取り組んだ。

　豆蔵HDのMBOを目的として設立した，株式会社豆蔵K2TOPホールディングス（以下，「豆蔵K2TOP」という）は，事業の親和性を高めるためにグループ内の事業再編を実施した。特に，豆蔵デジタルホールディングスおよびオープンストリームホールディングスへの事業再編が行われ，各社の強みを活かしたシナジー効果が期待された。顧客属性や提供ソリューションに加えて，

図表9－3　非公開化時のコーポレートストラクチャー

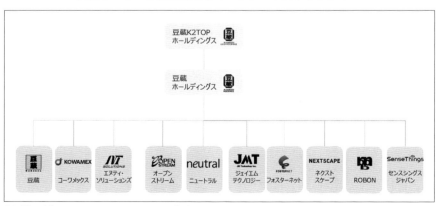

（出所）豆蔵K2TOPホールディングス作成

図表 9 － 4　再編後のコーポレートストラクチャー

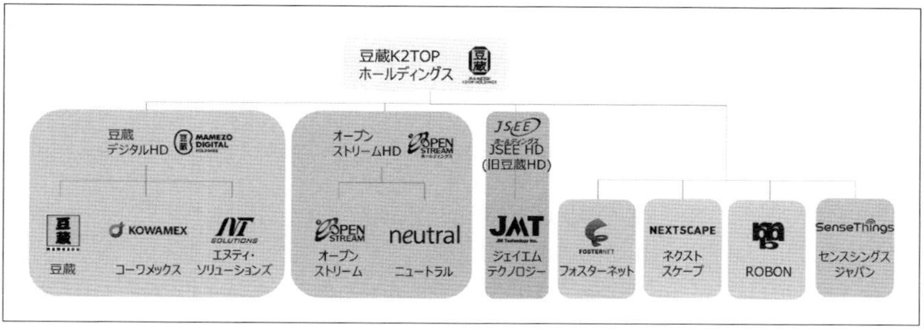

（出所）豆蔵 K 2 TOP ホールディングス作成

企業文化をふまえてグルーピングの検討を行った。

　具体的な流れは，**図表 9 － 4** に記載のとおりである。マルチクラウドベンダーであるオープンストリームをコアとしたクラウドインテグレーション事業を担うグループとして，中間持株会社であるオープンストリーム HD（以下，「OSHD」という）を設立し，OSHD 傘下にオープンストリーム，ニュートラルおよびジェイエムテクノロジーの SI 事業を統合した。一方で，ロボティクスおよびエンタープライズ系を担うグループとして，中間持株会社である豆蔵デジタルホールディングス（以下，「MZD」という）を設立し，MZD 傘下に豆蔵，コーワメックスおよびエヌティ・ソリューションズを移管した。その他の事業会社は，事業の独自性などを鑑み，それぞれの強みを活かして個々に成長を目指すこととした。

　インテグラルは，資金提供のみならず，人材の派遣や経営戦略の策定支援を行う「i-Engine」機能を通じて，豆蔵 K 2 TOP の企業価値向上を目指した。この支援により，豆蔵 K 2 TOP は積極的な投資とビジネスモデルの転換を実現し，競争力の強化を図った。MBO 後，インテグラルは豆蔵 K 2 TOP に対して経営支援を実施し，経営陣の再編と管理体制の強化を行った。特に，財務経理部門の強化や事業部門の再編成が行われ，経営の透明性と効率性が向上した。

(2) 各グループ間のシナジー追求

　再編後，OSHD はマルチクラウドインテグレーターとして，MZD は DX コ

214　第Ⅱ部　事例と経営者インタビュー

ンサルティングファームとして，グループシナジーの発現に取り組んでいる。

① **オープンストリームホールディングスの概要**

OSHD では，オープンストリームのプロジェクト管理手法をベストプラクティスとして各社に移植することで，グループ内のサービス品質の上位平準化および高付加価値案件への移行を実現した。ここでは，核となるシステムインテグレーション事業の取り組みを紹介する。

OSHD のシステムインテグレーション事業は，顧客企業が業務に利用する情報システムの企画，設計，開発，構築，導入，保守，運用などを一貫して請け負うサービスを行う事業である。OSHD は，オープンストリームおよびニュートラルを通じて，関東圏の流通・小売・サービス業，中部東海圏の製造業の顧客に対し，上流工程における企画の支援をはじめ，先端技術（マルチクラウド，AI，IoT，ビッグデータなど）の活用やサービス構築から維持運営まで，すべての接点でエンドユーザーのビジネスを支えるワンストップサービスを提供している。また，ニュートラルでは，医療分野の電子カルテ導入・運用支援や，公共分野の自治体向け上流工程における導入・運用開発支援も行っている。

図表 9 - 5　オープンストリームホールディングスの会社概要（2024年 3 月末時点）

会社名	株式会社オープンストリームホールディングス
設立	2020年11月
代表者	代表取締役社長 吉原和彦
所在地	〒163-0709 東京都新宿区西新宿 2 - 7 - 1 新宿第一生命ビルディング 9 階
従業員数	約1,000名
事業内容	・SI 事業： AI，IoT，クラウド，ビッグデータなどの最先端技術を駆使したシステムインテグレーションとお客様の課題解決を支援するコンサルティングサービス ・プロダクト事業： システム開発・運用コスト削減ツール Biz/Browser，スマート工場ソリューション Quick シリーズ企画・開発・販売
子会社	株式会社オープンストリーム，ニュートラル株式会社

（出所）オープンストリームホールディングス

図表9-6　オープンストリームホールディングスの経営理念

（出所）オープンストリームホールディングス

a．優良な顧客基盤

　システムインテグレーション事業においては，エンドユーザーとの取引率が高く，各業界のトップクラスの大手優良顧客との取引量が多いのが特徴である。一般に，システムインテグレーション事業では，多重下請け構造によりエンドユーザーとの取引率が低くなりやすいが，オープンストリームにおいては，2020年11月時点でエンドユーザー取引率は96％を占めている。また，OSHDグループは，SNS業界国内No.1のLINEヤフー株式会社，ガス業界国内No.1の東京ガス株式会社，自動車業界国内No.1のトヨタ自動車株式会社など，幅広い業界における業界トップクラスとの取引実績を有している。

b．圧倒的なBtoCサービス開発実績

　OSHDグループは，システムインテグレーション事業においては，競合他

社の売上高の多くを占める基幹システム開発には注力せず，顧客企業の B to C サービスに重点を置いた開発を長年にわたり行い，そのノウハウを蓄積してきた。これにより，競合他社と比べてサービス立ち上げの速さと柔軟性の高いサービスを提供する企業としてのポジションを確立している。

　c．自己研鑽し続ける社員とハイレベルエンジニアの採用力
　OSHD グループでは，エンジニア未経験者も短期間で一人前のエンジニアとして活躍できるようになる独自の教育システムを提供している。加えて，エンジニア自身による自発的な勉強会の開催や，クラウド関連資格をはじめとした多くの資格取得の推進など，自己研鑽し続けるエンジニアの技術力を背景に，質の高いサービスを提供している。また，このような教育システムを通じてデジタル社会に必要不可欠な B to C エンジニアへの成長を約束することで，ハイレベルエンジニアの採用力の強化につながっている。

図表 9 − 7　再編子会社のプロジェクト品質の改善

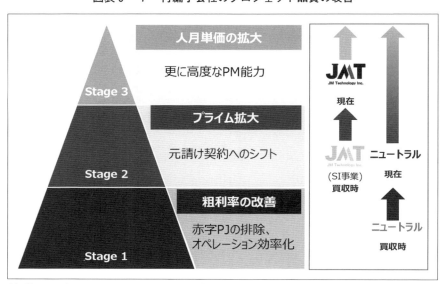

（出所）オープンストリームホールディングス作成

d．赤字案件の発生を防止するマネジメント力

OSHD グループでは，案件ごとの品質管理だけでなく，徹底的な採算管理も行うことで，赤字案件の発生を防止している。オープンストリームにおいては，赤字案件は直近３年間で年間平均１件未満となっており，ニュートラルにおいても赤字案件は減少傾向にあるなど，不採算案件の発生確率を低水準に抑えている。

さらに，オープンストリームが採用しているタレントマネジメントをグループ内で活用することにより，スキル可視化および研修システムの導入を通して，リーダー層およびエンジニア層の双方を強化している。オープンストリームは，iCD（i コンピテンシ ディクショナリ）活用企業認証で国内認定第１号として最高レベル「Gold ★★★」を取得した。iCD とは，独立行政法人情報処理推進機構（IPA）が提供する IT 人材の役割と仕事を体系化した指標である。「タスクディクショナリ」（業務の辞書）と「スキルディクショナリ」（能力の辞書）で構成されており，経営目標達成のための施策や，人材育成を推進するための指標として活用されている。iCD は1,000社を超える企業・団体で活用されており，iCD 活用企業認証制度は，活用企業を６段階で認証する制度である。

オープンストリームでは，2003年から ITSS（IT スキル標準）に準拠して開

図表 9 − 8　iCD を活用したタレントマネジメント

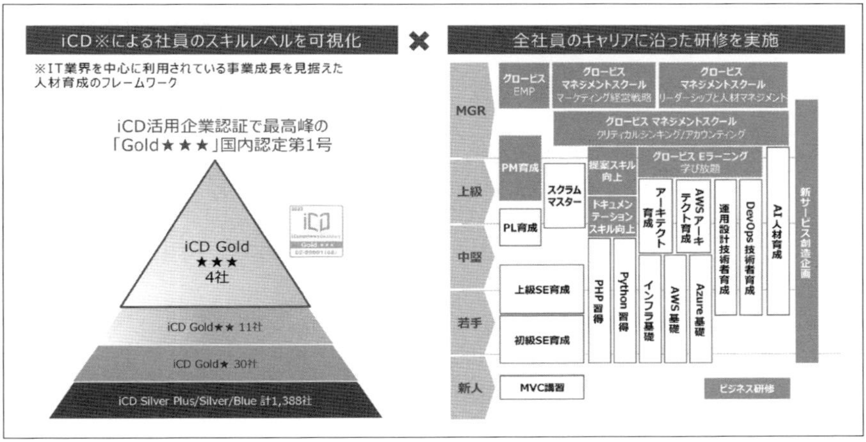

（出所）オープンストリームホールディングス作成

218 第Ⅱ部 事例と経営者インタビュー

発した独自の人事評価制度「CATTE（キャティー）1.0」を運用しており，2015年には iCD を取り入れた「CATTE3.0」を運用し，IT 技術者の成長と活躍を支援してきた。このような取り組みに対して，一般社団法人 iCD 協会による審査により，「Gold ★★★」を授与された。

② **豆蔵デジタルホールディングスの概要**

　MZD は，先端技術を駆使した DX 推進のリーディングカンパニーとして，企業のデジタル変革を支援することを目指して設立された。MZD は，AI，IoT，クラウドコンピューティング，ビッグデータ解析などの先進技術を活用し，クライアント企業の業務効率化，競争力強化，そして新たなビジネスモデルの創出をサポートする。特に，ロボティクスやエンタープライズ系システムにおいて卓越した技術力を発揮し，顧客の多様なニーズに応えるソリューションを提供することで，企業価値の最大化を図った。このようなビジョンを掲げ，MZD は再編後，構造改革と成長戦略を断行し，ビジネスモデルの転換，積極的な投資の継続，業務体制の再構築に取り組んできた。

　「教育」，「コンサルティング」，「開発支援」にいち早く取り組んできた株式会社豆蔵を核として，最も親和性が高く相乗効果の期待できるロボティクスなどを手がける株式会社コーワメックス，クラウドコンサルティングを展開する

図表 9 － 9　豆蔵デジタルホールディングスの会社概要（2024年 3 月末時点）

会社名	株式会社豆蔵デジタルホールディングス
設立	2020年11月
代表者	代表取締役社長 中原徹也
所在地	〒163-0434 東京都新宿区西新宿 2 - 1 - 1　新宿三井ビル34階
従業員数	約790名
事業内容	・クラウドコンサルティング ・AI コンサルティング ・AI ロボティクス・エンジニアリング ・モビリティ・オートメーション
子会社	株式会社豆蔵，株式会社エヌティ・ソリューションズ，株式会社コーワメックス

（出所）豆蔵デジタルホールディングス

図表 9 −10　豆蔵デジタルホールディングスの経営理念

（出所）豆蔵デジタルホールディングス作成

　株式会社エヌティ・ソリューションズの3社からなる MZD は，DX・ロボティクスソリューション分野において全工程に対応できる体制を整え，シナジー創出を実現してきた。MZD の主なサービスは，次の四つに大別される。

　クラウドコンサルティング：幅広い業種の大手企業に対して，クラウドをはじめとする最先端技術を活用した内製化推進コンサルティング，ERP 導入，教育サービスなどを提供する。

　AI コンサルティング：デジタルトランスフォーメーションを推進する企業に対して，AI を活用したデータ利活用，システムの企画・設計・アルゴリズムの開発およびコンサルティング，生成 AI 導入支援サービスを提供する。

　AI ロボティクス・エンジニアリング：自動車・ロボットなどの組込系システムを扱う企業に対して，AI ソフトウェア開発の技術導入支援，モデルベース開発（MBSE），プロセス改善などのコンサルティングを提供する。

　モビリティ・オートメーション：自動車・航空宇宙・船舶分野に関連した AI ソフトウェア・ハードウェアの開発支援ならびに教育サービス，ファクトリーオートメーション実現に向けたコンサルティングを提供する。

　近年，顧客企業が IT 投資の主導権を手にしてデジタルシフトを実現してい

220　第Ⅱ部　事例と経営者インタビュー

くことが求められている。MZD は，AI ソフトウェア工学，データサイエン
ス・AI とロボット工学を軸とした技術力と，各分野のトップクラスの人材が
持つ知識や経験，スキルを結集して，企業の持続的なデジタル革新を支え，顧
客のソフトウェアファーストをサポートする。また，企業の「人，技術，プロ
セス」のデジタルシフトを実現し，顧客とともに「デジタル競争力」を創り出
すデジタルシフト・サービスを提供している。

　MZD は，顧客がデジタルシフトを実現するうえで必要な多様なソリュー
ションを有しており，クラウド関連の教育，既存システムのクラウド化，内製
化推進による新規サービス構築といった付加価値の高いビジネスを展開してい
る。また，生成 AI を活用した新規ビジネス創出にも注力している。その結果，
MZD は金融，通信，製造，商社など多様な業界の大手優良企業を顧客として
抱え，プライム上場企業（含む関連会社）からの売上高比率80% 超，平均取
引年数約 8 年と強固な顧客基盤を確立してきた。

a．顧客企業のシステム内製化パートナーシップ

　日本企業の DX 需要は今後拡大すると考えられており，今後の顧客企業は
データやデジタル技術を従来のように SIer などの外部業者に委託するのでは
なく，信頼できるデジタル企業とともに内製化する需要が高まると考えられる。
MZD は創業以来，豊富なデジタル技術力の提供に加え，内製化を推進するた
めに必要な要素である顧客社内での IT・エンジニア人材の育成を支援する内
製化推進コンサルティングを通じて，顧客企業のデジタルビジネス実現をサ
ポートしてきた。今後も日本企業の DX 内製化に不可欠なクラウド，AI，ロ
ボティクス，教育，モビリティ・オートメーションに関する技術をさらに磨き，
顧客企業の価値創造に貢献するシステム内製化を共創していくパートナーとし
て努めていく。

b．ビジネスの上流化

　企画，設計，システム構築，保守・運用など，多様な場面で IT 投資が行わ
れており，システム開発サービスにおいては，より上流工程での問題解決に参
画することで，高付加価値なサービスを提供できると考えている。そのため，

MZD はより上流工程においてさらに技術力を活用し，顧客企業のビジネスを進化させる高付加価値なソリューションを提供することで顧客企業への貢献に努めてきた。

c．技術的特徴を持つビジネスの育成

AI や DX の深化により，ハードウェアの業界においてもソフトウェアの重要性が高まっている。MZD は，最先端の IT 技術に加え，自動車や産業ロボット，レーザー溶接，工場自動化，食品など，多岐にわたる業界の知識，経験，技術を保有している。これらの特徴を活かし，モノづくりと IT の融合を積極的に推進し，MZD 内での技術的なシナジー効果を最大限に引き出し，新たな価値創造を実現する新しいビジネスの育成に努めている。また，AI や RPA，自動生成などの新しい技術にも積極的に取り組み，日々研鑽を積んで新しい事業の構築を目指してきた。

図表 9 － 11　上流ソリューションへの染み出し

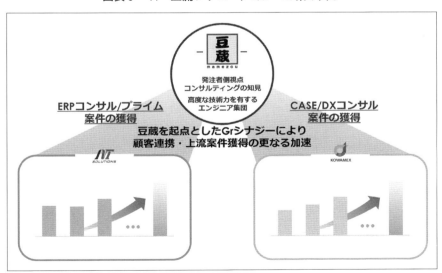

（出所）豆蔵デジタルホールディングス作成

ｄ．規模の拡大と高利益体質への転換

　MZD は，勇気と創意工夫をもって新しい技術を実践し，顧客企業の成功をサポートするために挑戦し続ける企業集団である。今後も顧客企業とともに成功を収めるために，有益な技術を積極的に蓄積し，応用できるように研鑽を積んでいく。技術の蓄積・応用により，高品質化，短納期化を図り，さらなる高利益体質を目指した。

4 ベストパートナーの探索

(1) オープンストリームホールディングスのアクセンチュアとの戦略的パートナーシップ

　2024年 7 月，OSHD は，事業のさらなる成長を目指して，アクセンチュアへのグループ入りを果たした。豆蔵 K 2 TOP は，非公開化以降 OSHD の成長を支え，見守ってきた。そして今回，アクセンチュアとの間で OSHD のパートナーシップに合意することができたが，これは OSHD の持つポテンシャルを最大限に引き出し，彼らのビジョンを実現するための理想的なパートナーシップであると信じている。

　本取引により，アクセンチュアはオープンストリームおよびニュートラルの約1,000名のエキスパートを迎え入れることとなった。これにより，クラウド，データ，AI，IoT などの先端デジタル技術の導入から，レガシー環境のクラウド移行支援まで，幅広いサービスが強化される。また，製造業や物流の分野においても，バリューチェーン全体の高度化や自動化が実現し，さらに新たな展開が可能となる。

　オープンストリームは，クラウドやデータアナリティクス，AI，IoT，セキュリティなどの最先端技術を駆使し，流通・小売業界などに向けたシステム開発やコンサルティングサービスを提供してきた。ニュートラルは，自動車産業や医療機関，自治体向けのシステム開発やソリューション提供において広範な実績を築いている。これらの企業の専門知識と技術力がアクセンチュアと融合することで，新たなシナジーが生まれることが期待される。

このパートナーシップは，OSHDが目指すデジタルイノベーションをさらに加速させるものだ。アクセンチュアのグローバルなネットワークと高度な技術力が加わることで，OSHDのサービスは一層強化され，お客様に提供する価値が飛躍的に向上するだろう。

アクセンチュアは，すでに業界や国境を越えて理想を実現している企業であり，その一員となることはOSHDにとって大きな前進である。両社が持つ共通の価値観とビジョンが融合することで，革新的なサービスとソリューションを提供し続けることができるだろう。さらに，OSHDの従業員は，アクセンチュアのもとで一層ワクワクするプロジェクトに参加する機会を得ることができる。新たな挑戦と成長の場が広がり，従業員のキャリアとモチベーションも高まると感じている。

豆蔵K2TOPは，OSHDが築いてきた実績と経験を誇りに思い，アクセンチュアとの協力関係がもたらす未来に大いなる期待を寄せている。OSHDは，「つぎつぎに，次の常識を」というビジョンの下，社会や市場の変化を敏感に捉え，先端IT技術がもたらす未来社会の創造に貢献してきた。このビジョンが，アクセンチュアとのパートナーシップによって，さらに大きなスケールで実現されるのが楽しみである。

(2) 豆蔵デジタルホールディングスの新規株式上場

MZDは，持続的な成長を目指して株式上場を果たし，企業価値の向上および機関投資家との対話を継続してきた。特に，中小型株式やグロース企業に対する資本市場の向かい風の中で，経営陣とともに前例にとらわれない取り組みを進めてきた。

従来の旧臨報方式のIPOでは，定量目標値を伴った中期経営計画をIPO前に開示する例はほとんどなかった。これは，発行体側でのリソース不足や主幹事側での案件規模を考慮したリソース割きの問題が原因とされていた。しかし，中小型のIPOほど，発行体が主体的に成長戦略を開示する必要があると考え，経営陣と相談のうえで本件での開示を実現した。

MZDは，今後予想される市場環境や顧客ニーズの変化に対応し，さらなる成長を実現するための施策として，中期経営計画（2025年3月期～2027年3月

224 第Ⅱ部 事例と経営者インタビュー

図表 9 − 12 豆蔵デジタルホールディングスによる中期経営計画の開示

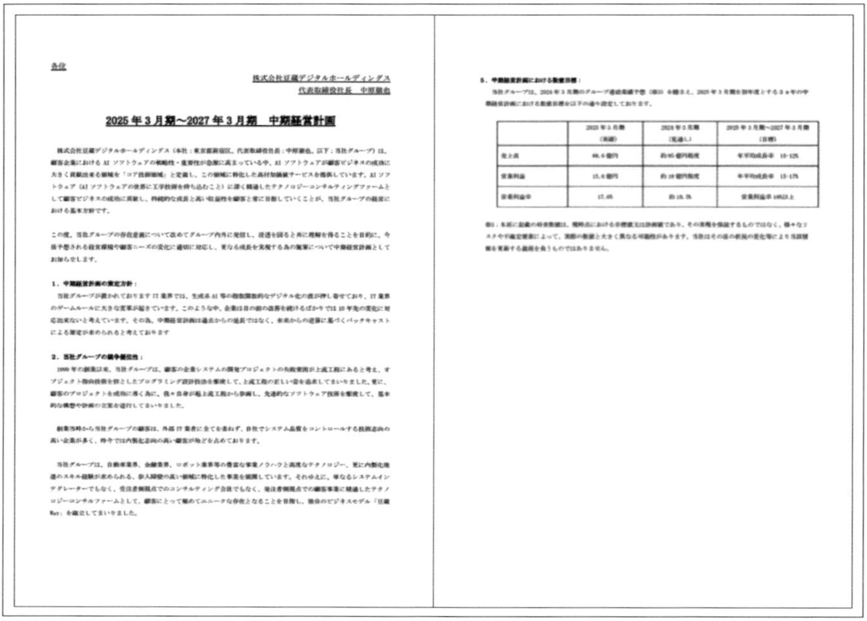

（出所）豆蔵デジタルホールディングス「2025年 3 月期～2027年 3 月期中期経営計画」2024年 3 月19日付

期）を策定している。この計画では，量的利益成長と質的利益成長の二つのテーマを設定し，持続的な成長と高い収益性の実現を目指している。中期経営計画にて心がけたのは，成長戦略の構造化（量的成長と質的成長）や持続的な成長および高い収益性である。また，従業員数がボトルネックとなる人手依存のビジネスではなく，「豆蔵 Way」という仕組み化された体系により，成長戦略が下支えされていることを投資家に理解してもらいたいと考えた。

　量的利益成長では，採用ノウハウを進化させ，採用の質と量を強化し，即戦力となる高度な能力を持つ人材の獲得を推進している。また，人材育成ノウハウを活用し，新卒・若手人材の早期戦力化を継続している。

　質的利益成長では，技術メソッドを活用して高付加価値サービスを提供し，案件を通じて得たノウハウを蓄積することで，サービスミックスの変革と既存

プロジェクトの単価向上を促進している。さらに，顧客企業との直接取引（プライム受注）比率を高めることで，収益性の向上を図っている。

MZDは，ビジネスがエンジニアに依存する労働集約型ではなく，知見が企業に根づく知識集約型モデルを目指している。そのために，「豆蔵Way」と呼ばれる独自のビジネスモデルを確立している。このモデルは，次の六つの核心的なコンセプトに基づいている。

直接取引の重視：顧客との直接的な関係を通じて，成果に深くコミットし，社員エンジニアの成長を加速させる。

技術ノウハウの伝授：プロジェクトの成功に加え，技術的な知識と数理的理論の伝授により顧客の内製化を支援する。

超上流からの参画：プロジェクトの初期段階から深く関与し，目的と基本要件を的確に把握することで成功を確実にする。

社員成長の最優先：社員の成長を企業の最大の目的とし，技術的に挑戦的なプロジェクトに参画させる。

採用促進と離職率低下：強力なブランディングと効果的な採用・人材育成メ

図表9－13　豆蔵デジタルホールディングスの競争力の源泉「豆蔵Way」

（出所）豆蔵デジタルホールディングス作成

ソッドにより，社員の採用促進と離職率低下を実現する。

知見の形式知化：プロジェクトで得られた知見を体系化し，全社員がプロジェクトを推進できるようにする。

「豆蔵 Way」は，デジタルビジネスに不可欠な AI ソフトウェアエンジニアリングと AI ロボティクス技術を基盤としている。また，経営層とのリレーション構築や案件実績に基づいた営業メソッド，自動車業界や金融業界など多様な業界でのトラックレコードを持ち，高い知名度と技術ブランドを有している。これにより，顧客からの信頼を勝ち取り，優秀な人材を獲得する採用ノウハウや案件を通じて得た知見を体系化することで，多様な高度人材を引き寄せることができる。顧客の経営層と上流から議論し，専門性の高いエンジニア集団として，顧客のデジタルビジネスを推進する中長期的なパートナーとしてMZD が高いレベルでデジタルソリューションを提供してきた秘訣がこれだ。

このように MZD のビジネスモデルは，持続的な成長への強固な基盤となり，常に顧客の期待を超える価値を提供することを可能としている。中期経営計画開示を通したビジネスモデルの見える化により，MZD は機関投資家にその魅力を訴求し，IPO を成功させることができた。MZD の成功した IPO は，経営陣およびプロジェクトチームの方々の綿密な戦略と卓越した実行力の結晶だ。

豆蔵デジタルホールディングスの上場式典

第9章　事業ポートフォリオ変革を目指す経営陣によるバイアウト・ファンドの活用事例　*227*

　われわれは，今後も MZD のさらなる発展と飛躍を心から期待し，その成長を全力でサポートしていきたい。特に，今後のテクノロジーの進化に伴い，MZD が新たな領域でのリーダーシップを発揮し続け，さらなる高みへと飛躍することを楽しみにしている。MZD の成長が日本のデジタルビジネスの未来を切り開く一助となることを確信し，これからもその歩みを見守り続けていきたい。

おわりに

　インテグラルによる豆蔵ホールディングスへの投資事例は，経営改革の真価を示すものとなった。この取り組みは，短期的な市場の評価に左右されることなく，長期的な視点での経営改革の重要性を強調している。MBO を通じて事業ポートフォリオの大規模な再編を果敢に行い，抜本的な構造改革を実現した豆蔵ホールディングスは，持続的な成長への道筋を確立した。

　豆蔵ホールディングスは，まず各事業会社の位置づけを再評価し，関連する事業会社をグループ化・再編した。これにより，事業間のシナジーを追求し，全体最適の観点から企業価値の最大化を図った。例えば，OSHD と MZD という二つの主要グループを形成し，それぞれが専門分野での強みを発揮し，顧客に対する高付加価値サービスを提供してきた。そのうえで，各子会社にとって最適なパートナーを探し出し，それぞれの成長を促進するための戦略的なパートナーシップを実施した。

　この取り組みは，経営改革と事業再編が持続的な成長に寄与することを示すとともに，長期的な視点での戦略的な意思決定の重要性を強調している。また，インテグラルのようなファイナンシャル・スポンサーとともに取り組むことで，企業はスピード感を持って，技術力の向上と事業の再構築を通じて競争力を強化し，持続可能な成長を実現できることを証明した。

　この成果は，言うまでもなく，豆蔵ホールディングスの経営陣の方々の努力と情熱の賜物である。経営陣の献身的な取り組みとわれわれのサポートが一体となり，企業価値の向上と持続的な成長を実現することができた。経営陣の皆

様に深い感謝の意を表するとともに，この取り組みが他の企業にとっても参考となることを願っている。

　今後も，企業の成長を支援し続け，持続可能なビジネスの発展に寄与するための取り組みを推進していきたい。豆蔵Ｋ２ＴＯＰのさらなる発展と飛躍を心から願い，その成長を見守り，支援し続ける所存である。経営陣の方々の努力とインテグラルの協働による成果を胸に，ともに未来に向かって前進していきたい。

　この事例を通じて，他の企業が同様の経営改革に取り組む際の指針となり，成功への道筋を示すことができれば幸いである。抜本的な変革を必要とする企業の持続可能な成長と発展に向けて，インテグラルは常にともに歩んでいく所存である。

> 経営者インタビュー

非上場化後のスピーディなグループ内事業再編の実現
～バイアウト・ファンドからの常駐派遣プロフェッショナル人材との協働～

株式会社豆蔵K2TOPホールディングス
代表取締役会長兼社長
荻原紀男氏

Q 外部環境が変化するなかで，2020年に MBO（management buy-outs）を実行されました。その際の戦略的パートナーの選定においては，財務アドバイザーより複数社の紹介を受け，順次協議を開始されたとのことですが，最終的にインテグラルをパートナーとしてふさわしいと判断したポイントについてお聞かせいただければ幸いです。

　当初は，どのような方法で MBO を進めるのかもよく理解していませんでしたし，バイアウト・ファンドがどのような人たちなのかも知らなかったというのが本音です。そこで，アドバイザーを起用し，6 社ほどのバイアウト・ファンドの方々と面談をしました。本当にいろいろな方々とお会いしましたが，戦略的パートナーとして一緒に組めそうかどうかという感覚は，話をしているとすぐにわかりました。私の要望をうまく理解していなかったり，IT 業界のことを理解しているフリをしていたりという方々もいて，良い印象を持てないケースがありました。うまく会話ができずに短時間でミーティングを終えたケースもありました。

　インテグラルさんがふさわしいと判断したポイントですが，パートナーの方々の人柄です。代表の山本礼二郎さんをはじめとする 3 名のメンバーとお会いしましたが，唯一外資の匂いがしませんでした。他の候補には，きれいごとを言う人が多かったという印象でしたが，インテグラルさんはそのようなことはなく正直で良かったと思います。IT 業界のことを理解しているフリをせず，どちらかというと興味がありますので一緒に勉強させてほしいという姿勢で，泥臭いフレンドリーさもあり，受け取る側としては好印象に映りました。この点は非常に重要なポイントだったと思います。

　インテグラルさんに期待したことは，スピード感でした。私が MBO を実行したときの年齢は63歳でした。いつまでも生きていられるという保証はありませんので，グループ全体の体制づくりと事業再構築を早く仕上げないといけないと考えていました。

230　第Ⅱ部　事例と経営者インタビュー

Q MBO のための公開買付けの開始について，従業員の皆さんは，2020年1月30日のプレスリリースで知ることになったと思いますが，グループ内向けにはどのような説明を行ったのでしょうか。また，その際の反応についてお教え願います。

　まずは，個別会社ごとにミーティングの場を設けました。グループ子会社の幹部の人たちに，各社ごとに集まっていただいて，なぜ MBO を実行するのかということと今後の方針を説明しました。コングロマリット・ディスカウントの問題もありますが，いくら皆さんが頑張ってもなかなか株価が上がらないという現状があり，これを何とか打破するために各社が個別に強くなりましょう，という説明をしました。各社がそれぞれ独立して上場していく可能性も示唆しながら説明しましたので，意外と反応は悪くなかったと思います。

　インテグラルの皆さんからも，社内向けにメッセージを発信していただきました。常駐者を派遣するという経営支援型モデルについて納得のいく説明をしていただけましたので抵抗感はなかったと思います。

Q 非上場化後には，効果的なグループの再構築を行うための事業再編に着手されました。その推進体制とインテグラルからの常駐派遣プロフェッショナルとの協働についてお話し願います。

　グループの再構築という観点では，MBO をする以前から，このような組織編成にしたいという構想はありましたが，最終的にそれが正しい方向性かどうかということについて，外部のコンサルティング会社にも助言いただきながら進めました。

　常駐してサポートしてくださったインテグラルのメンバーの皆さんは，やはり一つひとつの業務を確実に遂行していくという姿を見て，どこに行っても活躍できるプロフェッショナル人材だと感じました。具体的には，インテグラルのメンバーは，まず業務プロセスの理解・改善に取り組みました。彼らは各会議体に積極的に参加することで業務フローを迅速に理解するように努め，その見直しと効率化を図りました。また，業務の現状を可視化し，経営陣に対して定期的に報告を行うことで，意思決定の迅速化と精度向上に寄与しました。さらに，プロジェクトマネジメントにおいては，各グループ再構築の進行管理を徹底し，ハンズオンでのサポートを通して迅速に成果を上げることを実現しました。また，経営層と密接に連携し，中長期的な事業計画の策定を支援するだけではなく，具体的なアクションプランを作成し，その実行をフォローアップするこ

とで目標達成に大きく貢献しました。これらのような具体的な業務を通じて，インテグラルのメンバーは組織の再構築に大きく貢献したと思います。

取締役会の様子

本社エントランス

232　第Ⅱ部　事例と経営者インタビュー

Q バイアウトという点においては，「MBO」という側面と「非上場化」という両方の側面がありました。4年間の事業改革や事業再構築を経験し，非上場化を行うことの意義については，どのようにお感じになられましたでしょうか。

　非上場化する意義には，上場しているときに無理をしていた部分について考え直し，一つひとつの事業の見直しを行う機会を得るということにあると思います。グループのなかには必ずしも高いパフォーマンスを発揮できていない会社も見られ，競争力・収益力の高い会社を中心に，グループ内事業再編を行ったうえで連携を強化し，全体の収益性の向上を図る必要があると考えていましたが，実際にそれが実現できたのは良かったかと思います。おかげさまで各子会社の収益力の強化に向けた仕組みづくりを行うことができ，グループ全体の価値が向上したことを実感しました。

　上場維持で進めるのは難しかったと思います。上場を維持したままで大胆な施策を実施した場合には，短期的には市場から十分な評価を得られずに株価に悪影響を及ぼし，既存株主の皆様に不利益を与えることとなり得ると考えていました。株価が安くなると買って，高くなると売るような短期的な視点の株主が多数存在しますと，会社の中長期的な成長を妨げることにもなりかねません。ものを言う株主も存在し，それに翻弄されるのもよくないと思っており，株主構成を簡素化させて，信頼できる外部の資本パートナーと組むという意義を強く感じていました。

Q MBOから4年が経過し，豆蔵デジタルホールディングスが株式上場を果たしました。これまでの取り組みを振り返っていただければと思いますが，インテグラルのメンバーから学んだことはありますでしょうか。

　企業価値向上とは何かという問いについて考えるきっかけになりました。常日頃から，それに対して応えようと心がけてきましたが，学んだことは事業成長および企業価値向上への飽くなき探求です。今度生まれ変わったら，バイアウト・ファンドの世界で仕事をしたいと思うほど，その姿勢は素晴らしいと感じました。

　このMBOと非上場化後の事業再編がうまくいくためには，私の考えがインテグラルさんの考えに沿って進むのが最も近道だと考えて取り組みました。自分の考え方が甘いと感じることもあり，考え方を変えようとしたこともかなりありました。きれいごとを言うのは止めて，よい企業をつくり価値向上へつなげることが命だということをよく勉強させていただきました。

　バイアウト・ファンドには，存続期限があり，その間に多数の企業に投資を行い，ど

れだけ回収できるかということが求められます。インテグラルさんの第三号ファンドの投資先企業のうち，豆蔵が最もリターンに貢献できるのが格好いいと考えていました。第三号ファンドの存続期限が2026年ということは知っていましたので，4年でエグジットのフェーズを迎えられたことは良かったと思います。

Q IT業界もM&Aによる業界再編が加速していく可能性があります。豆蔵デジタルホールディングスを中心とするグループの今後の展望についてお聞かせ願います。

　業界そのものが過渡期にきています。特に，地方自治体のガバメントクラウドの進展により，各自治体が標準化基準を満たすアプリケーションから適したものを選択することが可能となる環境が整備されていきます。そうすると，今まで地方自治体のデジタル化を担っていた地場のSIer企業の売上が減少していく可能性もあり，これは今後の業界として大きなテーマになり得ます。

　豆蔵デジタルホールディングスは，そのような地方企業を束ねていく力があると思いますので，地方のIT業界を大きくとりまとめる主導的な役割を担うことができれば，力をさらに発揮できるのではないかと考えています。あとは，ユニコーンを自分たちで創出したり，あるいは他のユニコーンを仲間に迎え入れていくというような，より大きな発想を武器として成長を続けていくことを期待しています。この業界は本当に恐ろしいくらい変化していきますので，自分たちが誇る過去の成功体験に縛られることなく邁進していくことが大切であると考えています。

Q 最後に，これからバイアウト・ファンドの活用を検討する企業経営者の皆さんへのメッセージをお願いします。

　資本パートナーを選定する基準については，やはり会ってお話ししてみて肌感覚が合うかどうかを見極めることが最も重要だと感じています。いくら優秀できれいごとを言われても，腹に落ちなかったら組むのは止めたほうがよいと思います。

　私は日頃からバイアウト・ファンドの方々と会うような経験はありませんでしたので，アドバイザーを信頼してアドバイザーが連れてきた方々と会うしかありませんでしたが，その前段階の打ち合わせはかなり綿密に行った記憶があり，MBOやバイアウト・ファンドの仕組みについて深く勉強しました。気をつけなければいけないのは，聞こえが良いことを言ってくる方々もいます。うまくいっているときはよいけれども，業績が悪化

したら首にされることもあり得ますので，それをよく理解したうえで経営者が割り切れるかどうかが勝負です。

　あとは，経営者とバイアウト・ファンドが組んで何をしたいかということの目線合わせも重要です。バイアウト後に目指す方向性が一致していないと成功しないと感じました。人間の能力には限界があるということを理解したうえで，実現可能な計画を策定して取り組む必要があると考えています。

荻原紀男氏略歴

株式会社豆蔵Ｋ２TOPホールディングス 代表取締役会長兼社長
中央大学商学部卒業。1983年10月アーサーヤング公認会計士共同事務所入所。1988年８月朝日監査法人（現有限責任あずさ監査法人）に転籍。1996年２月荻原公認会計士税理士事務所開業。2000年１月株式会社豆蔵（後の株式会社豆蔵ホールディングス）取締役就任，2003年２月代表取締役社長就任。2023年６月株式会社豆蔵Ｋ２TOPホールディングス代表取締役会長兼社長就任。一般社団法人ソフトウェア協会名誉会長。

第Ⅲ部

日本のバイアウト市場の
課題と将来展望

第10章 日本のバイアウト市場の発展性
―― 四つのキーポイントの考察による将来展望 ――

株式会社日本バイアウト研究所

代表取締役 **杉浦慶一**

はじめに

　日本のバイアウト市場が生成してから30年近くが経過しようとしている。特に，この10年間の拡大は，目を見張るものがある。しかし，M&Aの実務家の間では，日本のバイアウト市場の現状について，「発展途上」，「道半ば」，「まだ伸びしろがある」，「まだ五合目くらい」というような声が聞かれることが多い。筆者も発展途上であると考えており，これからさらに伸長していくと予想している。

　佐山（2010）は，健全なバイアウト市場の成立要件として，「M&A市場」，「投資家市場」，「デット市場」，「経営者市場」の四つをあげていた（佐山，2010, pp.209-213）。本稿では，この四つのキーポイントにならい，バイアウト案件の供給を担うM&A市場，バイアウト・ファンドへのLP投資家の参画を担う投資家市場，デット・プロバイダーによるバイアウト案件へのローンの供給を担うLBOファイナンス市場，バイアウト・ファンドの投資先企業への経営者の供給を担うプロフェッショナル経営者市場の現状について明らかにするとともに，その発展性について述べてみたい。

1 M&A市場

　まず，潜在的な売り案件が多数存在し，企業の売却活動が活発になるという日本のM&A市場そのものが発展することが重要なキーポイントとなる。本節では，日本のバイアウト案件の主要なタイプである子会社独立・カーブアウ

ト，上場企業の非上場化，オーナー企業の事業承継について，それぞれの現状
と展望について述べてみたい。また，エグジット市場の発展性についても考察
することとする。

(1) 子会社独立・カーブアウト

　子会社独立・カーブアウトは，日本企業の子会社の独立，事業部門の独立，
合弁の解消，海外企業の日本法人の独立などに伴うバイアウト案件であり，図
表10－1に示されるように5年間で100件を超える案件が成立している。「検討
機会が増えている」という声が聞かれることが多いが，実際の成立案件数は，
年間20件程度であり，日本のバイアウト市場全体に占める件数ベースでの割合
はまだ低い。しかし，子会社を多数保有する日本企業は多数存在し，事業ポー
トフォリオの変革や事業の選択と集中について検討しているケースは多く，こ

図表10－1　子会社独立・カーブアウトに伴うバイアウト案件の件数の推移

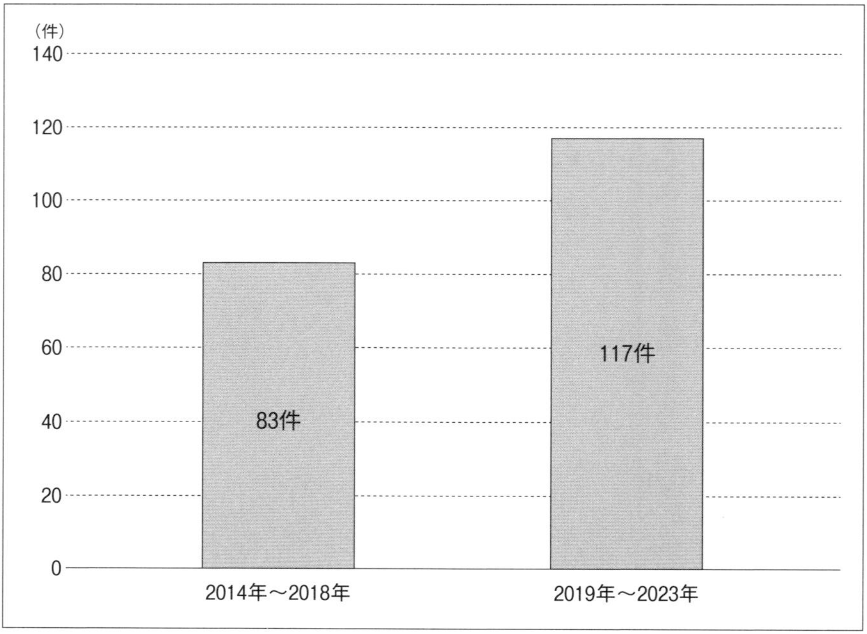

（出所）日本バイアウト研究所の統計データに基づき作成

のタイプの案件の潜在性は極めて高い。

　案件の規模について触れると，東芝メモリ（現キオクシア）の案件が約2兆円の取引金額で成立したケースやオリンパスの科学事業が独立して誕生したエビデントの案件が4,000億円超で成立したケースのように，大型案件も数多く登場しており，日本のラージキャップ領域のM&A市場においても，バイアウト・ファンドの存在を示す結果となっている。今後も，日本の大手メーカーの事業再編において，バイアウト・ファンドが果たす役割が期待される。

(2) 上場企業の非上場化

　上場企業の非上場化も増加が期待されている。いくつかのパターンにおいてバイアウト・ファンドの活用が見込まれているが，一つは，創業家が大株主となっている上場企業の事業承継や資本再構築を背景とするケースである。また，親子上場の意義が問われるようになってきており，上場子会社を切り離すケースにおいても，バイアウト・ファンドが有力な買手候補となる。そして，今最も注目されており，増加が見込まれるのはアクティビスト・ファンドが大株主となっているケースである。アクティビスト・ファンドも投資ファンドとして株式の売却ニーズを有しており，その買手候補としてバイアウト・ファンドは

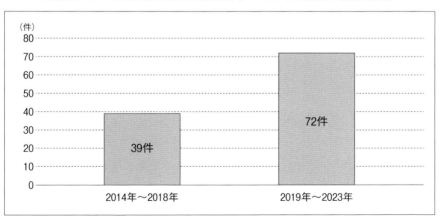

図表10－2　上場企業の非上場化を伴うバイアウト案件の件数の推移

（注）ファイナンシャル・スポンサーの出資を伴わない案件も含まれている。
（出所）日本バイアウト研究所の統計データに基づき作成

240　第Ⅲ部　日本のバイアウト市場の課題と将来展望

有力な存在となる。

　2023年には，東芝の非上場化を伴う案件が約2兆円の取引金額で成立しており，今後もこれ以上の大型案件が登場する可能性を秘めており，注目していきたいタイプである。

(3) オーナー企業の事業承継

　件数ベースで最も増加が顕著であるタイプは，非上場のオーナー企業の事業承継に起因としたバイアウト案件である。ここ数年は，年間100件を超える年もあり，企業数の観点から，さらに増加することが確実視されている。全体的な傾向としては，取引金額が数億円から十数億円の小規模案件が大半を占めているが，近年は，取引金額が数百億円規模の案件や1,000億円を超えるような案件も出てきており，大型の事業承継案件の発展にも期待したい。

図表10－3　オーナー企業の事業承継に伴うバイアウト案件の件数の推移

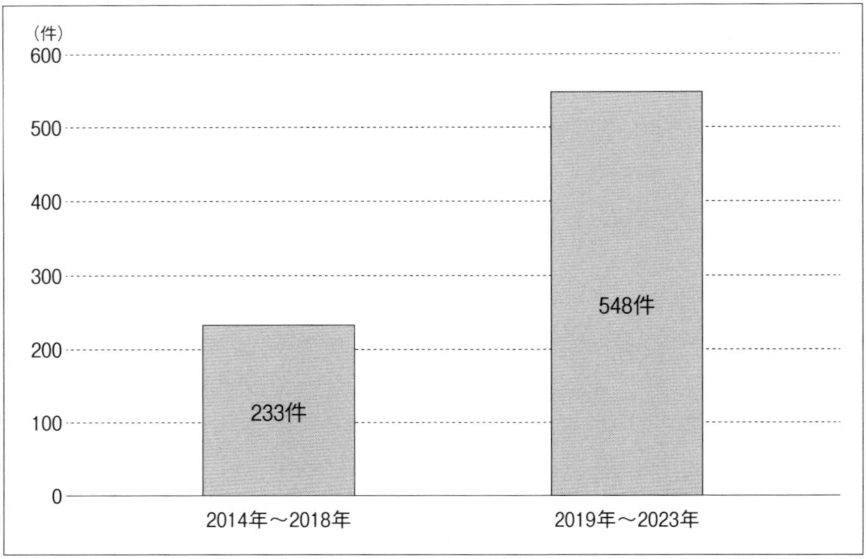

（出所）日本バイアウト研究所の統計データに基づき作成

(4) エグジット市場の発展

　バイアウト・ファンドが保有株式を売却して投資の回収を図ることはエグジット（exit）と呼ばれているが，その方法には，株式上場（IPO：initial public offering），M&A（mergers & acquisitions）による事業会社への株式売却，他のバイアウト・ファンドなどの金融投資家に引き継がれる第二次バイアウト（secondary buy-outs），経営陣によるMBO（management buy-outs）など多様な方法が存在する。

　エグジット市場で一つ注目したいのは，M&Aによるエグジットにおける買手の多様化である。従来は，バイアウト・ファンドの投資先企業の株式をM&Aで取得する買手側の企業の大半は上場企業であった。しかし，近年は，非上場の中堅・中小企業がバイアウト・ファンドの投資先の中小企業を買収するケースが増加している。これは非上場企業による買手としてのM&Aの理解が浸透したことと，そのような買手とバイアウト・ファンドの投資先企業との橋渡しを行うM&Aアドバイザーの役割が大きいと考えられる。スモールキャップのバイアウト案件のエグジット市場の活性化である。このようなM&A市場の発展は，日本のバイアウト市場のさらなる発展に向けて追い風となるであろう。

　もう一つエグジット市場で注目されるのは，第二次バイアウト（secondary buy-outs）である。第二次バイアウトとは，バイアウト・ファンドが別のバイアウト・ファンドの投資先企業を買収する取引であり，この取引を通じて売手のバイアウト・ファンドがエグジットすることとなる。案件の特徴としては，企業側が異なる強みを持つバイアウト・ファンドから支援を得られるという優位点がある。例えば，事業再生支援や事業承継支援に強みのあるファンドが最初に経営基盤の強化を支援し，次の成長支援ファンドにバトンタッチすることもあり得るし，最初に国内系ファンドが支援した後に，外資系ファンドの傘下で海外での成長を狙うというストーリーを描くことも可能である。第三次バイアウト（tertiary buy-outs），第四次バイアウト（quaternary buy-outs）も一部登場しており，ステージに応じた企業成長におけるバイアウト・ファンドの支援が期待される。第二次バイアウトや第三次バイアウトを経た後に株式上場を達成する案件も存在し，株式上場に向けた中継ぎの役割を果たすケースも多

242　第Ⅲ部　日本のバイアウト市場の課題と将来展望

い。

2 投資家市場

　もう一つの発展は，日本のバイアウト・ファンドの投資家層の拡大がみられたことである。潜在的な案件が多数存在することとバイアウト・ファンドに多数の資金が集まることは，バイアウト市場の発展の両輪であるが，10年前と比較し，日本の機関投資家による日本のバイアウト・ファンドへの投資意欲は旺盛になってきている。良質な案件が多数成立し，実績を有するマネジャーが結果を出していることが大きい。

(1) ファンド規模拡大の潮流

　図表10－4は，ファンド規模が大きい上位約20社の最新の日本特化型バイアウト・ファンドのコミットメント総額を示している。現在投資活動を行っている日本特化型バイアウト・ファンドのコミットメント総額は，約20社で約2兆円であった[1]。約20社の前号ファンドのコミットメント総額の約1兆3,000億円より大幅な増加傾向が読み取れる。

　前号ファンドからの規模拡大の水準については，概ね1.5倍程度から2倍程度までファンド規模を拡大しているケースが多い。The Carlyle Group の日本のバイアウト投資向け第5号ファンドである Carlyle Japan Partners V は4,300億円で資金調達を完了している。また，インテグラルグループが運用することを目的として新たに設立した5号ファンドシリーズは，2,500億円でファイナル・クローズを終えている。それ以外にも，1,000億円を超えるケースが複数存在するほか，前号ファンドが概ね200〜300億円程度であったところが400〜500億円程度に，概ね400〜500億円程度だったところが700〜800億円程度に拡大させており，全体のコミットメント総額の増加に寄与している。

　ファンド規模をさらに拡大させていく意欲のあるファームは多数存在すると推定され，今以上に案件の増加と大規模化がより進展していけば，日本特化で5,000億円規模あるいはそれ以上の規模のバイアウト・ファンドが多数活動す

第10章　日本のバイアウト市場の発展性　*243*

図表10－4　上位約20社のバイアウト・ファンドのコミットメント総額の推移

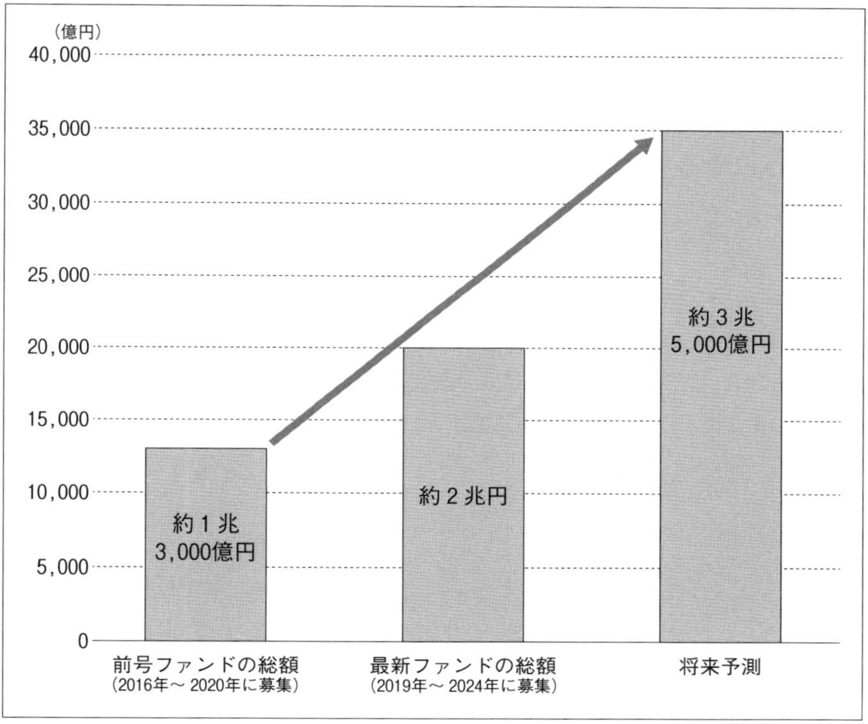

（出所）日本バイアウト研究所の統計データに基づき作成

る時代が到来する可能性はある。その場合，上位20社で3兆円から4兆円程度
あるいはそれ以上の資金が集まることも考えられる。ただし，グローバル・
ファンドやアジア・ファンドという形で日本のバイアウト案件に投資を行う
ファームも多数活動しており，大型案件の競争が激しいという状況は続いてい
くであろう。

(2) 新たな投資家層の拡大

　この10年間の投資家層の拡大について振り返るとともに，新たな投資家層に
ついても述べておきたい。
　図表10－5は，筆者が10年前に作成した図表であり，当時の投資家層と将来

図表10-5　日本のプライベート・エクイティ・ファンドの投資家層

現在の投資家層	将来の投資家層
・大手銀行・信託銀行 ・政府系金融機関 ・証券会社 ・一部の地方銀行 ・保険会社 ・ノンバンク ・事業会社（商社を含む） ・政府系機関 ・一部の企業年金基金・厚生年金基金 ・ファンド・オブ・ファンズ	・大手銀行・信託銀行 ・政府系金融機関 ・証券会社 ・地方銀行・信用金庫 ・保険会社 ・ノンバンク ・事業会社（商社を含む） ・ファンド・オブ・ファンズ ＜今後特に拡大が見込まれる投資家層＞ 企業年金基金，公的年金基金，財団，個人富裕層，ファミリー・オフィス，大学

（出所）杉浦（2014）p.292.

の投資家層の予測について記したものであった。この10年間でプライベート・エクイティ・ファンドへの投資の取り組みを開始した数が多かった層として，地方銀行があげられる。「純投資」か「案件での連携も視野に入れながらの投資」かというスタンスの違いは存在するが，取り組みを開始した地方銀行は相当数に昇る。また，保険会社やノンバンク（リース会社など）についても，新たに取り組みを開始したところが多く出てきている。そして，年金基金がLP投資家として参画するプライベート・エクイティ・ファンドも増加しており，日本の投資家層は着実に多様化してきている。さらに，海外の機関投資家が日本のバイアウト・ファンドへの投資に積極的になってきていることもあり，前述のようなファンド規模拡大につながっている。

　今後も年金基金などの取り組みに期待したいが，ここでは新たな投資家層として信用金庫，大学基金，富裕層・個人投資家について触れておきたい。

①　信用金庫

　まず，信用金庫の取り組みに期待したい。この10年間で，地方銀行によるプライベート・エクイティ・ファンドへの投資は大きく拡大したが，筆者は，信

用金庫の資産運用の対象としても有望であると考えている。既に資産規模の大きい一部の信用金庫は、プライベート・エクイティ・ファンドへのLP投資を開始しており、またM&A支援、事業承継支援、LBOファイナンスなどのコーポレート・ソリューション業務にも力を入れており、バイアウトに対する理解を深めている。さらに、信用金庫同士の合併による再編・統合が進展していき、資産規模の大きい信用金庫が誕生すれば、よりプライベート・エクイティへの取り組みの体制構築が可能になると考えられる。

② **大学基金**

次に、日本の大学も可能性を秘めている。既に、日本の一部の学校法人は資産運用の一環としてプライベート・エクイティに取り組んでおり、この動きが徐々に広がっていくと予想される。CIO（chief investment officer）を採用したり、資産運用コンサルティング会社を起用する動きが多数出てきており、オルタナティブ投資を本格的に開始する大学が出てくる可能性が高い。

2023年には、文部科学省により、「国内大学基金の運用に係る学内体制等及びオルタナティブ投資に係る特性等の調査業務」が公募され、2024年3月には、「国内大学基金の運用に係る学内体制等の調査研究 報告書」が公表されている。また、「オルタナティブ投資に係る特性等の調査研究 報告書（入門編）」と「オルタナティブ投資に係る特性等の調査研究 報告書（詳細編）」が公表され、日本の大学基金の資産運用に関する実務の進展を後押しする動きが出てきている。

海外では、ハーバード大学（Harvard University）のHarvard Management Companyなど、主要な大学基金はプライベート・エクイティの領域に積極的に取り組んでおり、日本でも同様の拡大が期待される。

③ **富裕層・個人投資家**

そして、富裕層（high-net-worth individual）や一般の個人投資家にも、プライベート・エクイティ領域への投資機会が拡大していくことが期待されている。一部の海外のプライベート・エクイティ運用会社が、日本の富裕層を対象とする動きが出てきている。また、「プライベート・アセットの民主化」や「プライベート・エクイティの民主化」という言葉が登場し、一般の個人投資

家にも資産運用の対象としてのプライベート・エクイティへアクセスができるような仕組みづくりに向けた動きが出てきており，注目される。海外では，ファミリー・オフィスや富裕層によるプライベート・エクイティ・ファンドへの投資が積極的に行われており，日本のバイアウト・ファンドに富裕層・個人投資家が投資できる時代がくる可能性がある。

3 LBO ファイナンス市場

一定規模以上のバイアウト取引においては，買収資金の一部がシニア・ローンやメザニン・ローンで調達されることが多いが，このLBOファイナンス市場の存在も無視できない。大手金融機関を中心として多数のデット・プロバイダーがLBOファイナンス市場に参入し，日本のバイアウト市場を支えてきた。

(1)LBO ファイナンス活用案件の増加

図表10−6は，日本のバイアウト案件のうちLBOファイナンスが調達された案件の件数を示している。2020年代に急増しており，近年は年間で100件を超える年もある。

LBOファイナンスの調達額が数百億円を超えるような大型案件については，子会社独立・カーブアウト，上場企業の非上場化，第二次バイアウトで多い傾向にある。一方，地方案件も含めた中堅・中小企業の事業承継においては，数億円から数十億円規模の調達額の案件が多いと推定される。

2023年に成立した東芝の非上場化案件では，1兆円を超えるLBOファイナンスが調達されており，超大型案件が成立する基盤が整いつつあるが，さらなる投資家層の拡大が期待される。

(2) 地域金融機関の役割の増加

図表10−7は，筆者が7年前に作成した図表であり，当時の日本のLBOファイナンスの投資家層と将来の投資家層の予測について記したものであった。その後，実際にLBOファイナンスの取り組みを開始した数が多かった層とし

図表10－6　日本のLBOファイナンス案件の件数の推移

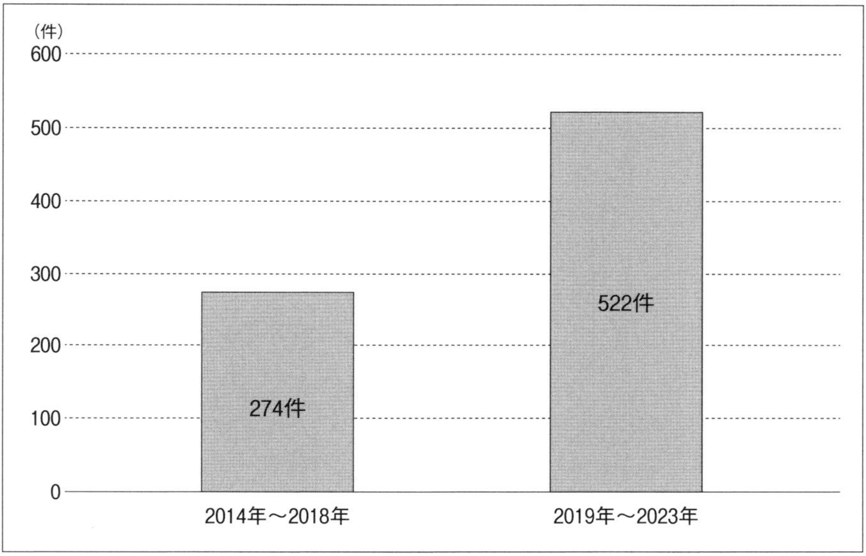

（件）
600
500
400
300
200
100
0

274件　（2014年～2018年）

522件　（2019年～2023年）

（出所）日本バイアウト研究所の統計データに基づき作成

ては，地方銀行があげられる。また，保険会社やノンバンク（リース会社など）についても，新たに取り組みを開始したところが出てきていると認識している。さらに，LBOローン・ファンドが組成される動きも登場しており，発展がみられる。

　今後については，大型のLBOファイナンス案件の登場に備えてシンジケーションに参加できる投資家層のさらなる拡大に加え，地方の事業承継案件へ対応できるプレーヤーの増加が期待される。後者においては，地方銀行および信用金庫のLBOファイナンス業務の実施体制の強化に向けた整備が求められていくことになるであろう。また，LBOローン・ファンドについては，日本の年金基金の運用対象としても有望であり，今後のさらなる発展に期待したい。

248　第Ⅲ部　日本のバイアウト市場の課題と将来展望

図表10−7　日本のLBOファイナンスの投資家層

現在の投資家層	将来の投資家層
・大手銀行 ・信託銀行 ・証券会社 ・一部の保険会社 ・一部のノンバンク ・一部の地方銀行 ・メザニン・ファンド	・大手銀行 ・信託銀行 ・証券会社 ・保険会社　┐ ・ノンバンク ・地方銀行 ・信用金　　├拡大が期待される層 ・県信連 ・年金基金　┘ ・メザニン・ファンド ・CLO ・ローン・ファンド

（出所）杉浦（2017a）p.166.

4　プロフェッショナル経営者市場

　最後に，プロフェッショナル経営者市場の発展にも触れておきたい[2]。バイアウト・ファンドの投資先企業には，必要に応じて経営者が外部招聘により就任するが，この経営者市場の量的拡大・質的拡大も，日本のバイアウト市場の発展に影響を与える重要な要素である。

　図表10−8は，日本のバイアウト案件において社長が外部招聘により就任した件数の推移を示しているが，件数の伸びが顕著である。途中から社長が外部から招聘されるケースも存在するため，実際の登用人数はこの数よりも多い。また，社長だけではなく，CFO（chief financial officer）や経営企画担当役員など多様な経営人材が登用されるケースが多く，経営人材市場がバイアウト・ファンドの投資先企業の価値向上において果たす役割は極めて大きい。

　バイアウト・ファンドの投資先企業の経営に従事した経験のある経営者や経営者予備軍は増えており，日本の経営者市場は着実に成長・発展しているが，バイアウト案件の件数が急増したことにより，需要に供給が追い付かないという状況である。良い形でエグジット案件が増加し，現在の投資先企業でバ

図表10－8　日本のバイアウト案件において社長が外部招聘により就任した件数の推移

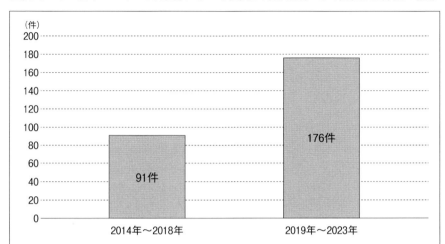

(注) 案件成立から概ね半年以内に社長が外部招聘により就任した案件の件数をカウント。
(出所) 日本バイアウト研究所の統計データに基づき作成

リューアップを担った経営者が，次の新たな別の投資先企業で再び登用されて活躍していくような好循環が生まれていけば，市場はさらに発展していくであろう。

　日本の経営者市場の発展に向けて一つ付記しておきたい点は，エグゼクティブ・サーチ会社や人材紹介会社などの人材エージェントの存在である。バイアウト・ファンドが投資先企業に経営者を派遣する際に，バイアウト・ファンドの担当者の個人のネットワークで招聘するケースもあるが，人材エージェントが起用されるケースも多い。この人材エージェントが，各バイアウト・ファンドの特徴や案件の特性をよく理解したうえで，適切な候補人材を紹介するという視点が重要になってくるため，人材エージェントの質的な拡大も重要なキーポイントとなると考えられる。

おわりに

　以上，日本のバイアウト市場のさらなる発展のための要素として，M&A市場，投資家市場，LBOファイナンス市場，プロフェッショナル経営者市場の発展性について考察した。

　以前の日本のバイアウト市場では，金融危機の影響でファンドの資金が集まらない局面があったり，ファンドを組成しても案件に乏しく十分な分散ポートフォリオを構築できないという局面もあったが，バイアウトの手法の認知度が高まり，成功事例も多数登場し，この10年間で大きな発展がみられた。

　バイアウト・ファンドの新規参入も多数存在し，このような局面においては，バイアウト・ファンドを活用する企業側にとっては大きなチャンスであるといえる。企業があるべき資本構成を模索する際に，バイアウト・ファンドの特性についてもよく理解し，ベストな資本パートナーの選定が行われるようになっていくことを期待したい。そして，日本のバイアウト市場が健全な発展を遂げていくことを願いたい。

注

1）詳細なファンド規模を開示していないファームもいくつか存在し，それらが特定されることがないよう「約20社」，「約2兆円」と記すことはご了承されたい。

2）日本のプロフェッショナル経営者市場については，日本バイアウト研究所編（2020）も参照されたい。

《参考文献》

小林和成（2024）「日本のバイアウトの歴史を振り返る」木村雄治編著『産業の変革をリードするプライベート・エクイティ』イノベーション・インテリジェンス研究所，pp.29-56.

佐山展生（2010）「経営者人材の育成と経営者市場形成の根本問題」杉浦慶一・越純一郎編『プライベート・エクイティ―勝者の条件―』日本経済新聞出版社，pp.209-227.

杉浦慶一（2010）「日本のバイアウト市場の10年の軌跡」杉浦慶一・越純一郎編『プライベート・エクイティ―勝者の条件―』日本経済新聞出版社，pp.1-26.

杉浦慶一（2011a）「日本における事業再編型バイアウトの市場動向」日本バイアウト研究所編『事業再編とバイアウト』中央経済社，pp.107-140.

杉浦慶一（2011b）「日本における事業再生型バイアウトの市場動向」日本バイアウト研究所編『事業再生とバイアウト』中央経済社，pp.103-130.

杉浦慶一（2011c）「日本におけるオーナー企業のバイアウトの市場動向」日本バイアウト研究所編『事業承継とバイアウト』中央経済社，pp.97-131.

杉浦慶一（2012）「日本のバイアウト市場におけるプロフェッショナル経営者の活躍」日本バイアウト研究所編『プロフェッショナル経営者とバイアウト』中央経済社，pp.44-58.

杉浦慶一（2013）「日本におけるプライベート・エクイティ・ファンドの動向」日本バイアウト研究所編『機関投資家のためのプライベート・エクイティ』きんざい，pp.220-252.

杉浦慶一（2014）「日本のプライベート・エクイティ・ファンドの進化と発展性―新たな投資家層の流入に向けて―」日本バイアウト研究所編『年金基金のためのプライベート・エクイティ』きんざい，pp.287-299.

杉浦慶一（2016a）「製造業のオーナー企業のバイアウトの動向―優れた技術を有する中堅・中小企業の事業承継におけるバイアウト・ファンドの活用―」日本バイアウト研究所編『続・事業承継とバイアウト―製造業編―』中央経済社，pp.83-95.

杉浦慶一（2016b）「小売・サービス業のオーナー企業のバイアウトの動向―多店舗型ビジネスの事業承継におけるバイアウト・ファンドの活用―」日本バイアウト研究所編『続・事業承継とバイアウト―小売・サービス業編―』中央経済社，pp.67-82.

杉浦慶一（2016c）「中堅・中小企業のアジア展開におけるバイアウト・ファンドの活用」坂本恒夫・境睦・林幸治・鳥居陽介編『中小企業のアジア展開』中央経済社，pp.148-164.

杉浦慶一（2016d）「地域金融機関にも広がるプライベート・エクイティ・ファンド投資の現状と課題―運用対象の多様化に加え，法人ビジネスとシナジーへの期待も背景に―」『週刊金融財政事情』Vol.67，No.39，金融財政事情研究会，pp.38-41.

杉浦慶一（2017a）「日本のLBOファイナンス市場の動向―地域金融機関も含めた投資家層の拡大に向けて―」日本バイアウト研究所編『日本のLBOファイナンス』きんざい，pp.156-173.

杉浦慶一（2017b）「日本のメザニン・ファイナンス市場の動向―案件の多様化と裾野の拡大に向けて―」日本バイアウト研究所編『日本のLBOファイナンス』きんざい，pp.269-286.

杉浦慶一（2018）「日本における近年の事業再生型バイアウトの動向—地方の中堅・中小企業の活性化に向けて—」日本バイアウト研究所編『続・事業再生とバイアウト』中央経済社，pp.81-91.

杉浦慶一（2019）「日本における事業再編型バイアウトの新潮流—外部資本の導入による企業価値向上に向けて—」日本バイアウト研究所編『続・事業再編とバイアウト』中央経済社，pp.51-69.

杉浦慶一（2020a）「日本におけるプロフェッショナル経営者市場の課題と将来展望—アンケート調査結果からの示唆—」日本バイアウト研究所編『続・プロフェッショナル経営者とバイアウト』中央経済社，pp.291-331.

杉浦慶一（2020b）「日本におけるプロフェッショナル CFO の現状と課題—アンケート調査結果からの示唆—」日本バイアウト研究所編『続・プロフェッショナル経営者とバイアウト』中央経済社，pp.333-367.

杉浦慶一（2021a）「ESG の潮流とプライベート・エクイティ領域における二つの視点—ジェネラル・パートナーとリミテッド・パートナーとの協働に向けて—」日本バイアウト研究所編『プライベート・エクイティと ESG』きんざい，pp.2-20.

杉浦慶一（2021b）「日本のバイアウト市場の深化—ESG 投資と ESG 融資の両輪に向けて—」日本バイアウト研究所編『プライベート・エクイティと ESG』きんざい，pp.212-214.

杉浦慶一（2022a）「ロールアップ戦略に関する一考察」『東洋大学大学院紀要』第58集，東洋大学大学院，pp.193-206.

杉浦慶一（2022b）「日本のバイアウト・ファンドが推進するロールアップ型 M&A の動向と将来展望—中堅・中小企業の事業承継問題の解消とさらなる成長を目指して—」日本バイアウト研究所編『続・事業承継とバイアウト—ロールアップ編—』中央経済社，pp.3-32.

杉浦慶一（2023）「多様化する事業承継型バイアウト案件の類型化と近年の動向—潜在的な需要への対応に向けた課題の考察—」日本バイアウト研究所編『新・事業承継とバイアウト—事例選—』中央経済社，pp.77-99.

杉浦慶一・越純一郎編（2010）『プライベート・エクイティ—勝者の条件—』日本経済新聞出版社.

日本バイアウト研究所編（2011a）『事業再編とバイアウト』中央経済社.

日本バイアウト研究所編（2011b）『事業再生とバイアウト』中央経済社.

日本バイアウト研究所編（2011c）『事業承継とバイアウト』中央経済社.

日本バイアウト研究所編（2012）『プロフェッショナル経営者とバイアウト』中央経済社.

日本バイアウト研究所編（2013）『機関投資家のためのプライベート・エクイティ』

きんざい.

日本バイアウト研究所編（2014）『年金基金のためのプライベート・エクイティ』きんざい.

日本バイアウト研究所編（2016a）『続・事業承継とバイアウト―製造業編―』中央経済社.

日本バイアウト研究所編（2016b）『続・事業承継とバイアウト―小売・サービス業編―』中央経済社.

日本バイアウト研究所編（2017）『日本のLBOファイナンス』きんざい.

日本バイアウト研究所編（2018）『続・事業再生とバイアウト』中央経済社.

日本バイアウト研究所編（2019）『続・事業再編とバイアウト』中央経済社.

日本バイアウト研究所編（2020）『続・プロフェッショナル経営者とバイアウト』中央経済社.

日本バイアウト研究所編（2021）『プライベート・エクイティとESG』きんざい.

日本バイアウト研究所編（2022）『続・事業承継とバイアウト―ロールアップ編―』中央経済社.

日本バイアウト研究所編（2023）『新・事業承継とバイアウト―事例選―』中央経済社.

インタビュー①

M&Aアドバイザーから見た日本のバイアウト市場の現状と将来展望
～事業ポートフォリオの組み換えを通じた資金循環を生む経営モデルの定着～

株式会社 KPMG FAS
代表取締役パートナー
岡田光氏

Q この10年間で日本のバイアウト市場は急拡大し，取引金額が1兆円を超えるような大型案件も登場するようになりました。ここまで拡大できた要因についてお話し願います。

　主に三つの要因があったと思っています。まず，日立製作所やソニーのように，大胆な事業ポートフォリオの組み換えを通じて復活を成し遂げた日本企業の存在が大きかったと考えられます。これらの好事例を参考に，多くの伝統的な日本企業が経営改革に取り組もうという機運が高まり，さらに事例が積み重なることよって流れが定まったといえます。

　以前は，事業というものは，その事業を興した諸先輩や業務に従事してきた従業員の想いを汲んで保有し続けるものという考え方が日本企業の間で主流でした。しかし，近年は，そのようなしがらみから脱却し，売却により得た資金を成長事業や新規事業に振り向けるという"資金循環"を意識した経営こそが企業価値・株主価値の創造につながる，という考え方がようやく日本の企業社会に定着してきたと感じます。

　二つ目に，バイアウト・ファンドが，このような大手企業の事業改革案件や，オーナー系の上場企業のMBO（management buy-outs）に，非常に丁寧に取り組み，今日まで着実に結果を出してきたことが大きかったと思っています。そのような実績により，事業会社側が，事業改革や非上場化も含めた抜本的な経営改革に取り組む際の"パートナー"としてバイアウト・ファンドを認知するようになり，バイアウトの手法が幅広い市民権と信頼を得るに至ったと考えます。特に案件規模が1,000億円を超える大型カーブアウト案件においては，買手側プレーヤーとして事業会社を凌駕する存在感を今日では示しています。

　過去には，対象事業の経営にはリスクと見られてきたレバレッジド・バイアウトの手法も，その後の案件において，バイアウト・ファンドが対象事業の経営陣との対話を重

視し，対象会社の経営陣との協調基調が定まったことで個々のバイアウト案件の成功確率が高まり，市場の裾野が広がったと考えています。このような実績が，事業・経営改革を志向する企業が，バイアウト・ファンドの関与を歓迎するという状況を創出しました。

　そして，三つ目に，株式市場や政府も，このような流れを日本の産業構造改革のイネイブラーとして評価し，さらに加速しようと後押ししていることも大きな要因です。具体的には，コーポレートガバナンス・コードなどの制度づくりや，「PBR 1 倍割れ問題」に対する対応を求めた発信があります。規律の効いた資本市場整備の方針に呼応して，海外投資家の日本市場に対する注目度も，この10年間で着実にかつ大幅に高まってきました。近年では，国内個人投資家の資金も株式市場に回帰してきています。このような市場の期待に応えるために，日本企業が ROE や PER などの経営指標を意識した経営にシフトしている現状はさらなる資金の流入を呼び，マネーの好循環を生んでいます。

　これらの要因により，近年バイアウト・ファンドによる案件は規模・件数ともに急拡大してきましたが，この傾向は今後も継続するものと考えています。

Q アクティビスト・ファンドの活動がバイアウト案件の成立に影響を与える局面もありましたが，どのようにご覧になっていらっしゃいますでしょうか。

　日本企業が，アクティビスト・ファンドも含めた株主との対話を重視するようになり，アクティビスト・ファンド側も，その発言内容を経営批判からより具体的な事業改革案に移すようになって，議論のレベルが高度化したと感じています。このような流れは日本企業の企業価値・株主価値向上に寄与するものあり，ポジティブに捉えられます。

　アクティビスト・ファンドの要求は，発行体企業の経営陣からすると，個別要求的な面が多く，経営全体のバランスを壊すものと映る場合が多いかと思いますが，そのような要求も含めて企業価値・株主価値向上のための戦略や施策の選択肢として排除せずしっかり検討することが重要であり，それは日本企業の多くが必要としている抜本的な事業・経営改革につながると考えています。

Q 上場オーナー企業の非上場化型 MBO もしくは上場子会社のバイアウトという取引においてもバイアウト・ファンドの出番が増えそうですが，アクティビスト・ファンドが株主として存在する場合には，価格という観点がより重視されるようになってくるのでしょうか。

　アクティビスト・ファンドが株主として存在することで，価格プレッシャーがこれ以上高くなるかというと，高くなるという側面もあると思いますが，実務的には公正価値（fair value）の範囲内でよい意味での抑えが効くのではないかという印象を持っています。アクティビスト・ファンドが，経営者が必ずしも自ら語らない経営改善案について提案するということは，対象会社にとってマイナスばかりではなくプラスの側面にもなり得ます。経営者にとって，このような側面は必ずしもポジティブには受け止められないかもしれませんが，資本市場では肯定する方向に進んでいくと思われます。その結果，バイアウト・ファンドを資本パートナーとする取引が増え，日本のバイアウト市場にとってもプラスに働くのではないでしょうか。

　また，アクティビスト・ファンドが株主となっているもう一つの局面として，親子上場の解消を求めるケースがあります。そのような上場子会社では，親会社が上場子会社を売却するか，あるいは逆に完全子会社化するか，という意思決定を迫られるような局面があります。そこで，バイアウト・ファンドが買手候補になるというケースがあり得えます。売却プロセスを実施し，バイアウト・ファンドなどの外部のスポンサーがフェア・バリューに近い価格で取得するのであれば切り離すことになりますし，親会社がグループとして経営することによって得られる価値のほうが高ければ完全子会社化を目指し，親会社自らがアクティビスト・ファンドの保有する株式を取得するということになるのではないでしょうか。

Q バイアウト・ファンド側の経験値やレベルアップについてはどのように感じていらっしゃいますでしょうか。

　この十数年間で相当のレベルアップがあったと見ています。これは，事業会社側のバイアウト・ファンドに対する姿勢が前向きになってきたことも大きな要因としてありますが，バイアウト・ファンドが事業会社の経営陣と対話することで経営課題を熟知し，それを解決するための案件構築力と案件実行力が高まってきていると感じています。

　例えば，KKR による日立国際電気の買収，ならびにその後のグループの事業再編や一部事業の売却など，利害関係や外部環境が複雑かつ流動的な状況で，一連の取引を粘

り強く進めてそれぞれの事業がそれらの事業に注力する保有者のもとに落ち着くに至ったことは高く評価されるべきであると考えます。

　案件の組成段階において，「売主・対象事業・買主・その他の利害関係者にとって重要な論点は何か」を丁寧に見定め，設計段階においてしっかり手当てしながら案件を創出し，実行することの経験値がかなり積み上ってきています。その結果，案件の実行性と成功確率を高めることに成功していると感じます。

　それから，常駐人材派遣機能を内製化して投資先に対する支援体制を強化する動きもあります。バイアウト案件の対象となる事業における多くの場合，経営企画や経営管理に従事する人員が不足しており，この管理機能が低下していることがありますので，このような常駐によるサポート機能は，売主や対象会社側から評価されることが多いのではないかと思います。

　加えて，派遣される人材が，DX（digital transformation）の専門家であれば，これからトランスフォーメーションを推進していく会社にとってプラスの要素になります。その他，サプライチェーンやマーケティングに長けた人材を内製化しているケースもあり，これらの知識や経験により，対象会社の企業価値向上に向けたプラスアルファの要素として効果を生み出すことが期待されています。

Q 日本のバイアウト・ファンドのバリューアップ機能のうち，今ご指摘のあった常駐人材派遣機能の内製化のメリットについては，経営陣や従業員との円滑なコミュニケーションを促進させるなどの優位点があると思いますが，これについてはどのようにお感じになられますでしょうか。

　公式・非公式にかかわらず，会社に関する情報をしっかりと迅速に吸い上げ，バイアウト・ファンドによる会社に対する理解を高めるということは，極めて重要なことだと思います。バイアウト・ファンド側が会社のことをよく理解してくれたら，対象会社の経営者もバイアウト・ファンドに対してのリスペクトが生まれてきますし，相互の信頼関係の構築につながります。日本のいくつかのバイアウト・ファンドが意識的に取り組むようになったと感じますが，やはり同じ釜の飯を食うというのは，円滑なコミュニケーションと信頼感の醸成につながり得るものですので，常駐派遣は日本企業にとって親和性のある取り組みであるといえます。

　海外では，国土が広く，良くも悪くも，昔のカンファレンス・コールや今のWebミーティングのようなコミュニケーション・スタイルに慣れており，常駐しなくても十

分なコミュニケーションが取れると考えられています。しかし，日本人のコミュニケーションというのは，物事の背景や文脈を読むハイコンテクストな部分が重視され，気持ちを酌むことをお互いに望むところがありますので，リアルに会う頻度が高い方式を採ることが好まれます。

Q 「公正な買収の在り方に関する研究会」における議論をふまえて，2023年8月に経済産業省により「企業買収における行動指針」が策定・公表されました。バイアウト案件を進めるうえでの留意点についてどのようにお考えでしょうか。

本行動指針は，上場企業の経営支配権を取得する買収を巡る当事者企業の対応のあり方について，ベストプラクティスを示すことを目的として策定されています。具体的には，買収提案を巡る取締役・取締役会の行動について局面に応じた考え方の整理を行い，買収者および対象会社の双方の観点から買収に対する透明性の向上のあり方を提示しています。

この指針が，今後のバイアウト案件に対してどのような影響を及ぼすかについては，市場の縮小などにつながるような大きなマイナスはないと考えています。この指針ができる前から，公開買付に対する賛同表明や価格推奨の可否を検討するための枠組みとして独立した特別委員会の設置や外部アドバイザーの選任などの運用がなされており，本指針によりバイアウト案件の数が極端に減少するということはないと予想しています。

最近では，対象会社の経営陣からの要請や打診がないなかで買収提案が行われる案件（英語の unsolicited offer/bid に相当）も増加してきていますが，そのような状況下における対象会社の取締役・取締役会の行動について本指針がベストプラクティスを示していることは，前向きに捉えるべきことであり，一つの可能性としては日本の M&A 案件の裾野を広げることにつながると考えています。

これはひいてはバイアウト・ファンドにとっても案件機会が増す可能性を意味しているものと考えます。このような指針が出されるたびに，買付価格の高騰につながりバイアウト・ファンドにとって不利になるとの声を聞くことがありますが，先ほど少し触れました公正価値の概念に沿った取引価格形成を求めるものであり，不当な内容とはいえません。M&A 市場が活性化され，案件機会が増える可能性と併せて前向きに捉える意識も必要なのではないかと考えます。

Q いろいろな実務の進展に伴って件数・規模とも拡大してきましたが，今の日本のバイアウト市場の発展段階はどの程度までできていると考えられますでしょうか。また，次の10年後の予測やあるべき姿についてお話し願います。

この10年間，日本におけるバイアウト案件は件数・規模ともに拡大してきました。今後の10年も，このトレンドは継続するものと予想しています。最近では，国内のM&A案件に占めるバイアウト案件の割合が件数ベースで高まってきていると感じます。米国においては，この割合が既に3割を超えているといわれていますが，日本のM&A市場におけるバイアウト案件の拡大余地はまだまだあると考えています。

さらに，日本企業が自らの経営の強みを認識し，その強みを活かせる事業ポートフォリオの構成について高い意識を持つようになったことは特筆すべき点です。強みを起点にして，保有する事業の価値創造に取り組む一方で，価値創造の余地が少なくなった事業については積極的に売却し，資本循環を生む経営モデルにシフトする流れができつつあることは，バイアウト・ファンドにとって案件の機会創出の大きな追い風となりそうです。

このように産業の新陳代謝が高まることは，海外投資家や一般投資家にとっても好ましく見られることと思います。

Q これからも案件数は着実に増加していくと予想しますが，課題があるとしたら何だと思われますでしょうか。

日本におけるバイアウト案件は，これまでバイアウト・ファンドに対して比較的高い投資利回りをもたらしてきており，その意味では概ね成功しているといってよいと思います。ただし，今後ファンド間の競争も激化していくなかで，価値創造のノウハウと経験がバイアウト・ファンドの魅力を左右する時代に突入していくと考えます。

バイアウト・ファンドが買収する事業につき価値創造する手法を大別すると，①レバレッジとバランスシートの適性化，②EBITDAの改善，③バリュエーション・マルチプルの向上の三つに集約されます。これらのうち，今後バイアウト・ファンドの巧拙が特に問われるのが，②と③であろうと考えます。

世界的に展開するバイアウト・ファンドは，②について専門チームを有しており，傘下に抱える多くのポートフォリオ企業のEBITDA改善事例（ベストプラクティス）を収集して，他のポートフォリオ企業の現場にノウハウを投入しています。このような専門チームを持たないバイアウト・ファンドにおいては，外部アドバイザーの活用なども

含め，現状分析・施策の検討・施策の実行・効果測定のプロセスを確立し，価値創造のノウハウにおいて遅れをとらないように対応していく必要があろうと考えます。

③については，さまざまな方法が考えられますが，買収した投資先が抱える事業ポートフォリオの中身を見直すことや，ロールアップを進めることが大きな柱となってくると予想します。

Q バイアウト・ファンドの投資先企業のロールアップにより**業界再編が進展する**ケースも出てきています。ロールアップにおいてバイアウト・ファンドが**推進役となる意義**についてはどのようにお考えでしょうか。

業種として再編が進まず，規模のメリットや経営の近代化ができていない業界があることは事実で，そのような業界には，再編の核となるべき体力や経営能力のある企業が存在していない，または長年の厳しい競争関係の結果 競合他社主導での再編に抵抗感があるような場合があります。

そのような状況においては，バイアウト・ファンドが中心となって，一定の業界再編シナリオのもと，ロールアップを主導していく手法は効果が期待できると思います。日本の産業のなかには，技術や経営改革への投資を大胆に行うだけの体力がない会社が多く存在する業種がまだ残っており，産業の構造改革という観点からも重要な取り組みであろうと考えています。

ロールアップのメリットとしては，①業界内でシェアが高まることにより顧客からの認知度が増しブランドの強化につながる，②購買面で規模のメリットが発揮され原材料コストの低減につながる，③投資余力が増し設備投資やR&D投資を計画的・安定的に行えるようになる，④技術やノウハウをグループ会社間で共有できる，⑤管理単位が大きくなることによって経営管理の高度化が進む，⑥海外や隣接業種など新市場への進出を検討できるようになり成長性が増す，などがあります。

バイアウト・ファンドが業界戦略を描いて，ロールアップ案件を実施していく手法は今後も増えていくと考えます。近年では，外食産業や不動産，医療・福祉，その他サービス業のロールアップ案件が多くみられます。このような業種に加え，今後は運送業，建設，食料品・飲料品などの業界においてもロールアップの検討が進んでいくものと考えます。

Q 最後に，これからバイアウト・ファンドの活用を検討する日本企業の経営者の皆様へのメッセージをお願いします。

　日本にこれだけの数のバイアウト・ファンドが活動している今は，日本企業にとって買手候補が豊富であることを意味しますので，非常に恵まれた環境だと思います。まず，多数の子会社や事業部門を有する伝統的な日本企業については，買手候補が競合他社の事業会社しか存在しない状況においても，バイアウト・ファンドという選択肢があるということはプラスになります。この状況をしっかり機会として捉えて，本来の目的である事業ポートフォリオの新陳代謝の向上を含むグループ全体の企業価値の向上を図っていただきたいと考えています。

　一方，後継者問題を抱えているオーナー企業のバイアウト案件も増えていくと予想します。円滑な事業承継を望まれるケースにおいては，価格を含む条件面での交渉以外に，オーナーが何を求めているか，会社が何を目指しているかというウェットな部分も考慮に入れながら買手候補を選定していくことが望ましいと考えられます。多くのオーナー経営者にとって，会社というのは自分の分身であり，わが子みたいなところがありますので，高く売れたらよいということではなく，売却した後もその子の成長をしっかりと見届けたいと考えているはずです。いろいろなオーナー経営者の方々と多様な案件を経験して修羅場をくぐってきたバイアウト・ファンドは，有力な買手候補になり得ますので，積極的に会ってお話しされたらよいと思います。

　KPMG FAS としては，従来からの M&A アドバイザリー業務に加え，近年はバイアウト後の企業価値向上支援にも業務範囲の拡大を図っていますので，トップライン向上やコスト最適化などの事業変革の実行支援も含め，バイアウト実施企業の価値向上をサポートするプロフェッショナル・ファームとして頑張っていきたいと考えています。

岡田光氏略歴

株式会社 KPMG FAS 代表取締役パートナー
アンドリュース大学経営学部卒業。KPMGニューヨーク事務所にて米国企業ならびに日本企業の監査業務，コンサルティング業務を担当。1995年よりコーポレートファイナンス業務に従事。M&A案件におけるファイナンシャル・アドバイザーとして，ディールの開発と実行支援，企業価値評価，ストラクチャリングなどの業務において，数多くの案件関与実績を有する。KPMGジャパン COO ディールアドバイザリー統括およびKPMG ASPAC地域 ディールアドバイザリー統括。『M&Aがわかる』（日経文庫）など著書多数。

インタビュー②

人材エージェントから見た日本のバイアウト市場の現状と将来展望
～成功事例の積み重ねによる産業と地域経済への貢献～

アンテロープキャリアコンサルティング株式会社
取締役
山本恵亮氏

Q リーマン・ショック後に低迷していた日本のバイアウト市場ですが，2010年代半ば頃より回復し，2020年代に入り急成長を遂げています。ここまで拡大できた要因についてお話し願います。

　ファンドレイズが好調でバイアウト・ファンドの投資資金が潤沢であったことやLBOファイナンスの調達を行いやすかったという環境面もありましたが，私が人材エージェントの立場として見てきたところを中心に述べさせていただきます。

　まずは，バイアウト・ファンドの方々がプロフェッショナルとして，投資先企業の支援というところに真摯に向き合って着実に実績を積み重ねてきたということが大きかったと思います。また，その結果として，リターンも生み出してきましたし，投資家，企業オーナー，経営者の方々を含む世の中のさまざまな関係者から信頼されるようになったということが大きな要因としてあげられます。

　また，市場の変化に目を向けると大企業の事業再編や中堅・中小企業の事業承継の活発化も大きな要因と思います。事業再編については，大企業が戦略的に事業や子会社の売却を検討・実施するようになりました。リーマン・ショック以前，特に2000年代半ば頃までの不良債権処理の流れのなかで，受け身で実施される事業再編とは異なり，2010年代半ば以降は前向きな経営戦略として子会社売却やカーブアウトが実施されるようになりました。日本における事業再編型バイアウトの件数の推移をみても2014年以降の増加は顕著です（日本バイアウト研究所編（2019）『続・事業再編とバイアウト』中央経済社，p.52）。事業承継についても，案件の増加は顕著です。バイアウト・ファンドの経営者の皆様にお話をお聞きしていても，例えば2000年代と比較すると2010年代半ば以降は事業承継案件が持ち込まれる件数は，肌感覚では10倍以上に増加しているとのご意見が多数あります。加えて，バイアウト・ファンドの投資先企業が中小企業を追加買収していくロールアップ型のM&Aも随分と増加しています。後継者問題を抱えるオー

ナー経営者や成長意欲があるオーナー経営者が経営課題克服のためにバイアウト・ファンドを活用するケースが増えています。このように事業再編にしても，事業承継にしても，企業経営者を始め日本の産業界でバイアウト・ファンドやその投資手法に対する理解が深まったことも，バイアウト市場が拡大できた大きな要因だと思います。

Q 日本で活動するバイアウト・ファンドは，日本の産業や地域経済に対してどのような貢献をしてきたと感じていらっしゃいますでしょうか。

　企業価値向上の請負人として，ものすごく大きな貢献をしており，事業再編，事業再生，事業承継，業界再編になくてはならない存在になってきています。具体的に見ても，企業の抜本的な建て直しを必要とする事業再生においては，まるでお医者さんのような役割を担いながら変革のサポートを行っています。

　事業再編においては，大企業がバイアウト・ファンドからの戦略的な子会社売却の提案を検討するという姿勢に意識が変化してきたのは，バイアウト・ファンドに売却された会社がその後も順調に事業が成長し雇用も拡大している事例が多数生まれたことが大きいでしょう。これはバイアウト・ファンドの提案や投資後の経営支援による成功事例が一つひとつ積み重なった結果です。日本の大企業がバイアウト・ファンドから外部資本を導入し企業価値を向上する取り組みが経営戦略の一つとして定着しています。事業再編に成功した大手企業の再成長や独立した会社の成長が日本の産業活性化につながっています。

　事業承継については，創業者オーナーの方々が引退時期を迎えて，次世代にバトンタッチするという企業のトランジションのタイミングで，その先導者であり伴走者としての役割などを果たしています。また，創業者オーナーが売手となるケースだけでなく，二代目や三代目のオーナー経営者が売手となるケースも増えています。この場合は，バイアウト・ファンドは投資後もしばらく続投するオーナー経営者とともに後継者の育成や招聘に取り組むケースも多くあります。このようにバイアウト・ファンドは事業承継を成功させるために欠かせないインフラとなっています。

　そして，もう一つ注目したいのは，ロールアップによる業界再編への貢献です。ロールアップは，バイアウト・ファンドが，同業の中小企業を水平的に買収して，規模の経済性を追求しながら収益力の強化を図る手法で，多数の中小企業が一つの大きなグループに再編・統合されていきますが，共同購買によるコスト削減や人材採用の強化につながったケースが出てきています。

> **Q** 日本のバイアウト市場も20年を超える歴史を有していますが，バイアウト・ファンド側の人材のスキルアップについてはどのように感じていらっしゃいますでしょうか。

アンテロープキャリアコンサルティングがスタートした日本のバイアウト市場の黎明期にお手伝いしていたときには，バイアウト・ファンドの経験者というのは，ほとんどいませんでした。探すときには，M&Aアドバイザリーやコンサルティングの経験者をターゲットに探しましたが，それでも今と比較すると候補者の人数が少なかったです。

その当時は，ハードスキルがあれば，採用の有力な候補者として直結していましたが，最近は，ハードスキルで採用要件を満たせる人材はかなり多いため，採用活動の前提条件では，そのようなスキルは当然備わっているものとみなされるようになってきました。そのうえで，対人能力やリーダーシップなどのソフトスキルの部分が求められるようになってきています。さらに，それらのスキルでは語れないようなパーソナリティ面の適性，物事のドライブ力，胆力，謙虚さなどのように，評価して計測するのが難しいような要素も重視されるようになってきています。その結果，それらを兼ね備えた人材がバイアウト・ファンドに入社されるようになりましたので，人材面でのレベルアップは相当進展したと感じています。

> **Q** 以前と比較してバイアウト・ファンドが投資先企業に提供する付加価値というのは変化してきたと感じますでしょうか。昔はあまり行われていなかったような新たなバリューアップ施策の潮流などがありましたらお話し願います。

まず，バイアウト・ファンド内に投資先企業の経営支援をする専門チームを組成したり，その役割を担う人材を増員したりするケースが急増しています。人材の募集要件でも，それが可能な人材を求める割合が着実に高くなっています。

バイアウト・ファンドが投資先企業の経営支援をする専門チームを内製化することにはメリットが大きく二つあると思います。まず，経営人材を外部招聘しようとしてもバイアウト・ファンドが経営支援を開始したいタイミングで適切な人材を採用できるとは限りません。しかし，バイアウト・ファンドが経営支援チームを内製化していると支援を開始するタイミングで同チームから人材を派遣して支援を開始できます。次に，たとえバイアウト・ファンドが投資前に対象企業について精緻にデューデリジェンスをしていても，投資前の段階で候補者を経験やスキルのみならず対象会社のカルチャーにフィットするかどうか判断することは簡単ではありません。そこで，投資当初は経営支

援チームから派遣された人材が投資先企業に常駐して当該企業について十分に理解したうえで，よりフィットする経営人材を採用していくアプローチを採ればミスマッチは少なくなると考えられます。さらに，プロフェッショナルとしての専門性が求められる会社の変革期に投資先企業の役職員の人々と一緒に経営改革に取り組む過程で専門スキルや手法を伝授して役職員の人々を育成することもできます。

　また，最近，特に目立つのは，投資先企業のDX（digital transformation）の推進です。以前からも，投資先企業のIT支援を行うことは当たり前に行われていましたが，その領域を越えて事業創造につながるようなデジタル化を企図するケースが増えています。それに伴い，その領域の専門人材を探すというケースが増え，またバイアウト・ファンドが投資先企業のDXを推進していくための人材を内製化するケースも珍しくなくなってきました。

　このDX人材について少し補足させていただきますと，まさにテクノロジーに強いコンサルティング・ファームにてクライアント企業のDX化推進のプロジェクトを主導したマネジャー以上の人材の採用ニーズが高まっています。加えて，最近は，DXの領域のうち，さらに狭くビッグデータの分析・利活用における支援，AIやRPA（robotic process automation）などを用いた業務効率改善やコスト削減，デジタルマーケティングやカスタマーエクスペリエンス領域における戦略立案・実行，デジタル人材の育成，などの特定の領域に強いデータサイエンティストやDXコンサルタントなどの専門人材が求められるケースもあります。

　実際のDX人材の関与方法としては，バイアウト後のDX推進そのものを担うケースが多いですが，案件のオリジネーションのタイミングで参画し，対象会社の課題の抽出や他社の事例を共有しながら解決手段を見出したりするような役割を果たすケースもあるようです。

Q 売却の相手先や資本パートナーとしての候補として，企業経営者がバイアウト・ファンドを選定する際には，何を基準として選ぶのが良いと考えられますでしょうか。

　ここでは非上場のオーナー企業の事業承継という局面を想定してお話しさせていただきます。まず自分たちが，何を目的としてバイアウト・ファンドを売却の相手先や資本パートナーの候補として考えているのかを明確にするということが必要だと思います。そして，その目的を達成するのにふさわしいバイアウト・ファンドを選定するという視

点が重要です。

初期段階では，公開情報から各バイアウト・ファンドの方針や過去の投資実績などを確認されるとは思いますが，外から見ているだけではなく，バイアウト・ファンドの投資担当者の方々に実際にお会いになってディスカッションしていくべきだと思います。理念や方針として大切にしていることや具体的な投資事例のエピソードなどを聞いて，どのような特徴を持っているかの把握と自社に合っているかどうか確かめるということを行います。

あとは，バイアウト・ファンドの方々と日々会うというよりも，アドバイザーを起用し，相性の良さそうな先を紹介していただくというケースも多いと思います。M&A アドバイザーの数も増えていますので，良きアドバイザーに巡り会えるとよいと思います。

そして，最終的に選ぶ基準についてですが，価格の妥当性が大切なことは当然ではありますが，価格だけに着目して判断すると売却後に PMI（post-merger integration）で足元をすくわれる可能性がありますので非価格的要素も考慮することが必要です。つまり，バイアウト・ファンドの経営理念や投資方針はどのようなものか，自社の業界やビジネスに対する知見を十分に持っているか，自社が抱える課題を特定して解決するためのノウハウを保有しているか，パートナーや担当者の人柄はどうか（自社と相性が良いか，信頼できるか，一緒に働けそうか，など），次の経営者や経営幹部の人材を外部招聘できるネットワークを持っているか，などのポイントについてもしっかりと確認をすることが大切だと思います。このように価格と非価格的要素の両面を考慮すれば納得感のある判断ができ，売却後に企業価値を高めることが可能となり，ひいては社員の皆さんもハッピーになるでしょう。

Q 案件の増加に伴い，バイアウト・ファンドの数も増え，プロフェッショナル人材の獲得競争も激しくなっています。これからのバイアウト・ファンドのチーム強化のあるべき姿や次世代のプロフェッショナルの育成の理想像についてお話し願います。

最近は，未経験者を含め，多様なバックグラウンドの方々がバイアウト・ファンドに入社されるようになってきましたが，そのような若手人材にとって，自身の未来が見えてくる組織であるということが重要だと思います。いわゆる強いヒエラルキーが存在し，その階層ごとに役割が決まっていて，その責任の範囲内の業務だけを担っていくというような旧来型のプロフェッショナル組織の仕組みではなく，一人ひとりの投資担当者が

思う存分に裁量を持って仕事ができるような組織づくりが望ましいと考えています。社内での教育やトレーニングだけではなく，横断的な連携を通じて，各メンバーが成長していくようなインフラが必要ではないかと思います。

　また，パートナーとして活躍できるようになるまでの各ステップで具体的に何ができるようになる必要があるのかというマイルストーンが明確になっていれば，若手人材としても目標を立てやすく，モチベーションが高まりますし，「このバイアウト・ファンドで頑張りたい」と考える人材が増えていくのではないかと思います。

Q 次の10年に向けて志を有する若手人材にバイアウト・ファンド業界にチャレンジしてほしいと思いますが，これからバイアウト・ファンドを志望する若手人材へのメッセージをお願いします。

　仕事のやりがいや勝負するステージというような観点では，日本の産業全体や地域経済への貢献が大きく，本当に価値のある仕事だと思います。そこで，自己の利益だけを求めるような俗物的な人が行うのではなく，投資家，投資先企業，ひいては地域経済・日本経済に貢献するために頑張ってみたいという志ある人材こそが担うべき重要な役割だと思います。ぜひそのような人たちに目指してほしいと思います。バイアウト・ファンドでの仕事について，「知的総合格闘技」という表現がよくされますけれど，プロフェッショナルとして活躍する最高峰のステージだと思いますので，そこで自分の力を試して勝負していきたいという人にとっては，非常に魅力的な場ではないかと思います。アンテロープとしても，そのような人たちを支援していきたいと強く思っております。

　バイアウト・ファンドの方々からは，投資先企業の皆さんから感謝されて感動したというような話もよく聞きます。日常の業務には大変なことも数多くありますが，同時にやりがいというのも埋もれているように思います。アンテロープとしては，このようなやりがいあるバイアウト・ファンドの仕事に志と能力がある若手人材の方々を橋渡していくことを通じて，日本の産業全体や地域経済に大きく貢献するバイアウト・ファンド各社の活動を支援させていただき，日本の企業，産業，経済の再成長と働く人々にとってやりがいある社会の実現のために貢献できればと考えています。

山本恵亮氏略歴

アンテロープキャリアコンサルティング株式会社 取締役

同志社大学商学部卒業。大手人材ファームにて，金融とハイテク・インダストリーを担当後，渡米。米国現地法人の事業開発マネージャーとして，米国における新規事業の立上げに取り組み，事業基盤を確立させる。2004年4月にアンテロープ参画。個人の特長を最大限に活かせるキャリアの構築を支援することをモットーにしており，バイアウト・ファンド（およびその投資先企業の経営関連職），投資銀行，経営コンサルティング・ファームなどの金融や経営の専門職にフォーカス。これらの主だった企業へ数百名に及ぶ人々の転職を手がけてきた。1級キャリアコンサルティング技能士。

座談会

日本のバイアウト市場の現状と将来展望
― さらなる発展のための四つのキーポイントの考察 ―

〈討論者〉

アント・キャピタル・パートナーズ株式会社 パートナー　**野呂瀬和樹 氏**
インテグラル株式会社 パートナー　**山崎壯 氏**
株式会社マーキュリアインベストメント 取締役CIO 事業投資部長　**小山潔人 氏**
トラスター・キャピタル・パートナーズ・ジャパン・リミテッド 日本代表 パートナー　**伊藤政宏 氏**

〈司会者〉

アンテロープキャリアコンサルティング株式会社 ディレクター　**林徹 氏**

■ M&A市場の発展① ～子会社独立・カーブアウト～

林：＜日本企業のバイアウト＞シリーズ（中央経済社）の最初の三部作が2011年に刊行されてから13年が経過しました。その後、日本のバイアウト市場は徐々に拡大し、バイアウト・ファンドの数もバイアウト案件の件数も飛躍的に増加しましたが、この座談会では、バイアウト市場の発展の四つのキーポイントとされるM&A市場、投資家市場、LBOファイナンス市場、経営者市場に焦点をあてて、ここまで拡大できた要因分析と将来展望について明らかにできればと思います。まずは、子会社独立・カーブアウト、上場企業の非上場化、オーナー企業の事業承継の三つに区分して案件の増加の背景の真髄と今後のソーシングの見立てについて議論できればと思います。最初に、子会社の独立案件やカーブアウト案件の最近の傾向やこれまでの実績についてご説明願います。

林徹氏

図表1　日本のバイアウト市場の発展のためのキーポイント

M&A市場

バイアウト市場は，M&A市場の活性化により発展するものである。大企業子会社，中堅上場企業，非上場オーナー企業，再生企業などがバイアウト・ファンドの投資対象となり，毎年多数のバイアウト案件が成立している。案件のソーシング方法としては，バイアウト・ファンドのメンバーが企業経営者と直接の接点を持っていたことにより案件化されるケースも存在するが，バイアウト・ファンドに案件の紹介を行う金融機関のファイナンシャル・アドバイザーやM&A仲介業者が重要な役割を果たしている。

投資家市場

バイアウト・ファンドは，数年に一度，機関投資家を対象としてファンドレイズ（ファンド募集）を行うことで，投資資金を確保する。主な投資家層としては，大手銀行，信託銀行，地方銀行，保険会社，ノンバンク，事業会社，年金基金，大学，ファミリー・オフィスなどがあげられるが，近年は多様化している。バイアウト・ファンドと投資家をつなぐ橋渡しの役割を担うゲートキーパー，ファンド・オブ・ファンズ，アセットマネジメント会社，プレースメント・エージェントなども重要な役割を果たしている。

LBOファイナンス市場

バイアウト・ファンドが投資する際には，SPC（特別目的会社）が設立され，LBOファイナンスが調達されるケースが多く，金額，期間，返済方法，金利，コベナンツなどの条件交渉が行われる。日本のLBOファイナンス市場で活動するデット・プロバイダーの顔ぶれとしては，大手銀行，信託銀行，地方銀行，保険会社，ノンバンクなどが存在する。シニア・デット・プロバイダーのほか，優先株式，劣後社債，劣後ローンなどの資金を拠出するメザニン・プロバイダーも重要な役割を果たしている。

プロフェッショナル経営者市場

バイアウト・ファンドの投資先企業に派遣する経営人材の需要も旺盛である。投資先企業の経営人材が不足する場合には，バイアウト・ファンドのネットワークを活用し，社長のほか，CFO（chief financial officer）や経営企画室長などが外部から招聘される。日本のプロフェッショナル経営者市場では，エグゼクティブ・サーチ会社や人材紹介会社などのエージェントが重要な役割を果たしている。また，バイアウト・ファンドが，常駐派遣を行う経営人材を内製化するケースも出てきており，その機能が期待される。

→ バイアウト市場

（出所）日本バイアウト研究所作成

野呂瀬：アント・キャピタルは，2001年に設立したバイアウト投資を主眼とするカタライザー・ファンド・シリーズの設立以来，約50件の投資実績を積み上げてまいりました。そのうち，子会社独立に該当する案件としては，香港の大手商社Fung GroupからMBO（management buy-out）で独立したフェニックスインターナショナル，リクルートからの独立を果たしたアントレ，SOMPOホールディングスグループにおいてデジタル事業を担うSOMPO Light Vortex傘下にあったSOMPOオークスなどの案件が該当します。

野呂瀬和樹氏

最近の案件は，MBOの目的や背景事情も含めて多様

化が進んでいるという印象があります。フェニックスインターナショナルは経営陣が独立したいという希望を親会社が認めてくれた案件，リクルートでノン・コア事業だったアントレは潜在的な成長性を開花させてほしいということで始まった案件，SOMPOオークスは同社の成長加速に向けてSOMPOグループと弊社とで協力していくための共同株主体制を実現した案件でございまして，本当に多様な案件が出てきました。

山崎：インテグラルは，2007年に創業し，これまで31件の投資実績を有していますが，子会社への投資や事業部門のカーブアウト案件については，特にこの5～6年で検討機会や実際の投資機会が増えてきました。これまでサンデンから独立を果たしたサンデン・リテールシステム，カルチュア・コンビニエンス・クラブの連結子会社（現在は持分法適用会社）であったキタムラ・ホールディングス，凸版印刷（現在はTOPPANホールディングス）のフォトマスク事業が独立して誕生したテクセンドフォトマスクなどへの投資実績がございます。

私がこの業界に入った2000年代というのは，うまくいっていない事業が売却されるケースや，売手の大手企業が不祥事や債務超過などの問題を抱えていて必要に迫られて子会社が売却されるというケースが多かったと思いますが，最近の案件は，優良企業が優良子会社を「選択と集中」という観点から切り離すという流れが出てきていると感じます。

山崎壮氏

小山：マーキュリアインベストメントは，運営ファンドを通じて，世界的な半導体メーカーであるOn Semiconductor傘下の半導体製造事業者であったオン・セミコンダクター新潟が独立して誕生したJSファンダリや，JX金属より株式を譲り受けたJX金属プレシジョンテクノロジーなどへ投資を行ってきましたが，今も製造業を中心に多数の大手企業グループに子会社の独立や事業部門のカーブアウトの提案を行っています。

以前との比較では，多くの大手企業の経営企画部門が，

小山潔人氏

事業の選択と集中をかなり意識するようになってきており、バイアウト案件の潜在可能性はかなり高いと見ています。

伊藤：トラスター・キャピタル日本ファンドは、ブランド力や技術力を備えた日本の中堅企業の成長を促進してまいりましたが、2004年の設立以来17件の投資を実施してきました。私たちの最初の案件は、住友金属工業の事業再編により独立した鳴海製陶の案件でした。この他にも、親会社である独ショット（SCHOTT）から独立したモリテックス（旧ショットモリテックス）や味の素よりアモイ・フード社（Amoy Food）の株式を譲り受けたケースなどが、子会社の独立案件として該当します。

伊藤政宏氏

以前の日本企業の意識としては、買いたいけれど売るには消極的というところがありました。売却するということに対しては、従業員を見捨てたと思われたくないというマイナスのイメージもありました。しかし、最近はそのような意識は薄れてきまして、資本効率の向上を目指して、事業ポートフォリオを入れ替えるということに積極的になってきました。

林：アンテロープキャリアコンサルティングでは、金融プロフェッショナルやM&Aプロフェッショナルの転職支援サービスを手がけていますが、大手企業のM&A担当者の求人が増え続けており、M&Aやバイアウトの手法を活用して、買収するあるいは売却するという活動に対する意識が以前にも増して高まっていると感じています。子会社を多数保有している大企業の方々が、いろいろな提案に対して耳を傾けるようになったり、事業ポートフォリオに対する意識が変わってきたということが大きいと思いますが、このようになった背景や要因について皆さんはどのように認識されていらっしゃいますでしょうか。

小山：これはM&Aを経験している人材を事業会社のほうで採用して、M&A実務を担える人材が増えてきているということもあると思いますし、そのような人材が存在しなくとも、事業ポートフォリオの変革に対する意識を強く持ち始めたということが大きいと思います。また、この10年でバイアウト・ファンドの数が増え、証券会社の投資銀行部門の活動も活発化しており、バイアウト・ファンドの活用に関する提案に接する機会が増えていることも影響し

図表2　大手企業のM&A担当者の募集人材要件

M&A担当者

M&Aのエグゼキューション（実行）経験は必須。PMI経験については近い経験があれば良しとされることが多い傾向。M&AディールやPMIプロジェクトを主導するため、リーダーシップや対人能力が必要とされる。特定の業界に特化した会社の場合は、同業界の理解も求められる。

事例①（Eコマース）	事例②（不動産）	事例③（大手製造業）	事例④（IT）	事例⑤（ヘルスケア）
・M&Aエグゼキューション経験3年以上 ・事業会社やコンサルティング会社でのPMI実務の経験 ・多様な人々と協業できるコミュニケーション能力	・投資銀行、財務アドバイザーなどでのM&Aエグゼキューション経験2年以上 ・M&Aのデューデリジェンスやバリュエーションなど一部の経験でも可	・一連のM&Aディールをリード出来るスキル ・ビジネスレベルの英語力 ・事業会社におけるM&A経験者はなお良い	・バイアウト・ファンド、投資銀行、財務アドバイザーでのM&AやPMIの経験 ・事業会社でのPMI、子会社管理、経営管理、CFOなどの経験 ・コンサルティング会社でのコンサルタント業務経験	・ヘルスケア分野でのM&A経験、または、ヘルスケア分野のコンサルティング経験 ・業務を主導できるリーダーシップ

経営企画（事業戦略）

事業会社やコンサルティング会社での経験はもちろんのこと、社内横断的なプロジェクトを推進した経験やグループ会社管理業務の経験、プロジェクトマネジメントやファシリテーション能力の保有者が求められる。事業戦略をふまえたうえでM&Aを手段として用いるというため、M&Aのエグゼキューション経験はあれば良しとされる傾向。

事例①（総合商社）	事例②（IT）	事例③（ネット関連）	事例④（情報）	事例⑤（金融）
・コンサルティング経験や事業会社での経営企画経験 ・投資先や子会社の経営改善などの経験者	・コンサルティングファームでの事業推進経験 ・事業会社にて、複数拠点の組織管理やオペレーション管理の経験 ・事業会社にて、経営企画・事業企画の経験	・コンサルや事業会社において事業戦略・事業計画に基づいたM&A戦略立案・検討・推進を主業務として経験された方 ・高い戦略的思考力、資料作成力、文章力	・事業会社の経営企画、経営管理部門、プロフェッショナル・ファームでの3年以上のご経験 ・会計知識 ・事業横断プロジェクトの推進経験：論点整理、タスク管理など	・同業・商社・事業会社などにおける経営企画部門の経験 ・ビジネスレベルの英語力 ・複数部門との調整業務経験、または同等のコミュニケーション力・調整力

（出所）アンテロープキャリアコンサルティング作成

ています。

　野呂瀬：昔は、ノン・コアの子会社を売却しませんかという話をしても、親会社側からすると、子会社に申し訳ないとか、バイアウト・ファンドが買手だと話を通しにくいとか、あるいは子会社の経営陣は親会社のOBだから難しいという事情があったりしてなかなか進みませんでした。しかし、最近は、そのような感情論は薄れてきているように感じます。親会社側において、資本効率の向上やポートフォリオの最適化の議論が当たり前のようになされるようになり、ノン・コア子会社の売却も一つの戦略オプションとして検討されるようになってきています。また、親会社側の視点だけではなく、子会社の経営陣や事

274　第Ⅲ部　日本のバイアウト市場の課題と将来展望

業部門の責任者が，事業のさらなる飛躍のためにバイアウト・ファンドと組んで独立して頑張りたいという想いを持つケースも増えてきており，売る側にも売られる側にもマインドの変化があると認識しています。

　あとは，日立製作所に代表されるような伝統的大企業でも大胆な事業ポートフォリオの再構築の実践が見られ，「あのような方法もあり得る」と認識されるような先例が後押しとなっていることも一つの要因であると思います。

　山崎：先例の存在と政府の後押しが，大きく影響していると感じますね。2020年7月に経済産業省により，「事業再編実務指針～事業ポートフォリオと組織の変革に向けて～（事業再編ガイドライン）」を公表がされ，いわゆるベストオーナー論ということが説明されています。自社がベストオーナーではない企業を抱え続けていても十分な成長投資が行われないという事情もありますので，事業として今の企業グループに所属していて成長戦略を描くことが困難な場合には切り出して，事業を伸ばしてくれるベストオーナーに託すということが経営者の責務として求められるようになりました。このベストオーナー論を経済産業省が打ち出したことが，大手企業を中心に広まっているとひしひし

図表3　投資実績

（出所）アント・キャピタル・パートナーズ作成

図表4　投資実績

(出所) インテグラル作成

と感じます。以前は，自分たちの先輩や仲間が働いている子会社や事業部門を外に出すことに対して，後ろめたさのようなものがあったと思うのですが，政府の指針が事業ポートフォリオの変革に向けて後押ししたという形になっています。

伊藤：終身雇用の終焉ということもあると思いますが。子会社や事業部門の立場からすれば，ずっと大企業グループに属していれば幸せだった過去とはだいぶ異なり，飼い殺しになるのも嫌だし，独立して新たなスタートを切りたいという意識が芽生えるようになってきました。切り出されてうまくいっている会社もありますし，皆さんもお話しされたように，企業グループの外に出るということに対して，必ずしも負のイメージではなくなってきています。独立の対象となる子会社や事業部門のヘッドの方々が，当該企業グループから自ら出たいとおっしゃるパターンの検討は弊社でもあります。もちろんそれがうまくいくかは別問題で，実現に向けていろいろな障壁はありますが。本当に売る側である親会社グループと売られる側である子会社の双方とも意識が変化してきていると感じます。

林：皆様からのお話をうかがいますと，子会社や事業部門を売却する親会社だけではなく，子会社や事業部門の経営陣の考え方にも変化があるのですね。また，政府からベストオーナー論という考え方も打ち出されているということで，事業ポートフォリオの再構築の議論はより一層活発になっていく可能性が高いと理解いたしました。それでは，今後はどのようなパターンの案件に期待が高まるかという展望についてお話し願います。

小山：コングロマリット・ディスカウントの解消という流れも子会社売却を検討する要素になり得ると思います。今までの上場企業においては，M&Aで多数の会社を買収し，連邦経営のような形で多数の子会社を傘下にぶら下げるという企業グループも存在しましたが，アクティビスト株主からも許容されず，流れとしては収益性の高いところに経営資源を集中投下していくことが求められていきます。したがいまして，上場企業が，過去に買収した企業を選択と集

図表5　投資実績

バイアウト	クロスボーダー支援	No	会社名	業種：製造業	業種：その他	案件タイプ：事業承継	案件タイプ：カーブアウト	案件タイプ：その他	ステータス：投資中	ステータス：Exit済
バイアウト1号	クロスボーダー支援	1	SHINX シンクス	✓		✓				✓
	クロスボーダー支援	2	IZUMI 泉精器製作所	✓				✓ セカンドバイアウト		✓
		3	TSUNODA ツノダ		✓	✓		✓ 非上場化		✓
		4	Pentel ぺんてる	✓		✓				✓
	クロスボーダー支援	5	MSK 水谷産業	✓		✓			✓	
		6	イーテック物流		✓	✓			✓	
		7	東京電解 東京電解	✓		✓			✓	
	クロスボーダー支援	8	MIYATAKE 宮武製作所	✓	✓				✓	
	クロスボーダー支援	9	小島製作所	✓		✓			✓	
同2号		1	MUTUAL ミューチュアル	✓		✓		✓ 非上場化		✓
		2	DELIGHT デライトHD		✓			✓ オーナー再出資による成長支援		✓
	クロスボーダー支援	3	JS FOUNDRY JSファンダリ	✓			✓		✓	
		4	JX JX金属プレシジョンテクノロジー	✓			✓		✓	
		5	CLC CLCコーポレーション		✓			✓ オーナー再出資による成長支援		✓

（出所）マーキュリアインベストメント作成

中の観点から切り離すという動きも出てくると思います。

　あとは，完全に手放さないまでも，一部株主として残存して，バイアウト・ファンドのリソースを使って成長させるというパターンも注目されます。私たちが支援していますJX金属プレシジョンテクノロジーも，そのような側面もあります。加えて，われわれからするといわゆる「スタンド・アロン・イ

図表 6　投資実績

投資先		投資タイプ（時期）	業種	事業内容	投資テーマ
shinwa	シンワ・インターナショナル・ホールディング	MBO（2004年/Exit済）	製造業	カーオーディオ装置・部品の製造販売	・海外，特に新興国市場での成長
POKKA	ポッカコーポレーション	MBO/非上場化（2005年/Exit済）	消費財	飲料の製造販売	・国内事業利益体質の強化 ・海外事業リストラクチャリング
NARUMI	鳴海製陶	MBO/カーブアウト（2006年/Exit済）	消費財	高級洋食器の製造販売	・自立した経営体制の確立 ・中国・アジアへの展開
伸和精工	伸和精工	事業承継（2008年/Exit済）	製造業	精密プレス加工，製造販売	・創業者経営からの脱却 ・中国事業のガバナンス強化
HYNT	東山フイルム	事業承継/非上場化（2010年/Exit済）	製造業	タッチパネル・FPDなど向け産業用フィルムの加工，製造・販売	・創業者経営からの脱却 ・アジア市場における成長 ・設備投資実施による企業規模拡大
Tri-Wall	トライウォール	資本集約（2010年/Exit済）	ビジネスサービス	高重量物用特殊包装材の製造・販売	・中国・東南アジア・欧州市場でのさらなる成長
999.9	フォーナインズ	既存株主からの承継（2012年/Exit済）	消費財	高級眼鏡の企画，卸および小売	・国内市場でのブランド強化 ・海外市場への進出
Polymatech	ポリマテック	事業再生（2012年/Exit済）	製造業	電子・電気機器用ポリマーの素材開発，部品製造・販売	・国内事業の立て直し ・中国，タイにおけるリストラクチャリング，その後の事業成長支援
MORITEX	モリテックス	カーブアウト/非上場化（2015年/Exit済）	製造業	マシンビジョンシステム関連製品の製造・販売	・アジア・中国市場における成長 ・製造移管，コスト改善の実現
M	MARK STYLER	事業承継（2015年/Exit済）	消費財	レディースアパレルの企画，卸および小売	・国内事業の立て直し ・アジア・中国市場の開拓
AKAKURA	アカクラ	事業再生（2015年/Exit済）	消費財	婦人靴の企画，小売	・国内事業立て直しを軸とする再生 ・アジア・中国市場の開拓
TAUNS	タウンズ	事業承継（2016年/一部Exit済）	ヘルスケア	体外診断薬の研究開発・製造販売	・経営体制の強化 ・アジア・中国市場の開拓
NOP	日本オイルポンプ	既存株主からの承継（2018年）	製造業	内装ギアポンプの開発・製造販売	・アジア・中国・欧州・北米などを通じた海外事業のさらなる成長
AMOY	Amoy Food	カーブアウト（2019年）	消費財	調味料・加工食品の製造・販売	・香港での事業基盤強化 ・米国事業のさらなる成長 ・中国事業再進出
MARUKI	丸喜産業	既存株主からの承継（2019年）	製造業	プラスチック原料の加工販売，リサイクル材の開発・製造販売	・国内外のリサイクル事業のさらなる成長 ・新規ビジネスの事業化
Kaneko Group.	兼子グループ	事業承継（2023年）	ビジネスサービス	古紙，プラスチック，金属ならびに廃棄物を収集・運搬・処理までワンストップでサービス提供	・営業組織や管理体制の強化 ・追加的なM&Aの積極的な実施

（出所）トラスター・キャピタル・パートナーズ・ジャパン・リミテッド作成

シュー」の解決に協力をお願いするために残っていただいているという狙いもあります。アント・キャピタルさんのSOMPOオークスやインテグラルさんのテクセンドフォトマスクのケースのように共同株主のような形で経営していくというパターンも有望なのではないかと思います。

伊藤：これまでのケースを見てみますと，大型案件を中心に動いてきました。独立後に積極的な買収・投資を通じて非連続な成長を実現したパナソニックヘルスケア（現PHCホールディングス）の事例のように，従業員の方々も成長を享受しており，政府を含む多方面から評価されている成功事例が出てきました。

今後は，私たちが対象にしている中堅の子会社の独立案件にも期待したいと思います。中堅の子会社では，何かを決めるときは，衆目環視下で決まっていくというよりも，誰かの意見で決まることのほうが多いかもしれません。「こんな前例がある」という形で事例も示しながら，独立をサポートしていければと思います。

野呂瀬：親会社側の戦略や事情による売却案件は当然増えていくと思いますが，今後注目していきたいのは，切り出される側の経営陣からのニーズの増加です。大企業グループから出たい，あるいは今は一つの事業部門だけれども独立企業体としてもっと成長したいというパターンです。フェニックスインターナショナルやSOMPOオークスのケースはまさにその典型で，「売られる」という案件だけでなく，バイアウト・ファンドを活用して独立して頑張りたいという需要がさらに増えていくと面白いと思います。

多様なルートで，大企業グループに属する子会社の経営陣や事業部門の責任者の方々とお会いする機会があります。最初は具体的な方向性は固まっていない段階で，いろいろ相談に乗ってほしいというところから話が始まりますが，面談を重ねるうちに，独立企業化して株式上場を目指したほうがよいかもしれないとか，切り出されるときの資金調達はどうするかとか，その後の会社のバックオフィスの立ち上げや成長戦略の策定などはどうするかといった議論に移っていき，「本格的に進めてみよう」という先方の意思決定を受けて案件検討に入ります。このような出会いを大切にしながら，最初は気軽な話し相手としてディカッションを行っていきたいと考えています。

山崎：今，野呂瀬さんから説明がありましたように，子会社の経営陣に非常に高いモチベーションがあり，独立させていこうと進められるケースは増えていくと予想されます。私たちがご一緒していますサンデン・リテールシステムという会社は，コンビニエンスストア向けのショーケース，飲料メーカー向けの自動販売機，コーヒーマシン，物販機などを手がけている事業ですけれども，そこで生み出す利益が親会社のほうに吸い上げられてしまって他事業に使われてしまうということで，自分たちがいくら頑張っても自分たちの投資に回せないという状況にありました。非常にストレスを抱えておられていて，それであれば独立されたいという高いモチベーションをお持ちの子会社でした。

子会社ではなく事業部門が切り出されるカーブアウト案件にも取り組んでいきたいと思っています。テクセンドフォトマスクは凸版印刷のフォトマスク事業が独立企業化して誕生した企業ですが，今までこのような事業の切り出しを検討してこなかった優良企業が水面下で動き始めていますので，これまでの経験を活かしながらサポートできればと考えています。

林：日立製作所グループなどの事例から大企業でカーブアウト案件が増えていくだろうという見立てに加えて，中堅企業にも，それが広がっていくという可能性についても，大変興味深くおうかがいしました。また，子会社や事業部門の経営陣が声を上げることでカーブアウト案件につながるという事例も出てきているとのことですので，やはり今後もさまざまな企業の子会社や事業部門のカーブアウト案件が増えてくる可能性が高いことがわかりました。

■ M&A市場の発展② ～上場企業の非上場化～

林：2023年9月に東芝の非上場化案件が成立し，今年に入っても，ベネッセコーポレーション，日本KFCホールディングス，永谷園ホールディングスなどの案件が登場しました。増加している背景や今後の見立て・展望・予測について議論できればと思いますが，まずは皆さんのこれまでの取組状況や現在の検討状況についてお聞かせ願います。

小山：これまでツノダとミューチュアルという地方の中堅上場企業の非上場化案件を2件手がけました。いろいろなアドバイザーの方々から，非上場化の

提案に一緒に行きませんかというお誘いも増えてきていますし，私たちからも積極的に非上場化の提案に行っています。潜在的には，今お話させていただいている先が複数ありますので，非上場化のポテンシャルはすごく高まっていると感じます。

　野呂瀬：私自身は，営業支援システム（SFA）の開発・販売を行うソフトブレーンの非上場化案件に携わりましたが，この１〜２年で非上場化に関するご相談や検討機会は本当に驚くほど増えています。証券会社や銀行経由で相談に乗ってほしいという話が多数きており，私も週に１〜２社ほどの上場企業の経営陣の方々とお会いしてディスカッションを行っています。

　山崎：先ほどの子会社独立・カーブアウトとともに，非上場化も非常に増えてきていると思います。私たちは2016年からアデランス，豆蔵ホールディングス，日東エフシー，オリバー，シノケン，ダイオーズという６件の非上場化案件に取り組んできましたが，ここ数年，引き合いを含めて急に増えてきていると感じています。

　伊藤：私たちは，東山フイルムとモリテックスを含む３件の非上場化案件の経験があります。東山フイルムは，大株主の創業家の保有株式の売却需要に伴い発生した案件でしたが，後ほど議論しますオーナー企業の事業承継にも該当する案件です。前述のモリテックスは，ショットから株式を取得した後に非上場化を実現しました。

　最近は，他の皆さんと同じように，上場の意義や非上場化のメリットが冷静に議論されるようになっていて，その影響で潜在的な案件も増えている印象です。

　林：新聞報道などにおいても上場企業の MBO が頻繁にとり上げられるようになってきており，非上場化の取り組みが注目されていますが，ここ数年で急増した背景はどのように整理できるのでしょうか。

　山崎：いくつか要素はあると思いますが，一つは東京証券取引所の市場再編が大きく作用していると思います。プライム，スタンダード，グロースに再編されましたが，特にプライムの基準が厳しくなりました。コーポレート・ガバナンスの強化や社外取締役の数という仕組みの面もございますし，「流通株式時価総額100億円以上」，「流通株式比率35% 以上」などの要請があり，改善が

強く促進されています。上場しているものの創業家が高い比率をお持ちのケースや親会社が相当な株式を保有している場合には，当該上場企業の時価総額がそこまで小さくなかったとしても，流通株式時価総額を見ると意外と厳しいということもあり得ます。東京証券取引所の上場維持基準が存在することにより，日本企業が上場維持することについて考えるようになってきたと思います。

伊藤：日本企業も上場について考えるうえで，合理的になってきましたね。かつては上場がゴールというイメージがどうしても強かったと思います。上場企業であることのステータスやメリットは，理由をつけようと思えばたくさんあり，上場維持を続けるドライバーとなっていました。しかし，合理的に考えれば，成長が鈍化し，資金調達需要もない企業がなぜ上場しているのかと問われるようになり，上場維持コストについて考えてみたり，アクティビストに何か言われると大変だという議論が出てきています。また，バリュエーションが低く放置されており，非上場化したほうがよいと思われる上場企業が存在します。

野呂瀬：かつては，とりあえず上場していることで社会的に評価されるということもあったかもしれませんが，伊藤さんからお話があったように，そもそもなぜ上場しているのかを考え始める経営者の方々がとても増えている気がします。上場維持コストもかかりますし，中長期の施策を推進しているなかで四半期ごとに株主からいろいろ言われるのが嫌だという経営者はいると思います。また，大胆な事業変革にチャレンジをしたいが，短期的には業績にマイナス影響を及ぼす可能性があり上場したままの実施が難しかったり，株主から低い評価をされてしまうことになりかねないケースもあります。そこで，いったん非上場化したうえで，大胆なチャレンジに取り組んでみたいというニーズが出てきています。

加えて，少し生々しい話ですが，創業メンバーではない上場企業の経営陣の方々は，上場のときにあまり大きな経済的な果実を得られていません。今は社長のバトンを受けとって企業価値向上に向けて頑張っているけれども，せっかく頑張るのであれば一度非上場化して，いろいろなチャレンジをして，もっと大きく成長した後に再上場して達成感と経済的メリットも得たいというお話もあったりします。

あと，足元で非常に増えているのは，アクティビスト・ファンド対応でしょうか。アクティビスト・ファンドが株式を買い増している上場企業からの相談も多いです。

山崎：まさに野呂瀬さんのご指摘のとおりで，アクティビスト・ファンドが非常に活動を活発化されているというのも，もう一つの大きなトリガーになっていると思っています。日本は米国に次いで，アクティビスト・ファンドからの株主提案数が多い国であるといわれていまして，日々さまざまな報道がされています。

以前と比較して，アクティビスト・ファンドの方々のアプローチの仕方も変わってきたと感じます。昔はどんどん買い増していき，ひたすら増配を要求するケースもありました。しかし，今は大きなパーセンテージは取らないけれども，パッシブ運用を行う機関投資家や議決権行使助言会社も味方につけながら活動する動きが出てきています。当然ながら，上場維持しながらアクティビスト株主への対応を行うという選択肢もありますが，非上場化の検討を促す要因になっています。

小山：やはり皆さんがお話しされたように上場維持コストは高いですし，コーポレートガバナンス・コードへの対応も煩雑ですし，開示事項が増えてきており，上場していることの大変さは以前より増しています。上場していることに対して，経営者がメリットをあまり感じなくなってきており，特に中堅上場企業の場合にその傾向が強いように思います。

アクティビスト・ファンドもよい意味で上場企業のガバナンスを利かせていますが，ある程度の割合を持ってしまうと，市場内外で全部売り切るということが難しくなります。新たなオーナーになり得るバイアウト・ファンドがサポートしながら非上場化を企図し，アクティビスト・ファンドのエグジットを前提とした取り組みの一つの選択肢として実施されるケースも出てきています。

林：対象会社が上場維持のメリットを感じていなかったり，大胆な経営改革を断行したいというニーズのほか，東京証券取引所の市場再編やアクティビスト・ファンドの活動が影響していることは間違いないですね。今後対象となるような上場企業の特徴や想定されるシチュエーションはどのようなものかについてもお話しいただければ幸いです。

小山：まずは，株価が割安に放置されてしまっている上場企業がまだまだあります。また，流動性がほとんどなく，あまり株式の売買が行われていないケースも存在します。

私たちミッドキャップのバイアウト・ファンドとしては，上場しているメリットを見出しにくくなってきている会社の規模感として，時価総額で50億円から1,000億円弱くらいまでの中堅企業がサポートしやすい領域になってくると思います。マーキュリアインベストメントとしては，取り組みやすさという点にも関係してきますが，創業オーナー家が上場後も相当な株式を保有しており，事業承継ニーズや株主構成の再構築ニーズが存在する中堅上場企業の経営者とのディスカッションを積極的に行っていきたいと考えています。

伊藤：小山さんのおっしゃるように，株式の流動性が低い企業が存在します。そのため上場会社でありながら株主構成が固定的で，かつ会社の成長と株主の意向が必ずしも一致しない場合も散見されます。株主関係を再整理することで，会社が真の成長シナリオを採ることができる，それを関係者のインセンティブにつなげることで会社が活性化し，ひいては社会貢献につながる，そのような将来像の見える会社は確実に存在します。海外展開など成長を支援することが身上の私どもには，そのようなご相談もございます。今まで以上に取り組んでいきたいテーマだと考えています。

野呂瀬：数年前までは，私たちはセクター別に上場企業を見ながら非上場化の提案を行ったりもしていましたが，最近はそんな動きをしている暇がないくらい上場企業側からの相談が多く，そちらに対応する機会のほうが多くなっています。

グローバルな機関投資家から見ると，投資対象にならないような中堅上場企業も多数存在します。そこで，いったん非上場化して機関投資家からも魅力に映るような形で再上場を目指すというパターンもあると思います。弊社としては，単に非上場化を増やしますというだけではなく，より良い形での再上場に向けて事業成長やガバナンス強化についてもご支援し，グローバルな機関投資家から見ても魅力のある上場企業を増やすところも含めて貢献していきたいと考えています。

山崎：本当に上場に関する議論は尽きませんが，親子上場の解消の議論も，

非上場化型バイアウトが増える要素になり得ます。東京証券取引所が親子上場の意義の開示を要請したり，アクティビスト・ファンドが問題視したり，親子上場し続けるのであればしっかりその理由を説明する必要が出てきています。その結果，完全子会社化するか，ベストオーナーに売却していくかという動きが出てきて，後者の場合にバイアウト・ファンドを資本パートナーとする非上場化を企図する場合があり得ます。インテグラルとしてはこのような案件のサポートも積極的に行っていきたいと考えています。

あとは，親会社のほうで上場子会社を完全子会社化したうえで，親会社として事業シナジーがある部分はそのまま本体に取り込んで，そうではない事業部門をベストオーナーに譲る，という選択肢も出てきています。その結果，この親子上場の解消の議論に起因し，さらにその子会社や事業部門が独立するという要因にもなると予想します。

それから，政策保有株式の売却については，比率としては数パーセントの場合もありますので，直接的には非上場化型バイアウトに結びつかない場合のほうが多いと思いますが，実は政策保有株式の売却により，アクティビスト・ファンドが買いやすくなるという側面もあります。したがいまして，親子上場の解消や政策保有株式の解消は，アクティビスト・ファンドの活動とも有機的なつながりがあると考えられます。

林：皆様のお話をおうかがいしますと，東証の再編やアクティビストの活動など，多様な外部環境により，多くの上場企業で非公開化の議論が交わされていることがよくわかりました。この辺りは，2024年からの新 NISA の拡充など，引き続き，政府としても資産運用立国実現に向けて，いろいろな議論がなされているので，機関投資家はもちろんですが，個人投資家からも注目度の高い領域かと思います。そのような流れのなかで，バイアウト・ファンドの活用による非公開化，親子上場解消などの案件が増えると，さらに多くの方がバイアウト・ファンドに注目をしていくような流れになりそうだと感じました。

■ M&A 市場の発展③ ～オーナー企業の事業承継～

林：件数ベースでこの10年間で最も発展が見られたのは，オーナー企業の事

業承継だと理解しています。最近は，取引金額が100億円を超えるような少し大きめのオーナー企業案件も多数出てきていますが，ここまで拡大できた要因について振り返りつつ，今後期待できる案件のパターンなどについて議論できればと思います。

伊藤：帝国データバンクの調査によれば，社長の平均年齢は60.5歳となっており，33年連続で上昇しています（帝国データバンク「全国「社長年齢」分析調査（2023年）」2024年4月2日付）。健康寿命が延びて10年後には平均年齢が65歳程度になる可能性もあります。ものすごく元気だとはいえ，事業の継続や円滑な事業承継に弊害が出てくる平均年齢に差し掛かってきたともいえます。経営者の高齢化により事業承継は進んできましたが，社長の平均年齢はまだ右肩上がりですので，今後さらにM&Aやバイアウトの役割が増していくのは間違いありません。

小山：10年前と比較すると，事業承継案件の検討機会は本当に増えました。最も大きなマクロ要因は，伊藤さんがお話しされたように，経営者の方々の高齢化が着実に進展し，もう待ったなしになっているという状況と後継者難があると思います。

あとは，この10年でM&A仲介会社の数が増加し，金融機関のM&Aアドバイザーも含め，オーナー経営者の事業承継をサポートする人たちの活動が活発化してきたことも大きな要因となっています。金融機関のファイナンシャル・アドバイザーや法人営業ラインの方々も，事業承継のニーズを的確に捉え，次から次へとオーナー経営者へのアクセスができる状況になっているのではないかと思います。

林：M&Aアドバイザーが果たしている役割は大きく，バイアウト・ファンドを活用した事業承継の手法の認知度の向上にも大きく貢献していると感じます。少し前の印象では，「バイアウト・ファンドです」と名刺を出すと，オーナーがよい顔をしないというような話もよく聞きましたが，その辺りの変化はいかがでしょうか。

伊藤：昔は，そもそもアポイントが入らない状況でした。2000年代は，オーナー経営者とのアポイントが取れただけですごいという感じでした。今は，比較的簡単に取れますから大きな変化を感じています。バイアウト・ファンドの

基本的なことを説明しなければいけない場面もすごく減ってきています。2000年代は，バイアウト・ファンドの説明資料を作成して，アクティビスト・ファンドとの違いなどを説明したりもしていましたが，最近はそのような資料を使うことはほとんどありません。バイアウト・ファンドに引き継ぐケースと事業会社に引き継ぐケースの違いを説明することも少なくなりました。

それから，この10年で感じたことですが，オーナー経営者同士のネットワークでM&Aやバイアウト・ファンドの情報交換がなされるようになったことです。社長は孤独で，株式を売るという悩みは，社員の誰にも相談できません。他のオーナー経営者に相談します。オーナー社長のネットワークはすごいものがあり，その誰かがバイアウト・ファンドに売ると噂が広まり，どのように進めたかという情報が共有されるようです。売ることを決めて幸せな日々を過ごしているオーナーが増えたということも大きな影響を与えていると思います。

野呂瀬：伊藤さんがお話されたように，オーナー経営者同士の横のつながりで弊社をご紹介いただき，話が始まることも多々あります。最近はバイアウト・ファンドの一般的な特徴は既にご理解されている経営者も多く，むしろ論点はより具体的なビジネス面での協業メリットに移ってきている印象があります。経営者の方々からは「アントさんは当社事業に対してこんなサポートはできますか」とピンポイントで聞かれることもあり，バイアウト・ファンドの活用について理解が進んでいると感じます。

林：オーナー経営者の耳にもバイアウト・ファンドに関する情報がかなり入っているということですね。そのオーナーのつながりやバイアウト・ファンドの理解の浸透というのは都市部だけの話でしょうか，地方にも浸透しているのでしょうか。

野呂瀬：地方でも皆さんよくご存じです。M&A仲介会社などの方々が，全国でオーナー経営者向けにセミナーなどを開催し，M&Aの手法の理解を深める活動を行っておられます。その延長でバイアウト・ファンドとのコミュニケーションが増えていると感じます。また，本書＜日本企業のバイアウト＞シリーズ（中央経済社）の刊行や日本バイアウト研究所がこれまで全国各地で開催してきた「企業価値向上シンポジウム」においても，バイアウト・ファンドに関する多様な情報が発信されており，理解の浸透に役立つ重要な要素になっ

図表7　事業承継型バイアウト案件の件数の推移と増加要因

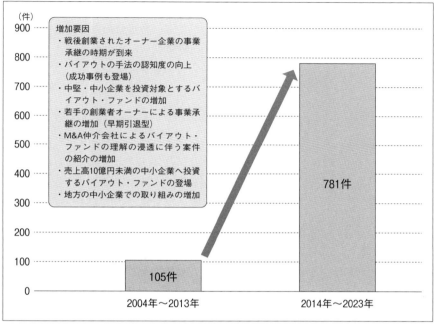

(出所) 日本バイアウト研究所の統計データに基づき作成

たと思います。地方でも引き続きオーナー経営者の高齢化問題は根強く存在しますので，それに起因する事業承継は増えると思います。

伊藤：これまで手がけたオーナー企業案件はすべて地方案件でしたし，今も相談が増えています。2023年12月に投資しました静岡の兼子グループもオーナー企業でしたが，社長が60代半ばを迎えて自身の年齢を考えたこともありますし，バイアウト・ファンドと組んで成長して仮に上場できれば地元のためになるというストーリーが受け入れられ，業界のため地元のためということも含めて事業承継を行ったという事例です。

オーナー経営者が，株式を売るけれども，それにより会社が成長して地域にも利益がもたらされるというシナリオや座組がしっかり設計できれば，どんどん地方にも受け入れられると思います。

林：事業承継については，引き続き，バイアウト・ファンドと相性が良いと

いうことがよく理解できました。また，オーナー経営者同士のネットワークから，バイアウト・ファンドによる成功事例やファンド自体の仕組みも地方に至るまで浸透しているということにも驚きましたが，M&A仲介会社の方々のきめ細やかな情報提供なども，事業承継を円滑に進めている一因ということですね。ますますバイアウト・ファンドを活用した事業承継案件が増えてくる見込みということがわかりました。

今社長の年齢の話も出ましたが，最近はもう少し若い経営者がバイアウト・ファンドを活用した事業承継を行うケースが増えていると聞きます。事業承継案件について，最近のトレンドや特徴があれば具体的におうかがいしたいのですが，いかがでしょうか。

山崎：ミッドキャップにおいて，事業承継が最も多いディールフローの源泉ということは間違いありません。常に全体の半数以上を占めるような高い比率のフローになっています。

これはもう最近の話ではないですけれど，戦後創業された経営者がご高齢になり，ご子息も継がれないのでバイアウト・ファンドに引き継ぐという伝統的なタイプの事業承継だけではなく，若い経営者による案件も非常に増えてきています。

オーナー経営者の年齢が40歳前後の場合でも，自分で伸ばせる限界に近づいてきたと感じ，よりしっかりとした組織づくりをして体制を整えていく際に，ビジネス・パートナーとしてのバイアウト・ファンドに保有株式の一部をお譲りして，経営者としても残って経営をしていくというパターンです。

野呂瀬：私たちの肌感覚としても若いオーナー経営者の事業承継が増えています。40代や50代のオーナー経営者が，もちろんまだ元気で働けるし，事業意欲も失っていないものの，自分としてはこの会社でやれるところまでやったというステージのケースで，ここから先の成長や自分に依存しない形の組織の進化をバイアウト・ファンドに託すようなケースが出てきています。この場合のオーナー経営者は全く別のビジネスやキャリアにチャレンジするケースもあれば，退任せずに一部の株式を継続保有しながらバイアウト・ファンドと一緒に会社を伸ばしていくケースなどがあります。

オーナー経営者が続投するケースでは，まずバイアウト・ファンドが経営者

のビジネス・パートナーとして認められることが重要になってきます。最終的には，株式の譲渡プロセスを経て協業を開始することになりますが，初めてお会いする際には，株式のことはさておき，御社はこんな戦略を実行すれば飛躍的な成長ができるのではないか，アント・キャピタルの過去の事例ではこんな取り組みを行った，というようなディスカッションを行うことが多くなっています。皆さん単なる株式の引受先としてだけでなく，山崎さんからも今お話しがありましたように，ビジネス・パートナーを探しています。

林：自社ビジネスの成長のため，バイアウト・ファンドをパートナーとして選んでいくという考え方も出てきているというお話には驚きましたが，確かにバイアウト・ファンドで活躍されていらっしゃる方々は，もともとはコンサルティング・ファームや投資銀行出身という方も多いですし，そのようなプロフェッショナルの方に自社の株式を買ってもらい，同じビジョンに向かって力を借りるという意味でバイアウト・ファンドを選択するというのは自然な流れなのかもしれません。

今後の案件の展望についてもお話しいただければ幸いです。M&A仲介会社の方々は小さな案件を手がけつつも，取り扱う案件の規模が徐々に大きくなり，証券会社の投資銀行部門が手がけているクラスの大型案件にも関与するようになってきています。そのような状況で，各社ファンド規模を拡大されましたが，今後手がける案件の規模感や注目すべきアングルなどがあればぜひお話し願います。

小山：今後は，少し大きめのオーナー企業案件にもチャレンジしていきたいと考えています。大手のM&A仲介会社も，中小企業のサポートに加え，徐々に中堅企業へのサポートにも力を入れ始めています。中堅の優良企業は案件化しにくかったと思いますが，次世代経営人材の育成などの課題を抱えていらっしゃるところも増えてきています。先代から引き継いだ3代目・4代目の若い経営者で，自力では難しく，バイアウト・ファンドと一緒に成長したいという案件をいくつか経験しましたが，今後は案件のサイズアップも期待できるのではないかと思います。

野呂瀬：必要に迫られて事業承継というパターンは小さい会社のほうが多いと思いますが，戦略的なバイアウト・ファンド活用となると，一定の規模があ

り成長してきている中堅企業で，ビジネス・パートナーを探すというニーズが多いような気がします。そのようなニーズに応えていくことで，中堅規模のオーナー企業案件にも積極的に取り組んでいきたいと思います。

伊藤：私たちも引き続き中堅企業への成長支援に力を入れていきたいと思っています。2004年の活動開始以来，ブランド力や技術力を備えた中堅企業をハンズオンで支援しながら成長をサポートしてきました。特に，中国をはじめ海外戦略の策定・実行を支援してきましたので，海外での成長機会を見い出したいと考える中堅企業のオーナー経営者のパートナーになりたいと考えています。

山崎：従来とは少し異なる形のグロース型バイアウトにも期待したいと思います。近年，SaaS，ソフトウェア，デジタル・トランスフォーメーションなどの領域の急成長企業に対してバイアウト・ファンドが投資するケースが登場しています。例えば，グローバル・プライベート・エクイティ・ファンドが，人事領域のSaaS型のソフトウェアを提供するHRBrainに資本参画したケースなどがあげられます。

これらのケースは必ずしも事業承継にはなりませんが，若い創業経営者とバイアウト・ファンドとのジョイント・ベンチャーのような形で事業運営がなされます。出資比率や経営への関与度合いはさまざまで，コントロール投資を行うケースもあれば，スタートアップ企業へのマイノリティ投資を行うケースもあり，このような潮流には注目していきたいと考えています。

林：事業承継といっても，その背景や狙いには，さまざまなものがあるということがよく理解できました。今後は，投資サイズが大きくなる可能性もあり，ますます事業承継は注目される領域となりそうです。また，ビジネス・パートナーとしてのバイアウト・ファンド活用という切り口で，実態としては，グロース投資に近い投資案件も増えてくるということですが，このような切り口での投資案件が活発になりますと，先ほどのお話のとおり，オーナー経営者同士のネットワークは強固かと思いますので，ますますバイアウト・ファンドを活用した成長戦略の策定・実行に期待を寄せる経営者も増えてくるだろうと思います。

■ 投資家市場の発展 〜年金基金・大学と個人投資家への期待〜

林：中堅企業を投資対象とする日本のバイアウト・ファンドのファンド募集は好調で，日本の中堅企業としても活用の絶好のチャンスが到来しているといえます。そのような局面で，アンテロープでは，機関投資家とバイアウト・ファンドの橋渡しを行うアセットマネジメント会社，ファンド・オブ・ファンズ，ゲートキーパー，機関投資家のLP投資担当者，バイアウト・ファンドにて投資家対応を行うIRポジションの求人が増えており，日本の投資家のバイアウト・ファンドへの積極的な姿勢をうかがうことができます。そこで投資家サイドの発展可能性について議論できればと思いますが，まずはファンド募集や国内投資家の動向について皆さんがお感じになられていることからお話を進められればと思います。

図表8　機関投資家・ゲートキーパーの募集人材要件

プライベート・・エクイティ・ファンドをはじめとするオルタナティブ投資関連のポジションは増加傾向にある。一方で，経験者の絶対数はまだ少ないことから，若手層のポテンシャル採用を行なうポジションや，機関投資家向け営業からGPのIRへの転職といったポテンシャル採用も行っている。専門性を高めたキャリアを目指す方にとっては，チャレンジがしやすい環境となっている。

事例①（アセットマネジメント会社）	事例②（信託銀行）	事例③（ゲートキーパー）
・資産運用，ファンド評価，運用コンサルティング分野における業務知見 ・海外ファンドとの議論，交渉などに足る英語力 ・CFA，証券アナリスト資格など	・海外運用会社との交渉，英文契約の締結や英文での商品説明書，運用報告書などの読解，日本語での顧客向け資料作成などを担当するため，英語コミュニケーション能力が必要。 ・オルタナティブやファンドや関連する資産への投融資経験のある方	（ポテンシャル採用） ・英語基礎力 ・コーポレートファイナンス基礎理解 ・機関投資家と対話できるコミュニケーションスキル ・パワーポイントによる資料作成スキル

事例④（LP投資）	事例⑤（プレースメント・エージェント）	事例⑥（GPでのIR業務）
・5年程度以上の投融資関連業務の経験 ・PEファンド業界にてファンド投資経験を有するもの（LP業務経験者だけでなく，GP業務経験者も可） ・海外GPとの日々のコミュニケーションが可能な英語力	（シニア） ・機関投資家に対して強いリレーションを保有する方 ・海外PEファンドとコミュニケーション可能な英語力 （ジュニア） ・高い英語力に加えて，金融業界での法人営業経験がある方	・機関投資家，年金のカバレッジ経験者 ・英語力あればなお可 ・金融機関などでの業務経験（銀行，証券，投資銀行，保険会社など），アセットマネジメント会社，ファンドなどにて，IR，マーケティング，法人営業，ミドルバック業務などの経験

（出所）アンテロープキャリアコンサルティング作成

野呂瀬：直近のファンドレイズは2021年〜2022年にかけて行いました。投資家の構成としては保険会社，年金基金，銀行，ファンド・オブ・ファンズなど多様な顔ぶれとなっています。今回のファンドでは，これまでプライベート・アセットに関しては海外投資が中心であった保険会社からのコミットが大きく伸長したのが特徴的でした。また，ファンド・オブ・ファンズからのコミットの構成比も上昇しました。年金基金の存在感も大きくなってきましたし，銀行においても低金利環境下で運用収益を伸ばすべく，本格的なプライベート・アセットへの投資チームを設置する動きが見られます。各投資家層のなかで日本のプライベート・エクイティに対する期待感が高まっていることを感じます。

小山：マーキュリアインベストメントは，2023年9月にバイアウト2号ファンドの募集を完了しました。国内外の多様な投資家からの出資を受け，総額438.5億円で最終クローズを迎えました。この2号ファンドの投資家の数は，1号ファンドの倍以上になりましたが，増えたのは地方銀行が圧倒的に多かったです。地方銀行は，低金利を背景として収益源の多様化を目指し，2010年代の半ば頃より，日本のバイアウト・ファンドやメザニン・ファンドへの投資を積極的に行ってきたと理解しています。また，後ほどお話しに出るかと思いますが，近年はLBOファイナンスに対しての取り組みに力を入れている地方銀行も多いと感じています。

その他には，1号ファンドでは参画していなかった生命保険会社，損害保険会社，年金基金，海外投資家にも一部参画いただけまして，LPの顔ぶれは多様化しています。

伊藤：国内の投資家層の裾野はすごく広がってきた感じがします。年金基金への期待は10年ほど前からいわれていましたが，順調に増えてきたと感じています。また，地方銀行や一部の信用金庫も積極的になってきました。私たちが助言するバイアウト・ファンドは，ケイマンに籍があり，今まではそれが理由で敬遠されたりもしましたが，最近はケイマン籍のファンドに直接コミットされる地方銀行も増えており，地域金融機関によるバイアウト・ファンドへの投資は進化していると感じます。プライベート・エクイティやオルタナティブ投資のご経験のあるプロフェッショナルが地方銀行に転職されて，ノウハウの確立を担っているケースも存在し，地方に行ってもプロの投資家がいる状況に

なってきました。

山崎：この2024年5月に5号ファンドを2,500億円でファイナル・クローズしたばかりですけれども，アジア，北米，欧州にわたる地域の保険会社，年金基金，大学基金，政府系金融機関などの機関投資家に参画いただいています。

国内については，これまで4号ファンドの時点でもかなり裾野を広げて，多様な投資家を開拓してきましたので，広がりは期待できないと思っていたのですが，実際はそうではなく，日本でも新たにオルタナティブ投資に資金を振り向けていこうと考えている投資家の数が今も増えていると感じました。

近年は，新たに公的年金や公的機関の動きも注目されています。例えば，大学ファンドと呼ばれている国立研究開発法人科学技術振興機構が，プライベート・エクイティへの投資を開始するという動きも出てきており，新たな展開を迎えています。

林：国内においても，裾野が広がっており，さらに新たな投資家も増えているということで，ますますバイアウト・ファンド業界への期待値も高まってきていると理解いたしました。また，最近は，海外の投資家からも日本のバイアウト・ファンドへの注目が集まっていると聞きますが，どのような背景があって注目されていると思われますでしょうか。

伊藤：ファンド・オブ・ファンズやゲートキーパーを通じて，海外の機関投資家が日本市場に強い関心を持っていることが伝わってきます。1日に10件近くアポイントの依頼が入ってくることがあるくらい海外の機関投資家の日本への注目は高まっています。これにはいくつか理由があると聞いていますが，まずは明らかに日本市場がまだこれからということです。経済規模が大きく安定している状況にもかかわらず，バイアウト案件が少ないと海外からは見られています。いろいろな経済指標から見ても，まだバイアウト案件が増える余地があり，米国や欧州と比べて案件が少ないということです。企業単位でも，後継者難や海外進出ができてない会社が多く，バイアウト・ファンドが活躍できるところが多いと見られています。

小山：私たちも海外投資家の方々と話していて注目度合いがわかったのですが，エリアごとにポートフォリオを決めていて，日本はアジア・パシフィック地域に入っているとのことです。これまで，アジア・パシフィック地域での一

番の投資先は中国で，数年前まではかなりの金額が中国のグロース・キャピタル・ファンドなどに流入していました。しかし，米中摩擦などもあり，中国への投資を控える動きが出てきて，そうするとアジア・パシフィック地域では，韓国かオーストラリアか日本という話になり，それなら日本を増やそうかというように，投資家の方針転換があると感じました。

　先ほどからのお話にあるように，日本は事業承継がものすごく有望ですし，非上場化や子会社売却のニーズもある一方で，GDP（国内総生産）に占めるプライベート・エクイティ取引の割合は，米国よりもはるかに低いといわれています。そして，欧米に比べると案件の獲得競争が少なく，また金利が低く，レバレッジをある程度利かせられればリターンが出やすいということが，海外投資家から魅力に映っているようです。

　山崎：あとは，米国のバイアウト市場の変調というところもあると思います。過去10年で見ると，米国のミッドキャップのバイアウト・ファンドは，運用対象としても高いリターンを出していたセグメントでした。ドル建て投資家から見ると，為替リスクもとらなくてよいため，米国内だけでよいというスタンスがあったと思います。しかし，金利の上昇で，M&Aが起きにくくなっているということもあり，全般的に米国内のバイアウト市場が低調になっています。その結果，日本のリターン・プロファイルが相対的に上がってきたのだと思います。中国が難しくなっているから日本が盛り上がっているという観点と欧米が少し低調だという両方の観点で，日本の相対的地位が上がっているといえるような気がします。

　それから，私たちインテグラルに固有の論点からお話ししますと，ファンド規模が大きくなることにより参画できる投資家が欧米に存在します。これは，海外の機関投資家は，一つのバイアウト・ファンドに投資できる投資金額が大きいということに起因します。北米の年金基金などの投資家は，そもそも運用している資産規模が大きく，日本のバイアウト・ファンドに数十億円というような少額のコミットをすることができないという事情があります。例えば，日本の500億円のバイアウト・ファンドに150億円コミットします，ということができません。一方，ファンド規模が2,000億円を超えてくるようになると，資産規模が大きな機関投資家も投資できるサイズ感になるということです。その

意味でも5号ファンドでは海外投資家によるコミット金額が増加しました。

林：皆様からのお話をうかがうと，相対的な事情からではあるものの，海外投資家からも注目され，日本のバイアウト市場はさらに成長していくということがイメージできました。また，新たな投資家からの投資により，ファンド規模が大きくなれば，さらに有力な投資家が投資可能になるということで，日本のバイアウト市場が急速に発展していく局面にあると実感できました。再び日本の投資家の話に戻りますが，これから日本のプライベート・エクイティ・ファンドへの積極的な投資が期待される投資家層についてはどのようにお考えでしょうか。

小山：もっと日本のプライベート・エクイティ・ファンドに投資をしていただきたいと思っているのは，年金基金です。日本でも先進的な年金基金は，早くから取り組んでいますが，オルタナティブ投資全体は増えてきているものの，不動産やヘッジ・ファンドへの組み入れが多く，プライベート・エクイティに対するアロケーションはまだ少ないと感じます。年金基金は，長期運用を行っていくことが運用の基本的な考えの一つになっているかと思いますし，長期運用が可能なアセットオーナーです。プライベート・エクイティもファンド期間が10年と運用が長期にわたりますので，年金基金の運用対象の一つとしては，とてもマッチします。加えて，ポートフォリオ全体の分散効果も期待されますので，今後，年金基金の資産構成におけるプライベート・エクイティへの割合が増加していくことを望んでいます。

もう一つは，米国ほど資産規模は大きくありませんが，大学のいわゆるエンダウメント投資にも期待したいと思います。私たちは今，いろいろな日本の大学に働きかけを行っているのですが，有望なところもありそうです。

野呂瀬：私も大学の資産運用におけるプライベート・アセットへのアロケーションの拡大に期待しています。海外のハーバード大学（Harvard University）やマサチューセッツ工科大学（Massachusetts Institute of Technology）などの運用額や運用リターンは桁違いです。その運用益のおかげで，潤沢な助成金により優秀な学生を集め，著名な教員を招聘し，研究体制も充実でき，財務体質もより強くなってきています。それが大学の収支モデルの理想形だとした場合に，日本の大学はまだほとんどできていません。資産規模も小さいですし，

運用リターンも年率数パーセントというように，まだまだ発展途上です。日本の大学が，もっと戦略的なアセット・アロケーションを採って高いリターンを生み出していけば，世の中にもよい効果を生むのではないかと思います。

伊藤：日本の大学が資産運用業界のプロフェッショナルを採用する動きも少しずつ出てきていますね。運用の高度化を目指す国立大学法人東京大学が，CIO（chief investment officer）として招聘したケースがあるなど，一部の大学は既に走り始めているという印象です。

その他には，個人富裕層やファミリーオフィスも期待されます。海外だと，スイス，イギリス，中東，エジプトなどでファミリーオフィスが多数存在します。日本は，ものすごいお金持ちが多数いるわけではありませんが，そこそこのお金持ちはそれになりにいますので，富裕層の方々が拠出できるスキームをうまく組みながら，個人資産がうまく活用されればと思っています。

小山：将来的には，日本の個人の方々にも簡単に投資できるようになるとよいですね。米国のプライベート・エクイティ・ファンドが日本の個人投資家向けにオルタナティブ資産の販売に力を入れ始めています。日本のバイアウト・ファンドはまだそこまで至っていませんが，投信などは，流れとして個人にもアクセスさせようとしていますので，システム化が進んでくれば可能性はあると思います。iDeCo や NISA のように長期的な視点での資産形成を可能にするものという意味では，プライベート・エクイティ・ファンドは向いている運用対象です。一般の個人投資家でもしっかり特性を理解すれば投資できる分野だと思いますので，投資できる仕組みが構築されることを願っています。

山崎：私も個人投資家に対してプライベート・エクイティが裾野を広げていくということができると面白いのではないかと思っています。海外には，健康保険組合のような基金が投資家として存在しますが，コロナが発生して支払いが増えましたが，プライベート・エクイティ・ファンドで資金を運用してリターンをしっかり出しており，その結果，利用者に対して新たに金額を徴収することなく乗り切ることができ，しっかり加入者の方々をサポートできたという話もありました。プライベート・エクイティ・ファンドによる資産運用は，個人にも還元されるという社会的意義があることを実感しました。

個人という観点では，富裕層以外の個人投資家も存在します。機関投資家と

いう間接的な手段にとどめずに，そのような層に直接的にリターンを享受していただけるようなことを日本のバイアウト・ファンドが担えるようになれば，社会的意義がより増していくと考えられます。伊藤さんや小山さんがお話しされたように，個人投資家でも将来的には日本のバイアウト・ファンドへの投資ができるような仕組みが構築されていくとよいと思います。

林：年金基金，大学，富裕層をはじめとする個人投資家と，投資家層にまだまだ拡大余地があるのですね。また，個人がプライベート・エクイティ・ファンドに投資ができるようなことになれば，当然注目度もさらに高まると思われますし，投資家がプライベート・アセット投資をうまく活用し，しっかりとリターンを上げることが，海外の大学の事例のように，巡りめぐって，私たちのような個人に還元される部分があるというイメージも湧きましたので，個人的にもさらに期待が高まりました。

◼ LBO ファイナンス市場の発展 〜推進体制の構築と人材の育成に向けて〜

林：これまでのバイアウト案件の成立においては，LBO ファイナンス市場の発展も寄与してきました。10年前と比較して，デット・プロバイダーの顔ぶれや実務はどのような発展を遂げてきたのか，足元の金融機関の融資スタンスにも触れつつ，さらなる発展に向けた課題について討論できればと思います。

山崎：LBO ファイナンスのプレーヤーと実務も着実に進化を遂げていると感じます。メガバンクや政府系を含む大手銀行中心の世界から，地方銀行なども含め裾野が広がってきています。また，保険会社やリース会社などのメザニン・プレーヤーの数も増えています。さらに，最近の潮流として，デット・ファンドも一部見られるようになってきまして，海外に少しずつ近づいてきている部分もあると感じています。

証券会社のように，最終的に自社でブックしないようなタイプのレンダーも活動しています。アンダーライトはするけれども，最終的にその LBO ローンを投資家に譲渡するということを念頭において引き受けるビジネスを行っており，昨今の中型・大型のディールで大きな役割を果たしています。

小山：本当に様変わりで，10年前はメガバンク，その他の大手銀行，一部の地方銀行でしたが，今は非常に多くの地方銀行がLBOローンを収益の柱にしていきたいと考えていらっしゃいます。山崎さんからもお話のあった保険会社やリース会社の一部においても，シニア・ローンやメザニンを手がけているところが増えており，まさにLBOローンの資金の出し手は多様化しています。

新たにLBOファイナンス業務を開始し，最初は参加行としての経験を積んで，タームなどの実務をいろいろ勉強してから，自分たちでアレンジができるように体制を整えている地方銀行もあります。30～50億円程度のLBOファイナンスのアレンジが可能なプレーヤーは増えてきましたので，中規模案件に積極的な立場からすると，非常に有難い存在です。

伊藤：裾野は明らかに広がっていて，取り組みやすくなりました。以前の大手銀行は，入札案件に対して1社の買手候補にしか付きませんというスタンスが大半でしたが，今はウォールを立てながら複数の買手候補のファイナンスの組成の検討を行うことも行われており，実務が進化していると感じます。どんどん知見が広がっており，市場でのプラクティスが確立されてきたと感じています。

林：LBOファイナンスのプレーヤーが増え，実務的なノウハウも各社に蓄積されていることが，バイアウト市場の成長にも非常に良い影響があるということが理解できました。また，私のような外部の人間から見ますと，バイアウト・ファンドの皆様がしっかりとリターンをあげていらっしゃるからこそ，銀行をはじめとする資金の出し手側も，LBOファイナンスを注力分野として強化してきたのだろうとお見受けしました。近年のデット・プロバイダーの融資スタンスについてはいかがでしょうか。

野呂瀬：LBOファイナンスのご相談をすると，総じてとても前向きに相談に乗っていただけるのは，以前と変わりません。多少，以前よりスプレッドが大きくなってきたりとか，EBITDAに対する倍率が少し保守的だったりすることもありますが，非常に積極的です。一方，個別の案件を見てみますと，業種や対象会社の個別事情によっては，かなり控えめなご提案しかいただけないケースもございます。あとは，対象会社のデューデリジェンスの結果の良し悪しを受けてローン条件が調整されたりするケースもありますが，ここがよい意

味で以前より洗練されてきている印象があり，あるべき健全なプラクティスに近づいてきたのではないかと感じています。新型コロナウイルス感染症（COVID-19）の影響もあり飲食業が保守的に見られるようになったりと，インシデントが起こった業種の企業の案件においては，以前より厳しく見られる傾向にあります。

伊藤： LBO ファイナンスのビジネスに対して積極的なスタンスには変わりはありませんが，条件を含めた部分に関しては，10年・20年という長いスパンで見ると波があります。渋めなときから緩くなってまた渋めになる，という感じだと思います。大きい案件で失敗が出るとマーケット全体で慎重に見ざるを得ないというのは聞いています。

小山： 今，野呂瀬さんと伊藤さんからお話があったように基本的には積極的だと感じます。ただし，一部業種によっては，各金融機関のスタンスや得意・不得意もあり，LBO ローンを調達しにくいケースもあるようです。エンジン周辺の自動車部品メーカーは，EV 化の流れもあり，慎重になるケースもあるようです。

林： 業種による部分はあるものの，総じて金融機関の融資スタンスが積極的であることがわかりました。日本の LBO ファイナンス市場がさらなる発展・進化を遂げるための課題は何か，皆さんからご意見をおうかがいできればと思います。

野呂瀬： まずはプレーヤーの裾野のさらなる拡大に期待したいと思います。単に取り組みを開始するということではなく，LBO ファイナンス業務の推進体制の構築や人材の育成も含めて取り組みが強化されればと思います。

　一定の規模の案件になると，ご相談できる金融機関はかなり限られます。ミッドキャップ案件の LBO ローンをアレンジできるのは，先ほど小山さんがお話しされたようにメガバンク，準メガ，主要な地方銀行という感じですが，大型の案件になると，アレンジのご相談ができる先は極めて限定的です。このように規模別にはプレーヤーの制約がまだあり，その意味での多様化が進展していくことが期待されます。保険会社やリース会社も含めて多様なプレーヤーがある程度まとまった LBO ローンを拠出できるようになることに期待したいと思います。

伊藤：流れとしては今後も伸びていくと思いますが，LBO ファイナンス市場を伸ばすためには，私たち自身もしっかり取り組んでいく必要があります。私たちバイアウト・ファンドが節度を持ったビジネスを行っていかないと将来の発展はありません。ファイナンス市場が伸びるということは，当然デット・プロバイダーがバイアウト・ファンドを見る目も肥えてくるということですし，それが健全な関係だとも思います。デット・プロバイダーにとって多くの場合，私たちの投資先は取引先でもあるわけで，私たちの提供する付加価値や投資先に対峙するしっかりした姿勢を見せて，デット・プロバイダーともパートナーシップを組めるように進めるのが理想ですね。

山崎：私も伊藤さんが指摘されたように，お金を借りさせていただくバイアウト・ファンド側の姿勢というのは重要だと思っています。過去においてはどのバイアウト・ファンドにも同じような条件で出しますよというスタンスが存在した時期もあったかもしれませんが，レンダー側がバイアウト・ファンドを見る目も厳しくなってきていると感じます。

　例えば，コロナを契機として，外的なショックが加わったときに，バイアウト・ファンド側がどのような動きをするのか，諦めてしまうのか，追加で出資を行って会社を支えて改善に向けて頑張るのか，という姿勢が問われる局面もあったと思います。苦しかった業種もあれば，会社固有の事情で苦しかった企業も存在する状況で，どのように対応したかが，今後のバイアウト・ファンドの競争力にも影響を与えてくるのではないかとは感じます。

野呂瀬：シニアだけではなくメザニン・プロバイダーも，信頼できるバイアウト・ファンドかどうかを見ていると感じます。それに対して，「大胆なローンを出しても案件をきちんと仕上げてしっかり返済してくれる」というレピュテーションの積み重ねが重要になってくると思われます。

　日本の LBO ファイナンス市場の課題と将来展望については，一般社団法人全国銀行協会が事務局を務める「国内 LBO ファイナンスの課題に関する勉強会」においても議論がなされてきました。そして公表された「国内 LBO ファイナンスの課題に関する報告書（2023年度）」では，投資家層の拡大のほか，セカンダリー市場発展に向けた課題なども示されています。

　また，2024年7月には，金融庁より，「大手銀行・地域銀行　国内 LBO ロー

ンに関するアンケート調査結果」が公表されましたが，地域金融機関のLBO
ローンの貸出残高が増加しているというデータとともに，事業戦略に見合う入
口審査や期中管理などのリスク管理態勢を整備し，適切に運用していくことが
重要であることが示されています。地域金融機関によるLBOファイナンスの
取り組みについては，方法論やプロフェッショナル人材の育成も含めて戦略的
に取り組んでいるところもあれば，まだ取り組みを開始したばかりの段階のと
ころもありますので，徐々に体制を整備していきながら強化していく必要があ
ると思います。

林：一般社団法人全国銀行協会の「国内LBOファイナンスの課題に関する
勉強会」が公表した「国内LBOファイナンスの課題に関する報告書（2023年
度）」を読んでみますと，2019年3月末から2023年3月末にかけて，メガバン
クのLBOローン残高が過去最大の水準規模になっていることが把握できます。
また，今後，上場企業の非上場化，大手企業によるノン・コア子会社・事業部
門の売却を中心に動きが活発になることも見込まれるとのことですので，今後
ますます拡大していくのだろうと感じます。M&A市場，LBOファイナンス
市場がともに，健全に発展していくことに期待したいですね。日本のLBO
ファイナンスの新しい展開について，プロダクトの多様化などにおいて将来期
待したいものはございますでしょうか。

山崎：海外のバイアウト市場においては，クレジット・ファンドが盛り上が
りを見せているようです。米国のLBOファイナンス市場では，Silicon Valley
Bankの破綻以降，金融機関が自己勘定でLBOローンを拠出するのが難しく
なってきたという現状があり，クレジット・ファンドが重要な役割を果たすよ
うになってきました。日本では，まだその領域には達していませんが，米国の
ような金利上昇局面が到来するようなことがあれば，日本においてもクレジッ
ト・ファンドが活躍する場面も出てくる可能性はあると思います。日本の
LBOファイナンスの周辺領域においても，新しい変化が生まれることに期待
したいと思います。

野呂瀬：メザニン・ファイナンスの拡大にも期待したいと思います。実際に
私が担当したソフトブレーンの案件では，メザニン・ローンを調達させていた
だいて，それで資金を賄いました。メザニン・ファンドの方々は判断が早く，

302 第Ⅲ部 日本のバイアウト市場の課題と将来展望

ディールの佳境において迅速に資金拠出の意思決定を行っていただけたりもしますので貴重な存在です。場合によっては入札で負けてしまうリスクがあるのにもかかわらず，一緒に組んで参加してくれるというメザニン・プレーヤーとの信頼関係も，今後は重要になってくるような気がします。

林：ありがとうございます。クレジット・ファンドやメザニン・ファンドの拡大による変化も予想されることがわかりました。日本においても，外資系クレジット・ファンドが進出してきているようなニュースも拝見しますし，また私たちのようなエージェントの立場から足元の募集求人を見ますと，LBO ファイナンス関連業務やメザニン・ファンドの人材募集が増えてきているように思います。また一部の外資系バイアウト・ファンドでは，LBO ファイナンスやメザニン・ファイナンスに精通した人材を資金調達担当者として採用しているような事例もお見かけしました。その意味では，LBO やメザニンをキーワードにキャリアを積まれていらっしゃる方や今後このような分野で専門性を高めていきたいと考えている方の存在は，マーケットにおいても非常に貴重になってくるであろうことがわかります。バイアウト・ファンド業界のさらなる成長という観点では，LBO ファイナンスやメザニン・ファイナンスにおける専門人材も必要になると思いますので，このような分野にも意欲ある優秀な方をご紹介し，業界の発展に貢献してまいりたいと思います。

図表9　デット・プロバイダーの募集人材要件

もっとも強い募集ニーズは M&A（含む財務アドバイザリーや投資銀行）や LBO ファイナンス経験者に対するものであるが，ストラクチャード・ファイナンスやプロジェクト・ファイナンスなどの経験者も対象となる傾向にある。またメザニン・ファンドでもポテンシャル含めた募集も行われている。

事例① （大手銀行）	事例② （地方銀行）	事例③ （リース会社）	事例④ （メザニン・ファンド）
・M&A関連業務またはファイナンス組成関連業務経験3年以上 ・金融機関などにおいて，LBOファイナンス，ストラクチャード・ファイナンスなどのプロダクツ業務に取り組んだ経験がある人材	・他金融機関やPEファンドなどでLBOに携わった経験のある方。 ・ストラクチャード・ファイナンスやプロジェクト・ファイナンスの経験がある方	・投資銀行，財務アドバイザーなどでのM&Aエグゼキューション経験2年以上 ・M&Aのデューデリジェンスやバリュエーションなど一部の経験でも可	・証券会社やFASでのM&Aアドバイザリー，M&Aに近い業務（デューデリジェンス，バリュエーションなど），会計事務所，税理士法人など ・銀行，証券，投資銀行での業務経験 ・戦略コンサルティング・ファームでの業務経験

（出所）アンテロープキャリアコンサルティング作成

■ プロフェッショナル経営者市場の発展

林：日本のバイアウト案件の件数が飛躍的に増加し，主にオーナー企業の事業承継案件などにおいて，経営人材が外部から招聘されるケースが増加しています。弊社においても，数多くのバイアウト・ファンドの皆様から，投資先の経営人材をはじめ，投資先のバリューアップのため，専門性の高い人材を探しているというお話をいただくことが増えており，プロフェッショナル経営者市場は日本のバイアウト市場の発展に大きな影響を与え得るものと認識しています。まずは，各社の投資先企業に派遣する経営人材の登用に関するスタンスについてお教え願います。

伊藤：当然，投資先の状況によって異なるのですが，私たちは最終的には投資先が自立的かつ自律的に成長していくことを目的にしています。その場合，いろいろな選択肢があります。例えば，既存の経営者が継続し，次の経営者・経営チームを私たちとともに形作っていく，内部昇格の経営者を据えて新しい経営チームで会社を運営していく，不足している部分は外部から経営者・幹部を招聘します。何らかの補強をすることが会社の円滑化や成長につながることも多いので，そのような形での外部からの招聘は頻繁に行われていますね。前述の理由から，株主からトップ・マネジメントを送ることは基本的にありませんが，メンバーが一定期間常駐したほうが良いと判断した場合は，経営企画などのラインに入ってともに運営していくことも多いですね。

小山：私たちも，マーキュリアインベストメントのメンバーを投資先企業のトップ・マネジメントに据えるということは原則行わず，主に外部から招聘しています。事業承継で創業社長が退任し，トップが必要なケースがあれば，個人のネットワークや人材エージェントを通じてその都度外部から招聘することにしています。ごく稀に，緊急避難的に弊社のメンバーが社長になることもありますが，株主を見て仕事をするわけにはいきませんし，板挟みにならないように，私は社長に関しては株主から送り込まないほうがよいのではないかと思っています。ただし，株主変更の直後に，マーキュリアインベストメントのメンバーが一定期間常駐し，経営企画機能を担うというケースは，いくつかの

案件にて実践されています。

野呂瀬：アント・キャピタルは，投資先の経営陣の補強が必要な場合に，社長もしくは経営幹部のポストにアント・キャピタル内の人材をまずは投入するという手法をあえて採ってきました。また，投資検討・交渉した担当者はそのままハンズオンからエグジットまで一貫して対応することにしています。これらの方針を基本としつつ，最近は案件ごとに経営人材や事業部門長クラスの人材を外部から招聘するということも行いながら，投資先企業の経営体制の強化をサポートしています。あまり定常的な人材プールのようなものは用意していませんが，案件ごとにアンテロープさんのような人材エージェントにご相談させていただいて，連日いろいろな候補人材の方々と面談させていただいています。また，過去の投資先でご活躍いただいた方々を再登用したり，メンバー個人のネットワークを通じたリファラル採用というのもかなり多くなっています。

山崎：インテグラルも投資した際に，内部の投資プロフェッショナル人材が投資先に常駐してバリューアップを行うという方針を基本としています。このようなスタンスを採る背景として，特に過去においては，適切なタイミングで適切な人材を見つけるのが，流動性が低い日本の経営者市場では難しいという状況がありました。そのような実情があり，経営人材を内製化したほうが強みになると考えていまして，その派遣機能のことを社内では i-Engine と呼び，2000年代後半の創業時より重視してきました。

また，新規の投資を行う際に，過去に一緒に仕事をしたことがない新しい人材を投資先企業に投入すると，軋轢が生じるリスクが存在すると考えています。当然ながら，デューデリジェンスはしていますが，社内のカルチャーやコミュニケーションのスタイルの特徴がまだわからない状況において，面接で初めて会った方を送り込むということはあまり行っていません。そのため，過去に接点のあった信頼関係のある人材やインテグラルの社内で教育トレーニングを受けた人材を派遣することで，最初に生じ得るリスクを低減し，ある程度会社の状況を把握してから外部リソースを活用するというアプローチを採っています。

林：各社とも，それぞれの考え方やスタイルに基づき，投資先のバリューアップに取り組まれていることがよく理解できました。インテグラルさんのように，投資実行直後は自社メンバーの常駐を基本としつつも，やはり各社とも

に，どこかのタイミングでは，外部から経営人材や事業運営の中心となる方を招聘されている点については，興味深くお話を聞かせていただきました。さて，日本の経営者市場全体の現状についておうかがいできればと思いますが，10年前と比較して投資先企業に送り込む経営人材候補は増加したと感じますでしょうか。

　小山：日本の経営者市場は格段に発展したと思います。先ほど議論したような多様な案件が登場することにより経営人材のニーズが生まれ，そこに供給する人材を集めるエージェントの数も増加しました。弊社も15〜20社程度のエージェントとお付き合いがありますが，社長を探したい案件が出てきた場合に，スペックを明確にして数社の人材エージェントに依頼すると，書類審査だけで数十名の候補がすぐに集まりますので，隔世の感があります。

　伊藤：本当に経営人材の候補数は増えました。私が入社したばかりのときは，経営者リストを作成しようとしても，入れられる候補者がいませんでした。何とか紹介してもらって，面談しても，「何か違うな」と感じる候補者も多く，投資先企業に送り込める人材の選択肢は本当に少なかったです。今は本当にいろいろな候補者がいらっしゃって，人材エージェントの皆さんも候補者リストをお持ちで，それを見ながら定期的に情報交換しています。ただし，それで十分かというと，案件の数も急激に増えましたので，まだまだ足りていないのが正直なところです。また，経営人材といっても，CEO（chief executive officer）だけでなく，CFO（chief financial officer），CMO（chief marketing officer），CIO（chief information officer），経営企画室長など，特定の機能を担う人材を含めたくさん需要がありますので，本当に人手は足りていません。

　野呂瀬：候補者の人材需要は多様化していますね。以前は，いわゆるプロフェッショナル経営者という豪腕がいて，単身で参画して抜本的に企業変革を促すというようなサクセス・ストーリーが多かったような気がしますし，実際にそのようなカリスマ経営者たちが大手のバイアウト・ファンドと関わっていたように思います。しかし，最近は，そのようなスーパーマンというよりは，特定の領域に強みを持ち，バイアウト・ファンドの投資先でチャレンジしてみたいという若手人材と情報交換をすることが増えています。私たちはそのような人材は大歓迎です。

私が担当しているフェニックスインターナショナルでは，親会社から独立する際にバックオフィスが存在しませんでした。そこで，最初は業務委託のような形で，仮の経理・財務チームで対応していましたが，途中からリファラルで外資系ブランド会社のCFO経験者を招聘し，いわゆる管理会計やKPI（key performance indicator）の見える化を担っていただけました。スーパーマンのみを積極的に採りたいわけではなく，特定の機能を任せられるような経営人材も含め，ご一緒したいと考えていますので，選択肢という意味ではすごく幅が広がりました。

山崎：プロフェッショナル経営者の市場が拡大し，チャレンジしたいという若手人材も増えていますし，経験者も増えてきているというのは事実だと思っています。ただ，当然ながら，まだまだ欧米に比べると，投資するタイミングで適切な人材を見つけられるほどたくさん外部のリソースが潤沢にあるかというと，まだそのような状況には来ていないと思っていますので，引き続きここはこの市場の課題なのかと思っています。

林：経営人材候補は増えているというのは皆さんからお話があったとおりで，私たちエージェントとしても，登録者や面談する若手の人材が増えてきたと感じます。一方で，適切なタイミングで適切な人材というと，やはりまだ足りず，需要に供給が追い付かないという意味では，発展途上といえるかもしれません。

私たちも，オーダーをいただきながらご紹介できないようなことは多々あります。場合によってはポテンシャルを有する経営者予備軍にもチャレンジしていただくなど，バイアウト・ファンド側でそのようなチャレンジを許容するという考え方もあると思いますが，候補人材を増やしていくためのあるべき姿や方向性についても議論できればと思います。

山崎：プロフェッショナル経営者の人材輩出プールとしては，コンサルティング・ファームの存在は大きいと思います。コンサルタントの方々の間でも，バイアウト・ファンドの認知度は広がりつつありますが，実際の業務についてよく知らないという人がまだ多く，デューデリジェンスを担うチームが疲弊しているような感じがして，すごく大変そうだというイメージを持っている人もいらっしゃるようです。その意味でも，バイアウト・ファンドの投資先の企業変革の事例において，プロフェッショナル経営者がどのような役割を果たして

いるかという理解を深める活動が必要なのではないかと感じます。

　もう一つは，しっかりとした報酬体系を通じて，プロフェッショナル経営者の方々がエクイティ・リターンのようなインセンティブを得られる仕組みをつくることが本当に重要だと思います。子会社の独立案件だったりすると，もともとの企業グループの人事制度を引き継いでおり，あまり思い切った人材を抜擢しにくいような報酬体系になっているケースもありますので，そのようなところを臆せず変えていき，外部のプロフェッショナル経営者をより投入しやすくできるような工夫が必要だと感じることもあります。

　伊藤：インセンティブが不満すぎて，嫌だったみたいな話は業界内で聞いたことがあります。投資先企業が生み出した利潤を，経営者，従業員，株主が適切に分配する形にしていかないと，「私もチャレンジしてみよう」という連鎖は起こりませんので，これは業界全体として考えていく必要があるのではないかと思います。海外だと，インセンティブは何パーセントくらいという目安みたいなものが存在するようですので，そのような目安の水準があれば，過度な要求をする人も，逆に絞りすぎる人もいなくなるのかもしれません。

　私たちは，その辺りのインセンティブ設計には配慮してきており，それだけが理由ではないと思いますが，どの投資先の経営者ともエグジット後も良好なお付き合いさせていただいています。エグジットしたプロフェッショナル経営者の方からの案件の紹介もありますし，「なんならLP出資しましょうか」と言われることもありました。そのような方々にバイアウト・ファンドの投資先企業の経営に継続的にチャレンジしていただくためにも，次のキャリアにつながるような配慮も必要だと考えています。

　小山：候補人材を増やす方法としては，若いプロ経営者の登場や大企業の隠れた人材の掘り起こしにも期待したいと思います。今までは，シニアな人材が多かった印象ですが，30代から40歳前後でプロフェッショナル経営者を目指す人たちがもっと増えるとよいと考えています。1社の大企業で30年ほど頑張ってから他の企業での機会を探すと，長く在籍した会社の文化が染みついてしまい，転籍した企業で苦労するかもしれません。大企業に埋もれている人材はたくさんいますので，そのような人たちがもっと早く外に出て頑張りたいと思えるような経営者市場が育つとよいと思っています。参考になるキャリアの事例

をもっと世の中に浸透させていき，プロフェッショナル経営者という職業の認知度を高めていけば，もっとその数を増やしていけると考えています。

野呂瀬：足りているか足りていないかというと，まだまだ足りていないと思いますので，今，小山さんからお話があったように，もっとプロフェッショナル経営者として勝負したいという若手人材が増えるとよいと思っています。

ちょうど先日，私の前職の同僚から相談されたのですが，今は事業会社の部門長を担っており，バイアウト・ファンドの投資先企業の経営の仕事にチャレンジしたいのだけれど，自分のようなキャリアの人材はニーズがあるのかという話でした。彼は自分では力不足ではないかと思っていたのですが，全然そんなことないという話をしました。バイアウト・ファンドの投資先企業の経営は，経験豊富なプロ経営者しかできないような仕事ではなく，もっといろいろな人に門戸は開かれているということを知っていただく機会があればと思います。チャレンジしてみて，うまくいったりいかなかったりはケース・バイ・ケースですが，必ずよい経験になるということが若い方々に伝わるとよいと思います。

小山：会社を変えていけるような有能な人材がどんどん出てきてほしいと思っていますし，そのような方々がチャレンジする経営の機会を創出するのもバイアウト・ファンドの重要な仕事だと私は思っています。ここはエージェントの皆さんの力も借りつつ，広くネットワークをつくって，若手の人材が思い切ってバイアウト・ファンドの投資先にいけるような土壌が生まれればと期待しています。

2020年に刊行された『続・プロフェッショナル経営者とバイアウト』（中央経済社）のインタビューでも少し述べましたが，人材エージェントの質的な向上にも期待したいと思います。エージェントの数は増えていますが，エージェントによっては，詳細なスペックをお伝えしているにもかかわらず，対象会社との適性を本当に見極めてリストアップしているところが少ないように感じます。単に候補者を集めるというだけでなく，候補者の素養を見極めて資質がある人を厳選するというところが重視されるようになれば，真の経営者が活躍できるという好循環が生まれるのではないかと感じます。

林：小山さんからのエージェントに対するご指摘，私たちの業界として，真摯に受け止めないといけませんね。私個人としては，皆さんのお話をうかがい，

バイアウト・ファンドの皆さんとコミュニケーションを図りながら，改めて，どのような人材が求められていて，その方は中長期的にどのようなキャリアを歩んでいるのか，といった点について，きちんと情報整理をする必要があると痛感しました。プロフェッショナル経営者としてチャレンジできる素養や経験をお持ちでありながらも，情報不足で二の足を踏んでいらっしゃる方も多いものと思われます。そのような方々に，きちんとした情報に基づき，やりがいや魅力を理解していただくことが，私たちにできることだと思いますので，そのような観点から，微力ながらプロフェッショナル経営者プールの拡大のため，貢献してまいります。

■ 課題と将来展望 ～さらなる市場の発展に向けて～

林：ここまでM&A市場，投資家市場，LBOファイナンス市場，経営者市場という四つの日本のバイアウト市場の発展のためのキーポイントについてお話しいただきましたが，日本におけるバイアウト市場は，業界を取り巻く多くの関係者のご尽力により，順調に成長を遂げてきたこと，また足元の市場における多様なトレンドからさらに十分な成長余地があるということが伝わってきました。最後に，これらをふまえた日本のバイアウト市場の到達点・発展段階を確認しつつ，さらなる発展に向けた将来展望について討論できればと思います。

野呂瀬：発展段階としては，今は成長の角度が急激に上がってきた局面だと思っています。日本のバイアウト市場が誕生し，20年超が経過し，もちろんその間にはいろいろな変化があって成長してきましたが，この数年，その成長の角度が上がってきたような気がします。

各社のファンド規模の拡大もそうですし，投資家も多様化し，バイアウト・ファンドに会社を引き継ぐという決断をする経営者が増え，市場が急拡大しました。世の中のいろいろな方々がバイアウト・ファンドの存在を知ることになり，認知度が飛躍的に向上したというのがこの10年だった気がします。ここからさらに拡大していくと予想します。

伊藤：私がバイアウトの業界に入ってから20年近くが経過しましたが，日本

のバイアウト市場の発展段階は非常に順調に来ていると思っています。市場創成期から，先人の方々が手探りで築き上げてきたものをベースに，丁寧に紡ぎながら成長してきており，この業界にいるだけでかなり責任を感じます。本当に先人の方々の努力のおかげで，バイアウト市場のインフラがあるという感じがしています。その意味では，すごく順調に来ていますし，先人の方々へのリスペクトを持ちつつ，さらなる発展に貢献できればと思います。

山崎：私もバイアウトに関わるようになって20年ほど経ちましたが，振り返ってみると1990年代後半から2000年代前半に黎明期があり，少し成長期に差しかかったところでリーマン・ショックという世界危機が起こって業界全体としての挫折がありました。そこからもう一度黎明期みたいなところに戻って再成長し，政府の施策もありバイアウト市場が注目され始め，今は発展期に突入したようなところかと思います。

2000年代の前半には，事業再生以外の案件はないのかとマーケットでいわれていたかと思いますが，まさにそのとき話していたようなことが起こるようになりました。大企業による子会社・事業部門売却や上場企業の非上場化も含め，まさにこの5年で起きており，昔から投資活動を続けてきた立場からすると隔世の感があります。

小山：日本のバイアウト市場は，アメリカからは10〜15年くらい遅れているといわれていますけれど，1990年代後半の市場生成から四半世紀が経過しました。ただし，まだまだ発展途上で，ピークに対してまだ5合目くらいにしか到達していないというイメージです。日本の経済規模からすると，もっとバイアウト・ファンドの数も案件の数も増えていかなければなりません。

林：皆さん総じて，まだ発展途上でこれからさらに成長が期待できるという見解でしたが，私も求人の観点からではありますが，業界の成長余地を実感しております。既に実績のあるバイアウト・ファンドの皆様からの募集はもちろんですが，新設されるバイアウト・ファンド，この局面で新たに日本に進出してきている外資系バイアウト・ファンドからの引き合いも増えてきています。また，皆様のご尽力もあり，バイアウト・ファンドを次のキャリアに見据えて，ご相談にいらっしゃる転職希望者も増えており，ますます今後，成長していく市場であると思います。今，小山さんから米国との比較というお話しも出まし

たが，日本のバイアウト市場が今後さらなる成長・発展を遂げるためのキーポイントや克服すべき課題などがありましたらぜひ議論できればと思います。

伊藤：海外のバイアウト市場を見ると，プラクティス化が進展していると感じます。特に市場が大きい米国では，私たちのように「どの業界にも取り組みます」というバイアウト・ファンドも存在しますが，セクター特化型のアプローチも見られます。そこまで見据えると，確かにまだ5合目という位置づけになると思いますので，私たち自身もさらなる進化を遂げていく必要があります。すごく順調に来たという感じもしていますが，これからもっと発展させていくという責任が業界人にはあるのではないかと思います。

バイアウト・ファンドは，金融業界にあると見られがちですが，国債を販売するのとは全く性質が異なり，案件の創出においてもハンズオンにおいても「人」が深く絡んでいるビジネスです。「人を動かす」というところまで踏み込むビジネスだと捉え，日本の社会構造や日本人のメンタリティを考えたら，海外と異なる発展を遂げていく可能性もあります。独自の発展を遂げていくことになるかもしれませんが，しっかりと実績を積み上げて発展に貢献できればと考えています。

野呂瀬：何が課題になるかというと，やはり人材だと思います。日本でバイアウト・ファンドの仕事をしている人数というのはまだ少ないと感じます。バイアウト・ファンドの仕事の経験は2〜3年で積めるものではなく，一つのファンドを募集し，多数の案件に投資して，バリューアップを支援し，すべてエグジットするまでに10年かかるものです。長期的な視点で人材の層をもっと厚くしていくことができれば，より多様な活動が可能になりますし，バイアウト・ファンドもどんどん分化していき，業界全体での厚みが増していくと思います。

私が事務局長を務めている一般社団法人日本プライベート・エクイティ協会では，「若手交流会」という若手の実務者の方々を中心にカジュアルに意見交換をしながら親睦を深めていただく場を定期的に設けているのですが，先日の会合ではバイアウト・ファンドに入社してまだ数年という方々が多数参加されていて，このような光景を見ると，将来は明るいと思ったりもしています。

小山：市場創成当初は，限られた数のバイアウト・ファンドしか活動してい

312　第Ⅲ部　日本のバイアウト市場の課題と将来展望

ませんでしたので，本当に経験者は少数でした。しかし，今はいろいろなバイ
アウト・ファンドにて経験を積んだプロフェッショナル人材が独立するケース
も出てきています。チームを強化していくためには，さらにバイアウト・ファ
ンドの業界に人材が流入しないといけません。どのバイアウト・ファンドも即
戦力を求めていらっしゃいますので，若手で希望する人たちにとっては狭き門
になってしまっている部分もありますが，成長のためには，未経験の若手のポ
テンシャル採用を積極的に行って育てていく必要があるのではないかと思いま
す。

　山崎：本当にバイアウト・ファンドとしての差別化が問われる時代になって

図表10　バイアウト・ファンドの投資担当者の募集人材要件ならびにターゲット

引き続き，バイアウト・ファンドにおける投資担当者としては，M&Aアドバイザリー経験者やコンサル
ティング経験者がメインとなるが，近年増えているのが，総合商社での事業運営，事業投資，経営管理など
の経験者。従来，総合商社での経験＋MBA取得の方が選考に進む傾向にあったが，事業投資経験者であれ
ば，MBA取得なしでも面接に進む方も出てきている。また，レアケースではあるものの，金融とは異なる
分野において高い専門性を持つ方の採用事例もある。今後，さらに多様な人材を獲得するという観点では，
バイアウト・ファンド業界に関心を持っていないが高いポテンシャルを有する方へのアプローチが必要にな
るものと思われる。アンテロープとしては，高いポテンシャルを有する人材にチャレンジいただけるよう，
バイアウト・ファンド業界との連携をさらに強化し，適切な情報提供と人材紹介を通じて，業界の発展に貢
献してまいりたい。

主な採用要件ならびにターゲット
【ハードスキル】
・M&Aのエグゼキューション全般のスキル
（バリュエーション，財務モデル，LBOモデル）
・財務会計に関する知識
・戦略立案・実行，経営改革や組織改革などの経営やビジネスに関するスキル
【ソフトスキル】
・戦略思考力（論点思考力や仮説思考力）
・リーダーシップ
・多様な方と信頼関係を構築する対人能力
・プレッシャーに負けない胆力
【志望理由や業界理解】
・ビジネスモデルに対する理解
・仕事内容に関する理解
・バイアウト・ファンド業界への明確かつ高い志望理由
【主な採用ターゲットや採用実績】
・投資銀行やFASでのM&Aアドバイザリー経験者
・経営コンサルティング・ファームでのコンサルティング経験者
・総合商社での事業投資経験者（＋MBA）
・金融機関でのLBOファイナンス経験者
・その他（公認会計士，弁護士，株式アナリスト，キャリア官僚）

（出所）アンテロープキャリアコンサルティング作成

きたと感じていまして，人材のダイバーシティが必要だと感じています。女性や外国人のプロフェッショナルの採用を増やすことで，より多様なニーズに対して応えられるよう努めていきたいと考えています。バイアウト・ファンドに求められるノウハウも多様化しており，新規事業を伸ばすだけではなく，AIやDXを活用したバリューアップが求められるようになってきており，多様な観点から競争力をつけていきたいと思っています。

　林：皆さんから，さらなる市場の成長のためには，人材が大切だというお話があり，弊社としては，まさにその部分で業界の発展に貢献ができればと考えております。バイアウト・ファンドにご関心をお持ちになる転職希望者は年々増加していると実感しており，弊社としても，より多くの方を業界に送り出せるように，さらに魅力を伝えて行ければ思っております。一方で，小山さんからはポテンシャル採用のお話，山崎さんからは人材の多様化のお話もありましたが，バイアウト・ファンドへご紹介する人材も，私たちがこれまでの事例にとらわれてはいけないのかもしれません。「これは！」と思った優秀な方がいれば，しっかりと業界や業務について理解をいただき，チャレンジを促していくような動きも，バイアウト・ファンド業界の人材を厚くする，ひいては業界の成長に貢献していくことにつながるのではないかと感じました。最後に，次の10年・20年を見据えるとしたらバイアウト・ファンドとしてどのような進化を遂げていきたいかについてお話しいただければ幸いです。

　山崎：海外を見ますと，グローバル・プライベート・エクイティ・ファームの時価総額は，ゴールドマン・サックス・グループなどと変わらないレベルに達しています。一方，日本のバイアウト・ファンドが大手証券会社グループの時価総額レベルになっているかというと，まだそのような規模にはなっていませんので，まだまだ成長できる余地はあると思います。そのためにはプライベート・エクイティ・ファームとしての力をつけていくということが非常に重要なのではないかと思います。

　「信頼できる資本家」として，経営と同じ目線・時間軸で経営陣と従業員に寄り添って一緒になって日本型経営改革を推進していくという基本理念は変えてはいけないと思っていますし，案件を一つひとつ積み上げて成果を出していくことで，何か経営上で困ったことがあったら「インテグラルに相談しよう」

と思っていただける会社になりたいと考えています。そのために，多様なバックグラウンドの方々にご入社いただいて，バージョンアップしていきたいと思っています。

　小山：次の10年を見据えても，日本のバイアウト投資では，事業再編と事業承継が引き続き最も重要になってくると思います。少しずつファンド規模を大きくすることを想定していますが，これまで培ってきたものを発展させる形で運営していきたいと考えています。日本の中堅企業に対して，ガバナンスの整備，経営管理の強化，海外展開に対する支援をさせていただいて，それが企業価値向上につながるということを実感できましたし，この経験をさらに進化させて，日本企業の成長に貢献していきたいと思います。加えて，投資先企業をプラットフォームとした企業グループを形成して，営業面，生産面をブレークスルーすることで，産業再編へ貢献していきたいと考えています。

　また，それらを推進できるように積極的な人材採用を行い，体制の強化に努めていきたいと考えています。さらに，日頃より一緒に動いていただているM&Aアドバイザーの方々および案件のご紹介やLBOファイナンスを拠出いただいている金融機関の方々とも，引き続き連携して案件の創出を行っていきたいと考えています。M&Aアドバイザー，金融機関，人材エージェントの皆様方のお力をお借りしながら，「ファンドの力で日本を変える」という弊社のミッションを実現し，明るい未来を実現していきたいと思います。

　伊藤：創業から20年が経過しましたが，強みを自覚し，活かしてきたからこそ，ここまで継続できたと思っています。日本の中堅企業のニーズに合致した戦略を愚直に継続し，20年間，同じように取り組んできましたので，このモデルにさらに磨きをかけていきたいと思います。これから人材も採用していきますが，魅力的なカルチャーを築いてきましたので，それはしっかり守っていきたいと考えています。具体的には，経営陣としっかり二人三脚で推進していく力，ハンズオンで価値をじっくり出していく力を重視し，株主の理屈をむやみに振りかざさない，というスタイルが浸透し，創業当時から連綿と引き継がれていますので，そのカルチャーに合致する人材に入社いただきたいと考えています。

　今の日本経済は，株価が高いものの，将来性に対して行き詰まり感や疑問に

感じることもあるなかで，真の成長戦略を推進するために，私たちのバイアウト・ファンドがもっと存在感を高めて，世の中のためになる活動をしていきたいと思っています。

野呂瀬： 2000年の創業以来，役職員全員が「誰よりも思いに応える投資を」というポリシーに従い，国内の中堅企業を対象として数多くの投資を行ってきました。アント・キャピタルの投資の特徴は，投資先の役職員に寄り添い，しっかりと耳を傾け，ニーズに応じた支援を行うというものですが，常にディスラプション（破壊的創造）を起こせる人材を求めています。具体的には，投資先企業が今まで実施してこなかったような新しいビジネスを考案して提案できる人材，非連続型の成長を提案できる素養がある人材，かつそれを実行に移せる素養のある人材を採用していきたいと考えています。

昔と比べて，バイアウトの手法も変わってきました。いわゆるレバレッジでリターンを上げていた時代からEBITDAを改善していくということがより求められるようになってきました。アント・キャピタルでは，単なる株主という立場ではなく，自ら経営に参画して"真の企業価値の向上"を追求するオペレーショナル・バイアウト投資を推進していますので，「アント・キャピタルに託したい」と思われるようなハンズオン支援活動を継続していきたいと思います。

林： 皆様からのお話をうかがい，多くの方の努力により，バイアウト・ファンド業界が発展を遂げてこられたことに改めて，深く感銘いたしました。また，日本におけるバイアウト・ファンド業界は，ますます発展していくことも確信できました。私たちエージェントとしては，投資担当者はもちろんですが，プロフェッショナル経営人材，LBOファイナンスをはじめとする金融機関の人材，LP投資家やゲートキーパーなど，業界に関わるさまざまポジションに，熱意ある優秀な人材をご紹介することが，微力ながら貢献できることであるということを強く実感いたしましたし，それを期待されていることがよくわかり，身が引き締まる思いです。引き続き，業界のさらなる発展のため，貢献してまいりたいと思います。皆様，どうもありがとうございました。

野呂瀬和樹氏略歴

アント・キャピタル・パートナーズ株式会社 パートナー

早稲田大学教育学部卒業。2008年株式会社野村総合研究所入社。国内外の製造業，プラントエンジニアリング，運輸，航空，商社などの大企業クライアントにおける事業戦略策定や海外進出，M&Aのプロジェクトに従事。また，国内外の官公庁・公的機関における産業・金融政策の策定支援などのプロジェクトに従事。2013年アント・キャピタル・パートナーズ株式会社入社。株式会社アップルワールド（取締役），株式会社アロスワン（取締役），株式会社フェニックスインターナショナル（取締役），ソフトブレーン株式会社（取締役），株式会社mitoriz（取締役）において，投資実行，ハンズオン支援，Exit交渉を担当。米国公認会計士。日本証券アナリスト協会検定会員。一般社団法人日本プライベート・エクイティ協会事務局長。

山崎壮氏略歴

インテグラル株式会社 パートナー

東京大学経済学部経営学科卒業。ハーバード大学MBA（経営学修士）。2001年デロイトトーマツ コンサルティング株式会社（現アビームコンサルティング株式会社）入社。主に自動車・小売・専門商社・銀行の業務改革プロジェクトに従事。2004年株式会社産業再生機構入社。中堅製造業の事業再生案件を担当し，デューデリジェンス，事業再生計画の策定，投資の実行，投資先へのハンズオンでの経営支援，投資のExit実行などの一連の業務を行った。2009年7月インテグラル株式会社参画。主に株式会社ヨウジヤマモト，ファイベスト株式会社，株式会社アデランス，東洋エンジニアリング株式会社，サンデン・リテールシステム株式会社，株式会社JRC，プリモグローバルホールディングス株式会社，テクセンドフォトマスク株式会社への投資などを担当。

小山潔人氏略歴

株式会社マーキュリアインベストメント 取締役CIO事業投資部長

東北大学法学部卒業。コロンビア大学 Professional Fellow Program修了。1990年日本開発銀行（現株式会社日本政策投資銀行）入行。情報通信部，経営企画部門，プロジェクトファイナンス部などを経て，2000年代初頭より事業再生部にて，DIPファイナンスおよび事業再生ファンド・事業再生企業への出資を担当。2001年には日本初のDIPファイナンスを実行し，国内の事業再生分野の発展に貢献。その後，2005年の企業投資部の創設に携わり部門拡大を主導した。国内において，バイアウト案件を中心に多数の案件を手がけ，豊富なトラック・レコードを創出。2008年株式会社あすかDBJパートナーズ（現株式会社マーキュリアインベストメント）取締役就任。2016年取締役CIO事業投資部長就任。

伊藤政宏氏略歴

トラスター・キャピタル・パートナーズ・ジャパン・リミテッド 日本代表 パートナー

東京大学工学部卒業。東京大学大学院修了（工学修士）。ベイン・アンド・カンパニーにて事業構造改革，マーケティング戦略，組織改革など従事。株式会社産業再生機構にて株式会社大京やミサワホーム株式会社などの企業再生実務に携わった後，2006年にシティック・キャピタル・パートナーズに参画。ソーシングからエクゼキューション，ハンズオンまで投資業務全般を手がけ，製造業から消費財，サービス業まで幅広くカバー。トライウォール株式会社，株式会社モリテックス，株式会社フォーナインズ，株式会社兼子などを担当。

林徹氏略歴

アンテロープキャリアコンサルティング株式会社 ディレクター

大阪市立大学法学部卒。新卒で株式会社三井住友銀行へ入行。法人営業や大企業取引，SMBC日興証券株式会社人事部への出向など，幅広く業務を経験。その後，外資系生命保険会社へ転職し，通算で10年超にわたり，金融業界において多様な業務に関与する。銀行，証券，保険会社での業務経験を生かして一人でも多くの方々の決断をサポートし，豊かなキャリアを送るきっかけを作りたいと考え，アンテロープキャリアコンサルティング株式会社に参画。投資銀行，プライベート・エクイティ・ファンド，アセットマネジメント，グローバルマーケッツなどを担当。金融機関における幅広い業務経験と人事経験をもとにしたキャリア支援やアドバイスに強みを持つ。

あとがき

　本書で＜日本企業のバイアウト＞シリーズは最終巻となるため，これまでの成果について述べておきたい。

　本シリーズの最初の三部作の刊行は，東日本大震災の直後の2011年3月末であった。年間数十件しかバイアウト案件が成立していなかった時代である。この頃より，バイアウトの手法の意義や良さを伝えたいという想いを持ち，日本バイアウト研究所では，これからバイアウト・ファンドの活用を検討する企業経営者向けのシンポジウムを開催してきた。

　＜Japan Buy-out Deal Conference（企業価値向上シンポジウム）＞と題したシンポジウムを開催し，バイアウトの手法の認知度の向上に努めてきた。これまで東京，名古屋，大阪，福岡，浜松，静岡，岡山，広島，長野，大宮，京都，札幌，仙台，神戸，横浜，千葉，八王子，水戸，高崎，金沢，新潟の各地で開催してきたが，多数のオーナー企業経営者の方々や大企業のM&A担当者にご参加いただけた。また，地域金融機関（地方銀行，信用金庫）や税理士の方々にも多数参加いただけた。

　そして，シンポジウムに参加されたオーナー経営者がバイアウト・ファンドを活用して事業承継を実現したケース，シンポジウムに参加された役員の方が社長就任後にMBOの陣頭指揮を執ったケース，参加された金融機関の方が担当している案件をバイアウト・ファンドに紹介して成立したケースなどが多数出てきた。また，投資を受けたバイアウト・ファンドの方々と出会う前に，本シリーズの書籍を読んで勉強されていたという経営者の方も存在し，案件の創出という観点では，大きな貢献ができたと自負している。

　もう一つの大きな成果は，バイアウト・ファンドのプロフェッショナルを目指す若手人材に愛読されたことである。これは案件の創出以上の貢献かもしれない。金融機関，M&Aアドバイザリー・ファーム，コンサルティング・

ファーム，事業会社，官公庁などからバイアウト・ファンドのプロフェッショナルに転身した方々やプロフェッショナル経営者に転身した方々から，「このシリーズの本を読んでバイアウト・ファンドを志した」，「この本に感銘を受けてプロフェッショナル経営者を目指すことにした」という趣旨のメッセージを頂戴することが多々あった。これから案件がさらに増加していくにつれて，バイアウト・ファンドの人材採用も増えていくと予想されるが，本シリーズがお役に立てているとすれば，編者として望外の喜びである。

　本シリーズを完結させることができたのは，多くの方々のご支援によるものである。M&A アドバイザリー，税理士法人，法律事務所，バイアウト・ファンドのプロフェッショナルの方々には，案件で多忙にもかかわらず，論文・事例紹介をご執筆いただいた。事例紹介については，事業再編や独立の経緯から経営支援の内容の詳細まで書かれており，臨場感溢れる内容となっている。また，インタビューをお引き受けいただいた経営者の方々には，ご自身の経験をもとに，これからバイアウト・ファンドの活用を検討する経営者の皆様へのメッセージを述べていただけた。

　編集の過程においては，インタビューや座談会の日程調整を行っていただいた各社の秘書の方々，写真の提供や資料の作成を担当いただいた企画担当・広報担当の方々にも大変お世話になった。また，残念ながらタイミングの問題などの諸事情により，本企画に参加できなかったファームの方々からも，本書の構成を検討するうえで数多くのヒントを得た。このように影で支えてくれた方も含め多数の方々が参加したプロジェクトであったが，無事完結することができた。本シリーズの刊行に携わったすべての方に感謝の意を表したい。

　本シリーズは完結することとなったが，今後もこの領域の発展に向けて多様な企画にチャレンジしていければと思う。また，学術的な視点も兼ね備えた完全独立系のシンクタンクとして，各種の専門誌や学術雑誌への論文の投稿や学会報告なども継続的に行い，日本の M&A およびバイアウトの啓蒙・普及や経営学の領域の発展に貢献できるような研究活動を継続的に行っていきたい。

　最後に，本シリーズの企画から編集に至るまでの随所で的確な助言をいただいた株式会社中央経済社学術書編集部の杉原茂樹氏にも深く御礼を申し上げた

い。杉原氏との出会いは，ちょうど20年前に開催された日本経営財務研究学会の懇親会だったと記憶している。その後，2009年頃から本シリーズの企画・立案を開始し，日本のM&A市場の発展に貢献したいという想いを常に共有してきたが，これまでのサポートに対して心より感謝したい。

株式会社日本バイアウト研究所

代表取締役　杉浦慶一

■執筆者略歴（執筆順）

第Ⅰ部

第1章

森谷健（もりや・たけし）

株式会社 KPMG FAS 執行役員パートナー

慶應義塾大学経済学部卒業。センチュリー監査法人（現有限責任あずさ監査法人）に入所し，SEC 登録日本企業および外資系企業の法定監査・任意監査を担当しながら，各種 M&A 案件における財務デューデリジェンスにも従事。株式会社 KPMG FAS 転籍後は，株式価値評価，ストックオプション評価，無形資産価値評価の業務を中心に従事しながら，各種 M&A 案件のストラクチャリングや交渉サポートを担当。近年は，テレコム・メディア企業による国内外の M&A 案件におけるファイナンシャル・アドバイザリー業務に多数関与。2002年1月から2005年9月までは，KPMG ロンドン事務所に駐在し，現地日系企業に対する会計・税務全般に関わるコンサルティング業務にも従事。これまでに企業・大学などでの講演多数。公認会計士。

小高正裕（こたか・まさひろ）

株式会社 KPMG FAS 執行役員パートナー

筑波大学国際総合学類卒業。外資系コンサルティング・ファームを経て2018年に株式会社 KPMG FAS に参画。20年超の M&A に関するコンサルティング経験を有し，大規模かつ複雑なグローバル案件を中心に，買収後の PMI や事業売却に伴うセパレーション，ジョイント・ベンチャー設立やグループ組織再編などを支援。製造業，化学，TMT，ライフサイエンス，自動車，金融などの幅広い業界において，日本のみならず北南米，欧州，アジアパシフィックでのプロジェクトをリード。100件を超えるクロスボーダー PMI の支援実績を有するほか，バイサイドにおいては In-Deal のデューデリジェンスから Post-Deal の PMI・バリュークリエーションまで，またセルサイドにおいては Pre-Deal のセパレーション計画策定からクロージングまでを，一貫して支援している。KPMG ジャパンおよび ASPAC 地域 Integration & Separation サービス統括。

第2章

石塚直樹（いしづか・なおき）

KPMG 税理士法人 副代表

明治大学商学部卒業。カリフォルニア大学バークレー校エクステンションプログラム（ファイナンス）修了。KPMG 税理士法人に入社後，事業法人に対する税務アドバイザリー業務に従事した後に，M&A，組織再編，プライベート・エクイティ・ファンド，不

動産投資，事業再生関連の税務アドバイザリー業務に従事。2022年1月に副代表就任。税理士。

第3章

佐橋雄介（さはし・ゆうすけ）

弁護士法人アンダーソン・毛利・友常法律事務所 弁護士

東京大学法学部卒業。米国 University of Southern California（LL.M., Certificate in Business Law）修了。2008年9月アンダーソン・毛利・友常法律事務所入所。2012年4月から2013年3月にかけて国内大手証券会社の M&A アドバイザリー部門にて勤務。2015年9月から2016年6月までフランス パリの McDermott Will & Emery 法律事務所勤務。2020年1月パートナー就任。主に国内外の企業買収，組織再編，ジョイント・ベンチャーなどの M&A 案件や一般企業法務，商取引などのコーポレート案件に従事。名古屋オフィス代表。

中島真嗣（なかじま・まさつぐ）

アンダーソン・毛利・友常法律事務所 外国法共同事業 弁護士

東京大学法学部卒業。早稲田大学大学院法務研究科修了。米国 University of California, Los Angeles School of Law（LL.M.）修了。2011年1月アンダーソン・毛利・友常法律事務所入所。2014年から2015年にかけて国内大手証券会社の M&A アドバイザリー部門にて勤務。2017年から2018年にかけて豪州ブリスベンの Clayton Utz 法律事務所にて勤務。2022年1月パートナー就任。主に M&A，ジョイント・ベンチャー，税務ストラクチャリング，その他の企業法務全般に従事。

中野常道（なかの・つねみち）

アンダーソン・毛利・友常法律事務所 外国法共同事業 弁護士

一橋大学法学部卒業。2011年1月アンダーソン・毛利・友常法律事務所入所。2014年から2015年にかけて金融庁総務企画局企業開示課に出向し，コーポレートガバナンス・コードの策定に関与。2016年8月より2017年12月までシンガポールオフィスに勤務し，クロスボーダー案件に従事。2018年から2019年にかけて国内大手証券会社の M&A アドバイザリー部門に出向。2021年1月パートナー就任。主に，公開買付け，各種組織再編などの M&A 取引および一般企業法務に従事。

第4章

杉浦慶一（すぎうら・けいいち）

株式会社日本バイアウト研究所 代表取締役

2002年東洋大学経営学部卒業。東洋大学大学院経営学研究科博士前期課程に進学し，M&A，バイアウト，ベンチャー・キャピタル，事業再生に関する研究に従事。2006年5月株式会社日本バイアウト研究所を創業し，代表取締役就任。2007年3月東洋大学大学院

経営学研究科博士後期課程修了（経営学博士）。第1回M&Aフォーラム賞選考委員特別賞『RECOF特別賞』受賞。事業再生実務家協会会員。日本経営財務研究学会会員。東洋大学経営学部非常勤講師。

第II部

第5章

山田真也（やまだ・まさや）

アント・キャピタル・パートナーズ株式会社 ディレクター

東京大学経済学部卒業。2012年みずほ証券株式会社入社。アドバイザリーグループにてテクノロジー・メディア・テレコム業界における大企業クライアントのクロスボーダー案件を中心としたM&Aアドバイザリー業務に従事。2016年よりMizuho Securities USA LLCに出向，Advisory Groupにて広範な業界における日米クロスボーダー案件のM&Aアドバイザリー業務を担当。2018年アント・キャピタル・パートナーズ株式会社入社。株式会社フェニックスインターナショナル，株式会社アミノ（取締役），株式会社ヴイ・エス・テクノロジー（取締役），SOMPOオークス株式会社（取締役）において，投資実行，ハンズオン支援，Exit交渉を担当。

中村健（なかむら・けん）

アント・キャピタル・パートナーズ株式会社 プリンシパル

東京大学経済学部卒業。2016年株式会社みずほ銀行入社，ノンバンク・不動産ファンド・REIT業界の法人営業を担当。2019年みずほ証券株式会社出向，REITの公募増資サポートおよび金銭債権の証券化などのストラクチャード・ファイナンス業務に従事。2021年より野村證券株式会社にてM&Aアドバイザリー業務に従事。2023年10月アント・キャピタル・パートナーズ株式会社入社。SOMPOオークス株式会社（取締役）において投資実行，ハンズオン支援を担当。

第6章

屋城勇仁（やしろ・ゆうじ）

インテグラル株式会社 ディレクター

京都大学経済学部卒業。2011年よりGCA株式会社（現フーリハン・ローキー株式会社）においてM&Aアドバイザリー業務に従事し，インダストリアル，建設，小売，素材など多様な業種の案件を担当。2015年からはインドオフィスに駐在し，多くのクロスボーダー案件に従事。2018年2月インテグラル株式会社入社。インテグラルでは，多様な投資案件を担当し，東洋エンジニアリング株式会社および株式会社トッパンフォトマスク（現テクセンドフォトマスク株式会社）では常駐でのハンズオン支援を実施。テクセンドフォトマスク株式会社では取締役としてガバナンス体制強化，スタンドアロン化支援，IPO支援などに従事。

第7章

安形栄胤（あがた・ひでつぐ）

サンライズキャピタル株式会社 エグゼクティブディレクター

京都大学農学部卒業。1997年より株式会社日本長期信用銀行（現株式会社 SBI 新生銀行）コーポレート・ファイナンス部門において，不良債権処理などに従事。2001年より PwC において，再生企業・金融機関・プライベート・エクイティ・ファンド向けに事業再生や不良債権処理などのアドバイスを提供。2004年よりマブチモーター株式会社の社長付 兼 経営企画部において，プロフェッショナル社員として成長戦略の立案・推進に従事。2006年9月 CLSA キャピタルパートナーズジャパン株式会社（現サンライズキャピタル株式会社）入社。トラステックスホールディングス株式会社，株式会社バロックジャパンリミテッド，株式会社キット，株式会社 AB & Company，株式会社ハウスパートナーホールディングス，株式会社ブルーム，株式会社ディアーズ・ブレインホールディングス，キルフェボン株式会社への投資に関与。

第8章

成田修平（なりた・しゅうへい）

エンデバー・ユナイテッド株式会社 ディレクター

東北大学経済学部卒業。あずさ監査法人（現有限責任あずさ監査法人）にて，会計監査業務に従事した後，小売流通業界に特化したコンサルティング・ファームのカート・サーモン・ユーエス・インク（現アクセンチュア株式会社）にて，アパレル，家電，ホームファッション，飲食などの消費財メーカーに対し，全社戦略，営業戦略，マーケティング戦略の立案・実行支援，事業デューデリジェンスなどのコンサルティングに従事。2017年エンデバー・ユナイテッドグループ入社。株式会社 JOETSU，株式会社トータルメンテナンスジャパン，株式会社ダイヤメット，株式会社シンワバネス，柳河精機株式会社，メプロホールディングス株式会社などを担当。投資業務のほか，当社グループの ESG チームリードも兼務。

第9章

野村宗広（のむら・むねひろ）

インテグラル株式会社 ディレクター

東京大学工学部卒業。東京大学大学院工学系研究科航空宇宙工学専攻修了。マサチューセッツ工科大学 MBA（経営学修士）。2011年よりみずほ証券株式会社にて，テレコム・テクノロジー領域を中心にクロスボーダー M&A および資金調達などのアドバイザリー業務に従事。2019年インテグラル株式会社入社。2022年2月 SB Investment Advisers UK Limited に入社し，SoftBank Vision Fund にてテック領域へのグロース投資に関与。2022年10月インテグラル株式会社に復帰。インテグラルでは，スカイマーク株式会社，TCS

ホールディングス株式会社および株式会社豆蔵 K 2 TOP ホールディングスなどを担当。
株式会社豆蔵 K 2 TOP ホールディングスおよびグループ各社の取締役として，投資実行，
常駐によるハンズオン支援，IPO およびベストパートナーの探索に従事。

第Ⅲ部

第10章

杉浦慶一（すぎうら・けいいち）
株式会社日本バイアウト研究所 代表取締役
　　第 4 章に同じ

■編者紹介

株式会社日本バイアウト研究所（代表者：代表取締役 杉浦慶一）

　日本におけるM&Aおよびバイアウトの専門研究機関。学術的な視点も兼ね備えた完全独立系のシンクタンクとして，中立的な立場から日本のバイアウト市場の調査・分析を行い，バイアウトに関する出版物の刊行・販売，セミナー・カンファレンスの企画・開催，同分野に関する調査の受託を行っている。具体的には，日本のバイアウト市場の統計データを定期的に作成し，『日本バイアウト市場年鑑』の刊行，Japan Buy-out Deal Conferenceなどのカンファレンスの開催，各種の調査の受託などを手がけている。

URL: https://www.jbo-research.com/

〈日本企業のバイアウト〉
新・事業再編とバイアウト ―事例選―

2024年12月30日　第1版第1刷発行

編　者	日本バイアウト研究所	
発行者	山　本　　　継	
発行所	㈱中央経済社	
発売元	㈱中央経済グループ パブリッシング	

〒101-0051　東京都千代田区神田神保町1-35
電　話　03(3293)3371(編集代表)
　　　　03(3293)3381(営業代表)
https://www.chuokeizai.co.jp

ⓒ 2024
Printed in Japan

印刷／東光整版印刷㈱
製本／誠　製　本　㈱

＊頁の「欠落」や「順序違い」などがありましたらお取り替えいたしますので発売元までご送付ください。（送料小社負担）

ISBN 978-4-502-52591-9　C3334

JCOPY〈出版者著作権管理機構委託出版物〉本書を無断で複写複製（コピー）することは，著作権法上の例外を除き，禁じられています。本書をコピーされる場合は事前に出版者著作権管理機構（JCOPY）の許諾を受けてください。
　JCOPY〈https://www.jcopy.or.jp　eメール：info@jcopy.or.jp〉